Mit optischen Filtern fotografieren

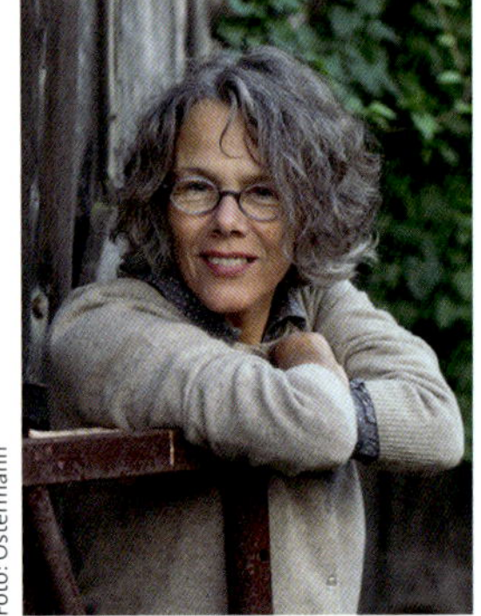
Foto: Ostermann

Karen Meyer-Rebentisch ist Kulturwissenschaftlerin und arbeitet als Journalistin, Autorin und Ausstellungsmacherin. Schon seit ihrer Jugend ist sie mit der Kamera unterwegs. Schwerpunkte ihrer Arbeit bilden Stadt-, Reise- und Gartenfotografie. Ihre Bilder, Texte und Reportagen veröffentlicht sie in Magazinen und Büchern. Beim dpunkt.verlag ist von ihr »Das Gartenfotobuch – Fotografieren im Wandel der Jahreszeiten« erschienen.

Karen Meyer-Rebentisch

Mit optischen Filtern fotografieren

Polarisations-, Neutraldichte- und Grauverlaufsfilter wirkungsvoll einsetzen

dpunkt.verlag

Karen Meyer-Rebentisch
www.meyer-rebentisch.de

Lektorat: Rudolf Krahm
Korrektorat: Friederike Daenecke, Zülpich
Satz: Ulrich Borstelmann, www.borstelmann.de
Herstellung: Susanne Bröckelmann
Umschlaggestaltung: Michael Oreal, www.oreal.de, unter Verwendung eines Fotos der Autorin
Druck und Bindung: M.P. Media-Print Informationstechnologie GmbH, 33100 Paderborn

Bibliografische Information der Deutschen Nationalbibliothek
Die Deutsche Nationalbibliothek verzeichnet diese Publikation in der Deutschen Nationalbibliografie; detaillierte bibliografische Daten sind im Internet über http://dnb.d-nb.de abrufbar.

ISBN:
Print 978-3-86490-505-6
PDF 978-3-96088-220-6
ePub 978-3-96088-221-3
mobi 978-3-96088-222-0

1. Auflage 2018

Wieblinger Weg 17
69123 Heidelberg

5 4 3 2 1 0

Inhalt

3 Graufilter 67

4 Grauverlaufsfilter 105

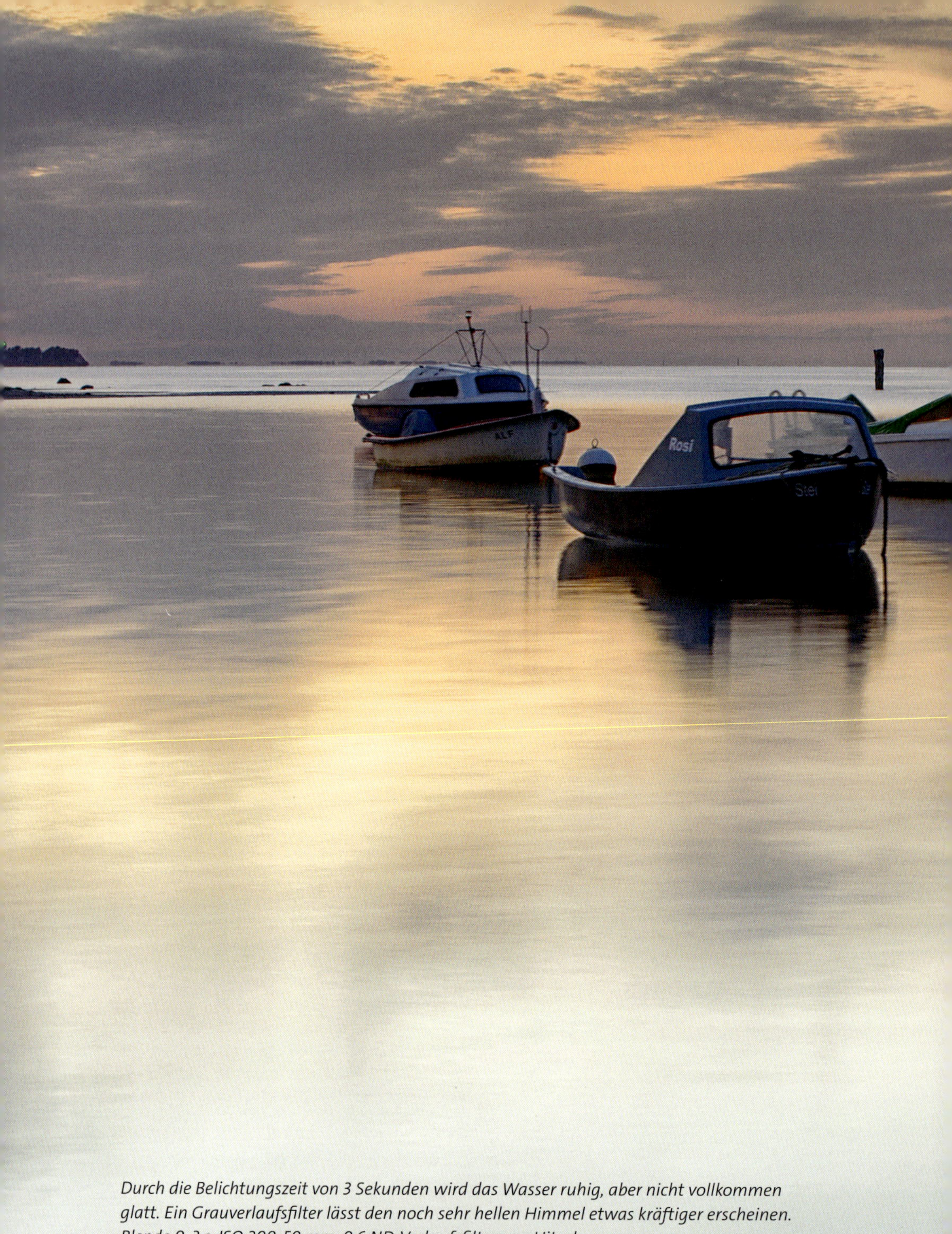

Durch die Belichtungszeit von 3 Sekunden wird das Wasser ruhig, aber nicht vollkommen glatt. Ein Grauverlaufsfilter lässt den noch sehr hellen Himmel etwas kräftiger erscheinen.
Blende 9, 3 s, ISO 200, 50 mm, 0,6 ND-Verlaufsfilter von Hitech

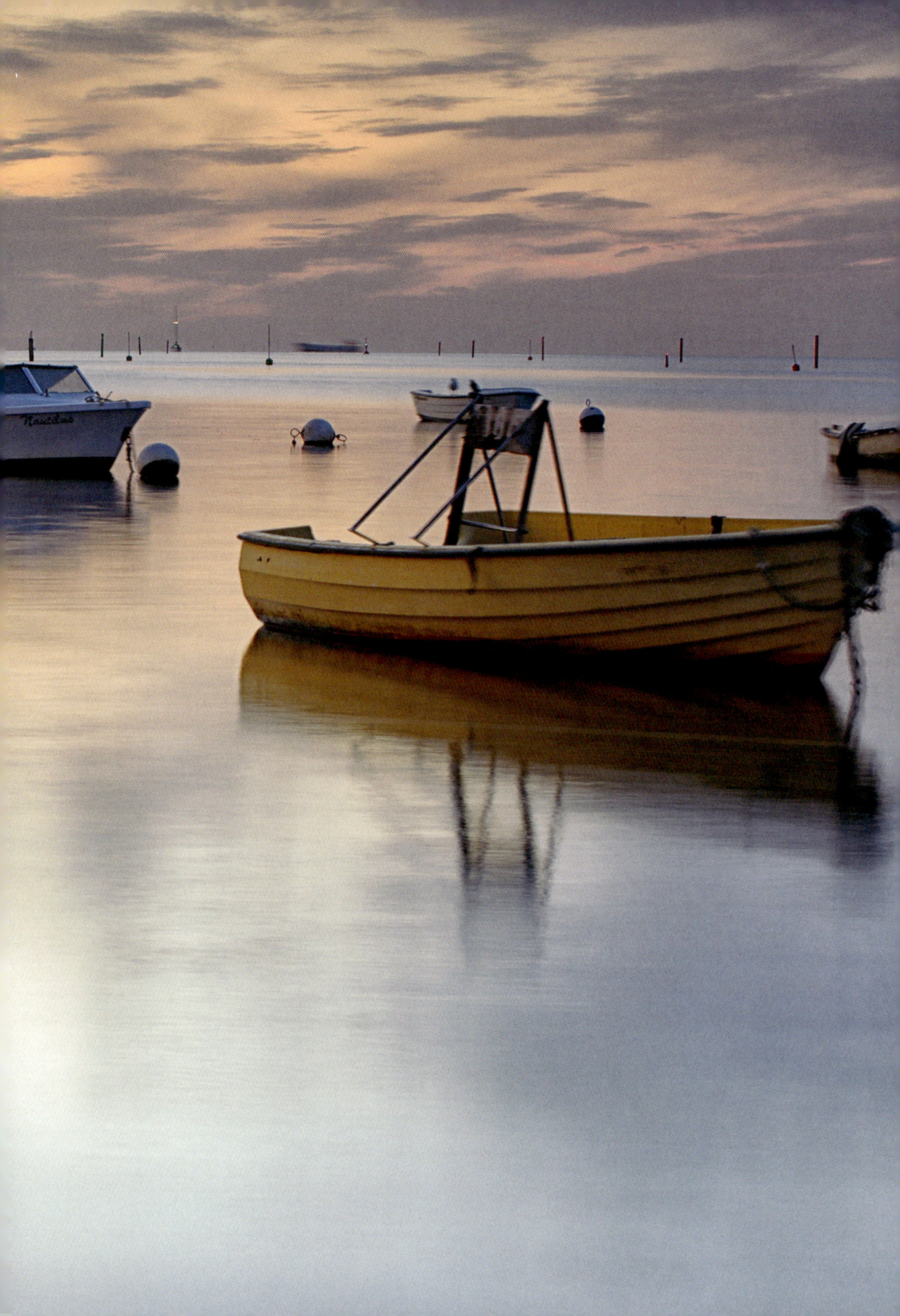

Einleitung

Licht lässt unsere Welt sichtbar werden. Die Beschaffenheit des Lichts hat dabei großen Einfluss darauf, was wir sehen und wie wir etwas sehen. Beim Fotografieren versuchen wir, die Wirkung des Lichts zu beobachten, um sie gemäß unseres inneren Bildes von einem Motiv zu erfassen oder auch zu steuern. Wie die Blende des Objektivs, künstliche Lichtquellen (z. B. ein Blitzgerät) oder auch Reflektoren, so sind auch Filter Hilfsmittel, mit denen wir das Licht in der Fotografie kontrollieren und es uns im Sinne des »Bildes im Kopf« dienstbar machen können.

Der Einsatz von Filtern kann eine ohnehin vorhandene Stimmung intensivieren – zum Beispiel, wenn der Polfilter das kräftige Blau eines Sommerhimmels verstärkt oder wenn ein Verlaufsfilter dunkle Gewitterwolken noch dramatischer erscheinen lässt. Filter können aber auch sichtbar werden lassen, was nicht unserer faktischen Wahrnehmung entspricht: Fließende Bewegungen, Schemen und Geister bei Langzeitbelichtungen von Wolken im Wind, einer Stromschnelle oder einer Tänzerin sind mit einem ND-Filter möglich. Von solchen Aufnahmen geht oft eine besondere Faszination aus, da sie als mystisch und geheimnisvoll empfunden werden.

Mit Filtern zu fotografieren ist insofern nicht nur eine Technik, sondern erfordert ganz unterschiedliche Herangehensweisen und Fantasie – je nachdem, ob Vorhandenes intensiviert oder etwas ganz Neues geschaffen werden soll. Anfangs erliegt man schnell der Faszination der ungewohnten Effekte. Diese aber sind kein Selbstzweck und nutzen sich rasch ab. Daher soll dieses Buch nicht nur in die praktischen Fragen der Filterfotografie einführen, sondern Sie auch dazu anregen, Filter überlegt und zielgerichtet einzusetzen, um eine Bildidee zu unterstützen.

Das Buch richtet sich all jene, die in ihrem fotografischen Alltag durch die gezielte Verwendung von Filtern deutliche Verbesserungen der Bildqualität und der Aussage erreichen möchten. Diese Verbesserungen sind nicht zwangsläufig plakativ, sondern manchmal subtil und für den Betrachter nicht immer erkennbar. Die besten Fotos macht nicht unbedingt derjenige, der an die atemberaubendsten Locations reist und dort mit schillernden Effekten arbeitet. Solche Ergebnisse können zunächst blenden. Doch die Frage ist: Was bleibt? Was ist die Substanz des Bildes? Ich meine: Die besten Fotos macht, wer mit seinem Bild das Wesentliche seines Motivs zum Sprechen bringt.

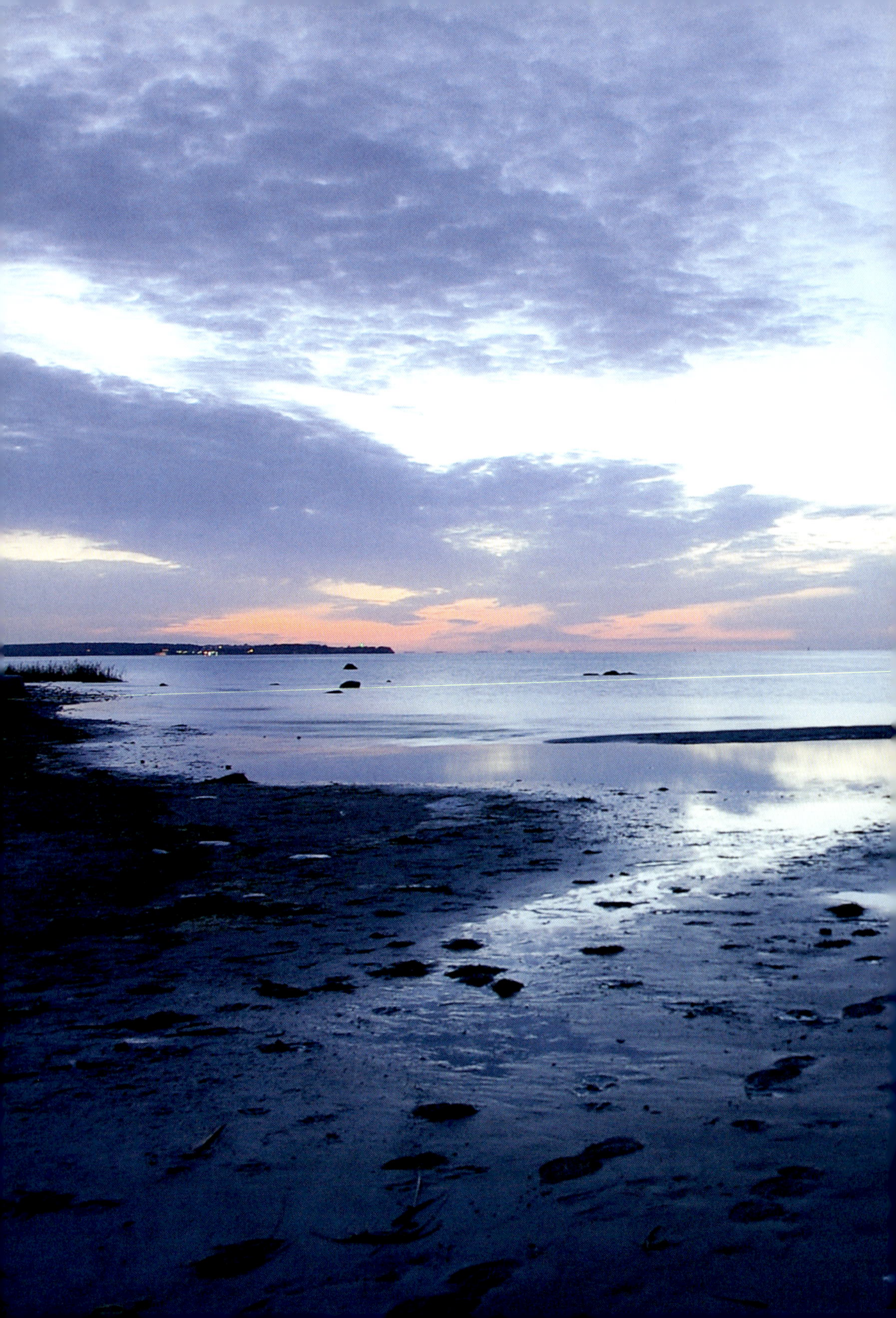

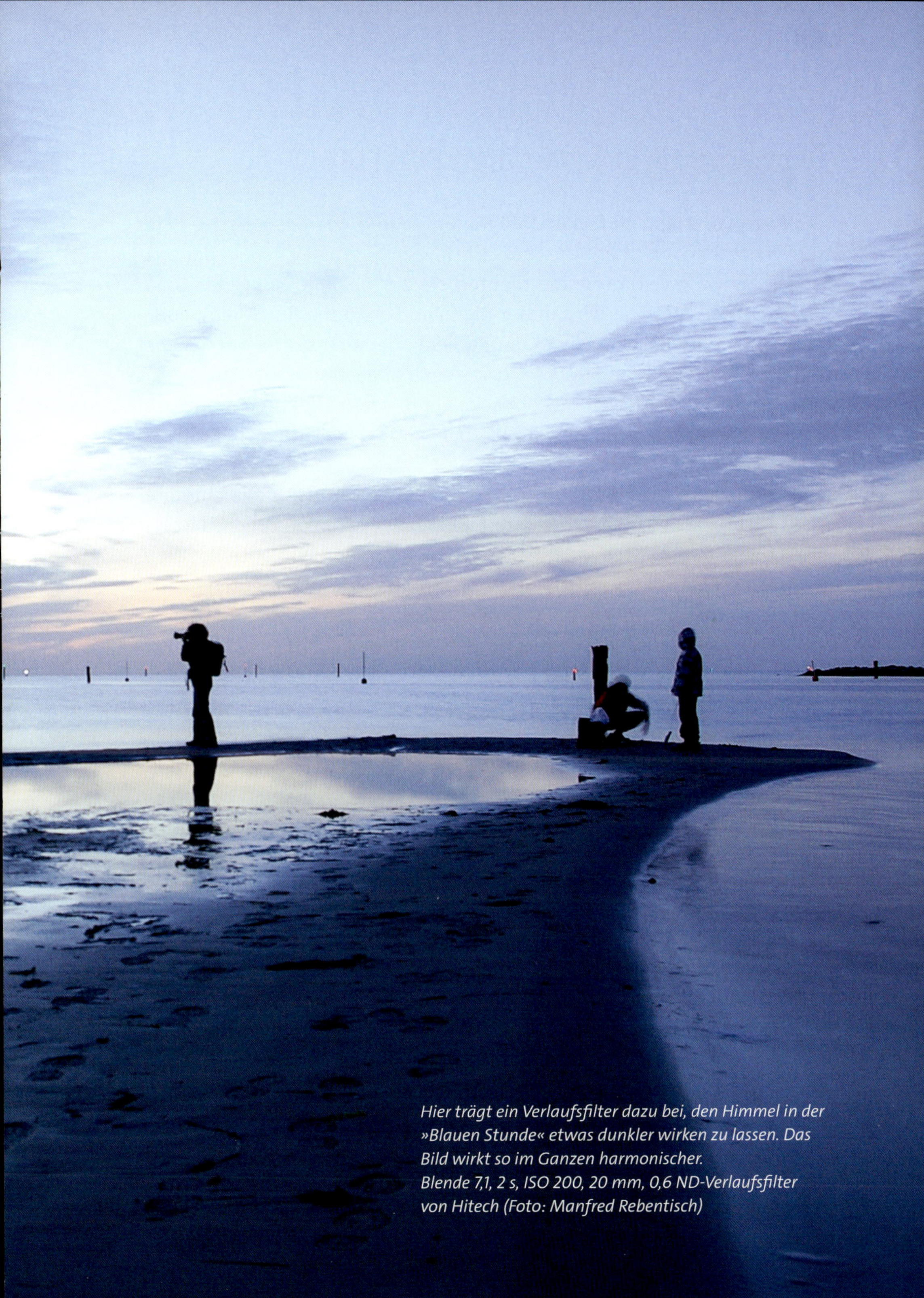

Hier trägt ein Verlaufsfilter dazu bei, den Himmel in der »Blauen Stunde« etwas dunkler wirken zu lassen. Das Bild wirkt so im Ganzen harmonischer.
Blende 7,1, 2 s, ISO 200, 20 mm, 0,6 ND-Verlaufsfilter von Hitech (Foto: Manfred Rebentisch)

Optische Filter in der digitalen Fotografie

Solange vor allem auf Film fotografiert wurde, waren optische Filter unverzichtbar, um unerwünschte Lichtfarben auszugleichen. In der analogen Schwarzweißfotografie dienten sie zur Beeinflussung der Grauwerte. Diese Aufgabe wird in der digitalen Fotografie durch die Bildbearbeitung entweder bereits in der Kamera oder aber später am Rechner übernommen und kann dort sehr viel feiner abgestimmt werden.

Doch noch immer gibt es optische Filter, deren Effekt nicht oder nur unzureichend am Computer simulierbar ist. Um jene Filter geht es in diesem Buch.

Die Rede ist vom Polfilter (CPL-Filter) sowie vom Neutraldichtefilter (ND-Filter), auch Graufilter genannt. Ebenfalls Thema des Buches ist der Grauverlaufsfilter (ND-Verlaufsfilter), eine besondere Variante des Neutraldichtefilters, der bis zu einem gewissen Grad von einem guten Bildbearbeitungsprogramm nachempfunden werden kann.

Der Polfilter und der Grauverlaufsfilter haben Einfluss auf Farbwirkung, Brillanz und Kontrastumfang eines Fotos und verbessern in der Regel die Bildwirkung.

Der Effekt eines ND-Filters kommt vor allem bei der Bildgestaltung zur Wirkung: Während ein Foto im Normalfall Bewegungen einfriert, erlaubt es der ND-Filter, Bewegung als Fluss oder Schemen zu zeigen, und erschließt dem Betrachter damit Bildeindrücke, die mit bloßem Auge nicht wahrnehmbar sind.

Schließlich werden verschiedene Konversionsfilter vorgestellt, deren Einsatz unter bestimmten Bedingungen auch in der digitalen Fotografie sinnvoll sein kann.

Rechts: Die Verwendung eines Polfilters lässt hier die Farben des Himmels und des Kupferdaches intensiver erscheinen. Blende 10, 1/125 s, ISO 100, 50 mm, Polfilter von B+W

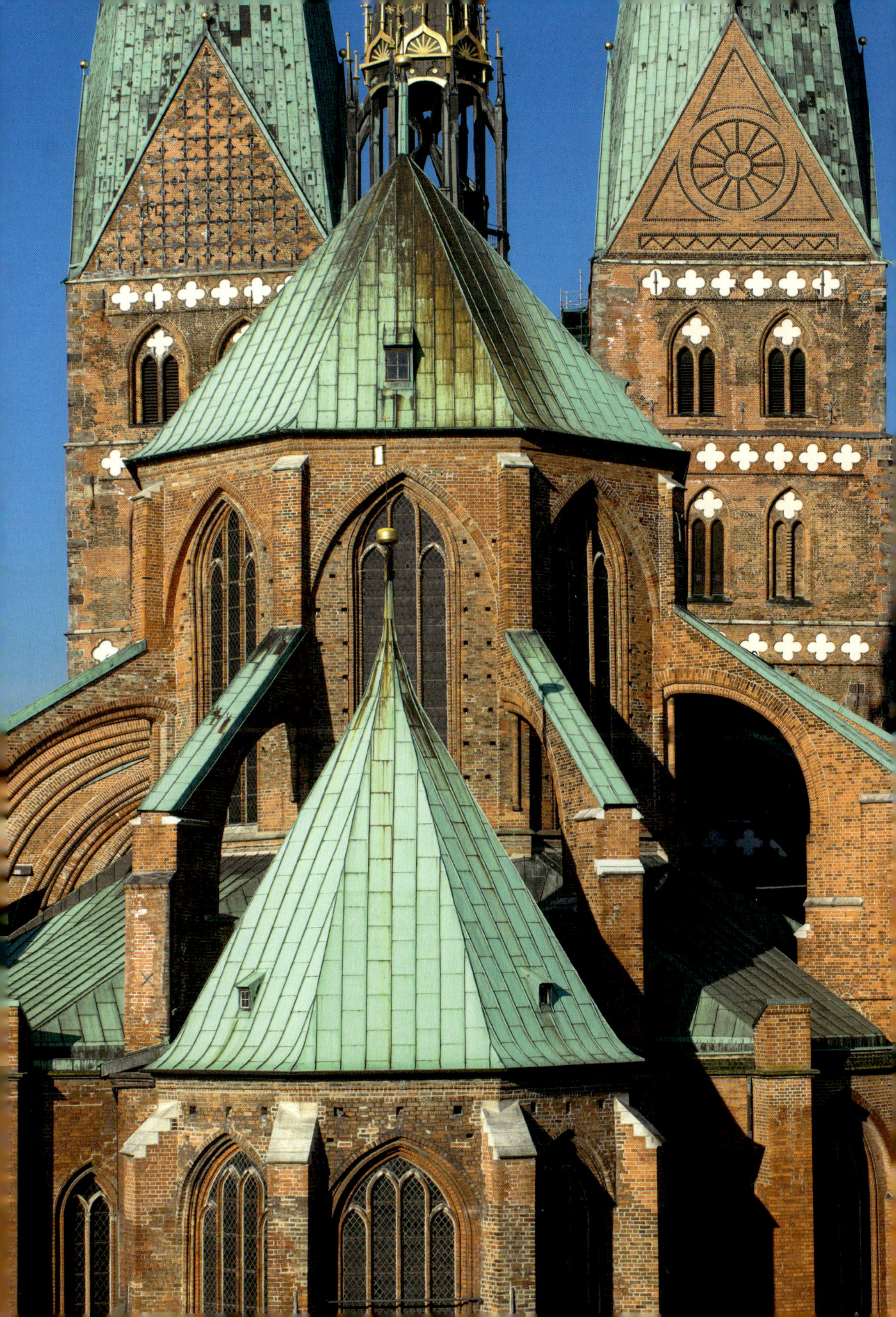

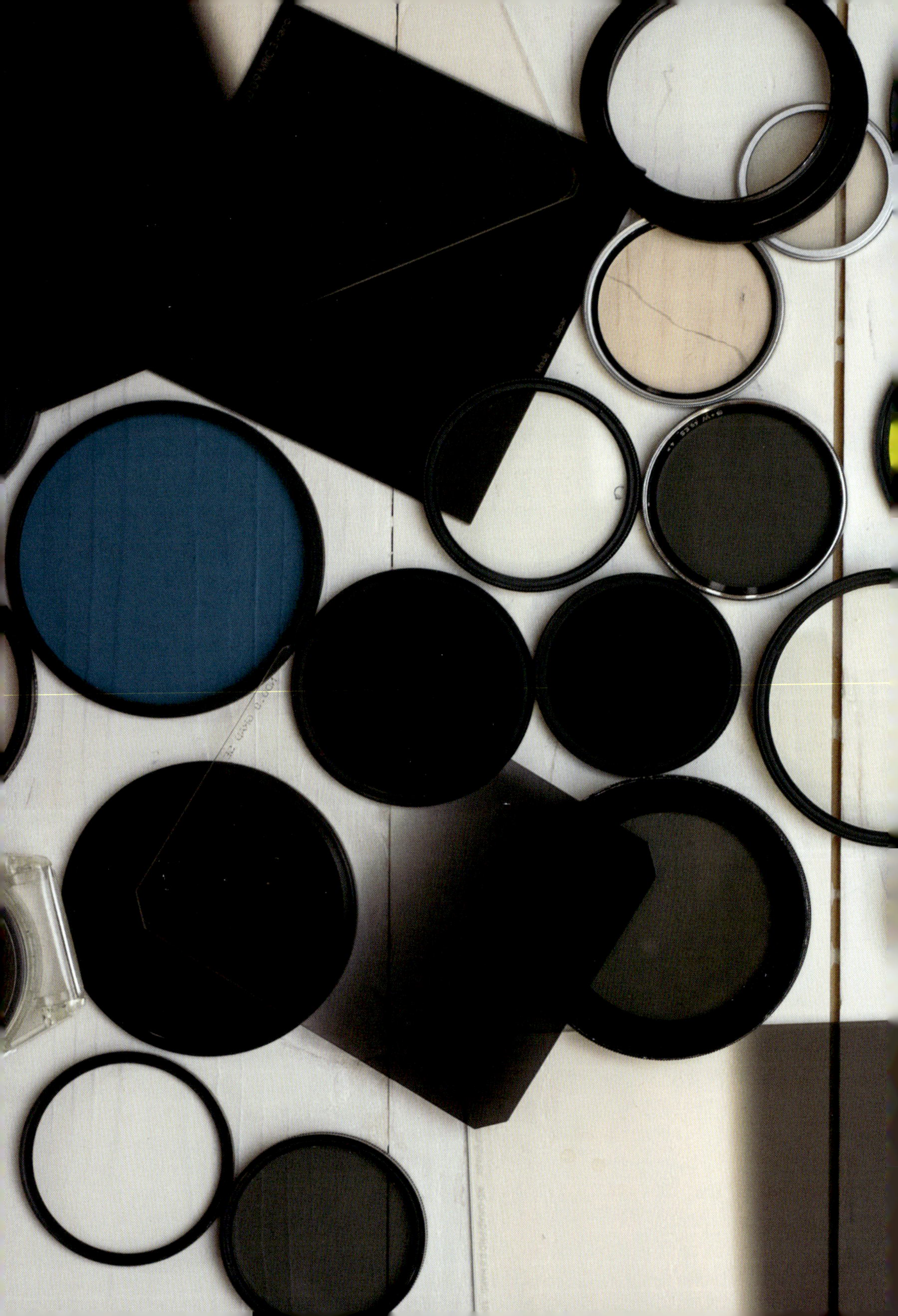

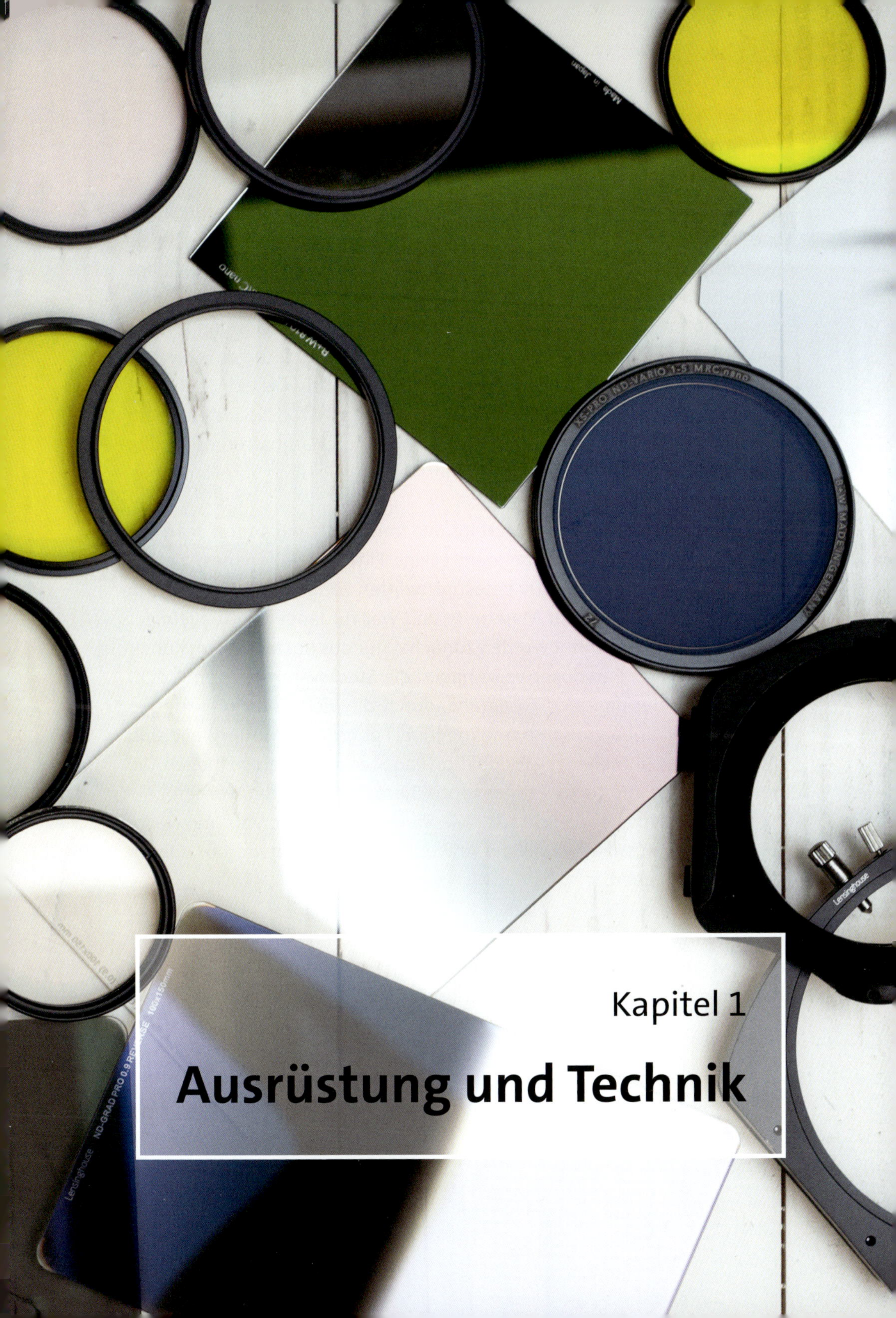

Kapitel 1

Ausrüstung und Technik

Verschiedene Systeme

Bis Ende der 1970er-Jahre waren in der Fotografie fast ausschließlich solche Filter gebräuchlich, die man direkt auf das Filtergewinde des Objektivs schrauben bzw. vor die Linse klemmen oder stecken konnte. Einige Hersteller experimentierten mit Filtern, die aufs Bajonett gesetzt wurden, konnten sich damit aber nicht durchsetzen. Hingegen gab es eine ganze Zeit lang auswechselbare Einlegescheiben aus farbigem Glas, die zwischen zwei Metallringen fixiert und dann vor dem Objektiv befestigt wurden. Direkt auf dem Objektiv aufsitzende Filter für die unterschiedlichsten Zwecke wurden und werden sowohl von namhaften optischen Werken bzw. Kamera- und Objektivherstellern wie auch von No-Name-Produzenten gefertigt.

In den 1970er-Jahren entwickelte der französische Fotograf Jean Coquin ein variables System, bei dem eckige Filter mithilfe eines speziellen Halters vor dem Objektiv befestigt werden können. Die Firma Cokin brachte dieses System zur Marktreife und war für längere Zeit alleiniger Anbieter. Diese Steckfilter wurden zunächst nur aus hochwertigen Kunststoffen gefertigt. Paradoxerweise haben die Stecksysteme erst mit dem Aufkommen der digitalen Fotografie, durch die viele Filter unnötig geworden sind, einen größeren Anhängerkreis gefunden. Mittlerweile sind diverse Unternehmen in die Produktion von Steckfiltern eingestiegen, die nunmehr auch aus hochwertigem optischem Glas gefertigt werden.

Grundsätzlich haben Schraub- wie Stecksysteme ihre Vor- und Nachteile, die sich aus den jeweiligen Anwendungsgewohnheiten und Ihren Wünschen ergeben.

Anmerkung: Man kann sowohl »der Filter« wie »das Filter« sagen. Letzteres wird vor allem in der wissenschaftlichen Fachsprache verwendet. Ich habe mich für die alltagsnähere Variante »der Filter« entschieden.

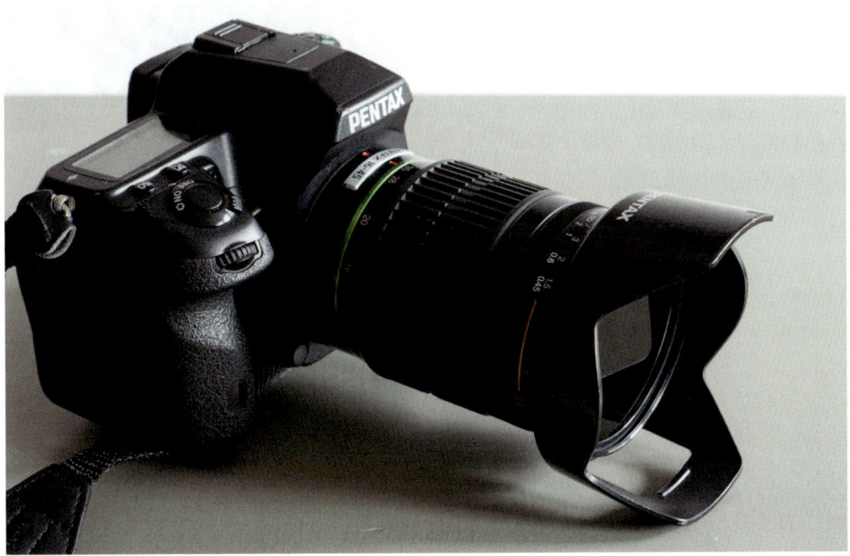

Hier wurde ein ND-Filter direkt aufs Objektiv geschraubt – die Gegenlichtblende ist weiterhin benutzbar.

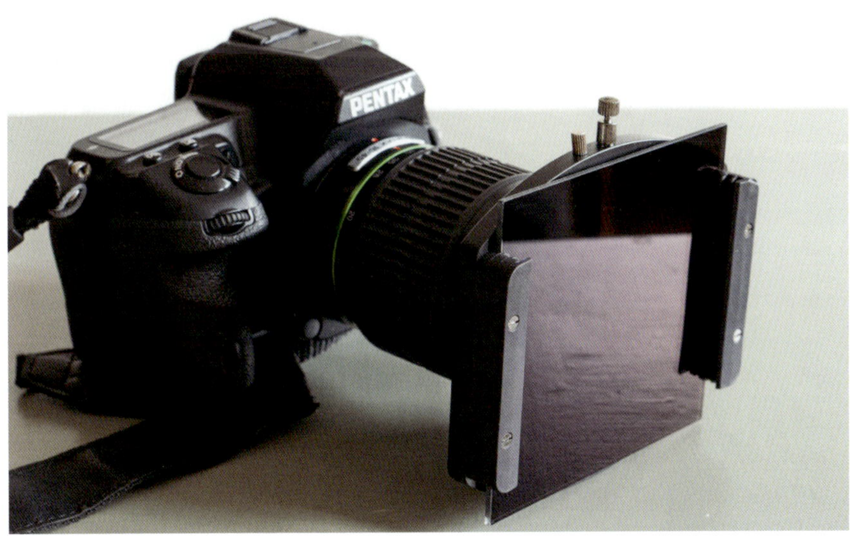

Aufgesetzter Steckfilterhalter von Rollei mit eingestecktem ND-Filter

Schraubfilter

Der klassische Schraubfilter ist rund, wird in das Filtergewinde des Objektivs eingedreht und sitzt dort fest auf. Entsprechend können Verschmutzungen während des Gebrauchs nur auf der äußeren Seite des Filters stattfinden und leicht entfernt werden. In der Regel verfügt ein Schraubfilter seinerseits auch über ein Filtergewinde, sodass mehrere Filter miteinander kombiniert werden können.

Auf einem extrem weitwinkeligen Objektiv kann es jedoch bereits bei Verwendung eines Schraubfilters zu Randabschattungen kommen; werden Filter kombiniert, verschärft sich das Problem.

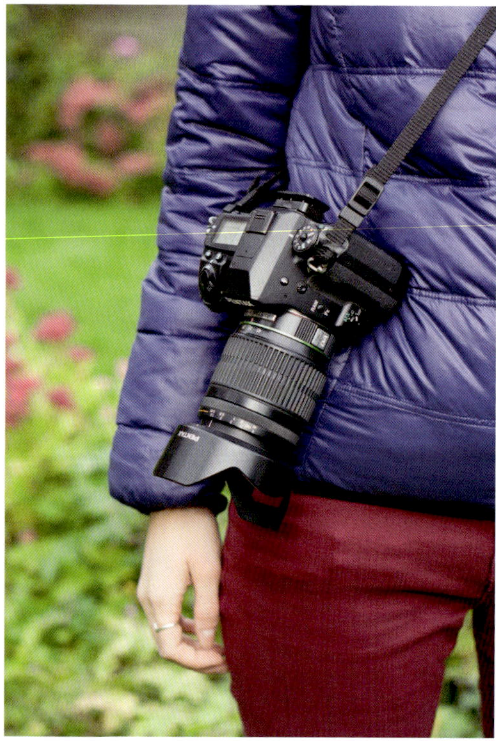

Wenn ein Schraubfilter auf dem Objektiv sitzt, lässt sich weiterhin die Gegenlichtblende verwenden. Damit lassen sich störende Reflexionen vermeiden. Objektiv und Filter sind zudem geschützt.

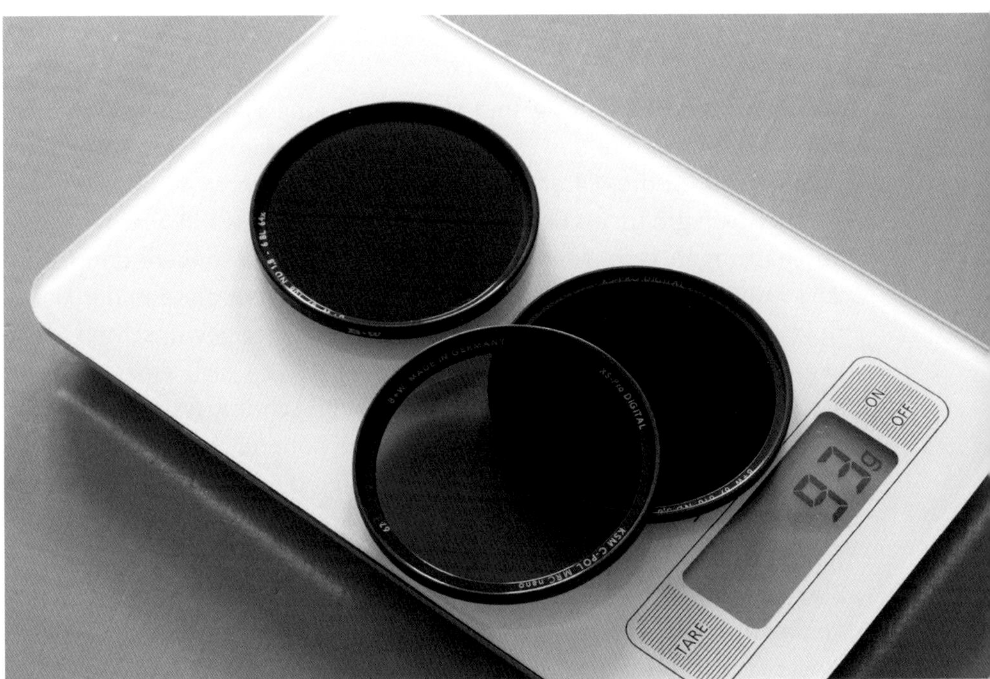

Schraubfilter sind vergleichsweise leicht.

Schraubfilter sind bei gleicher Qualität vergleichsweise günstiger in der Anschaffung als Steckfilter. Beim Transport benötigen sie weniger Platz. Aufgeschraubt sind sie unauffällig und stören nicht bei umgehängter Kamera. Sie können auf dem Objektiv bleiben, wenn man den Fotoapparat in die Tasche oder den Rucksack steckt, und auch der Objektivdeckel lässt sich noch aufsetzen. Die Gegenlichtblende kann weiterhin benutzt werden. Eine Einschränkung gibt es lediglich bei der Bedienung des Polfilters, der sich nur dann noch drehen lässt, wenn der Hersteller den Zugriff durch eine Öffnung in der Gegenlichtblende erlaubt, wie es z. B. bei Pentax möglich ist.

Wenig befriedigend ist die Verwendung von Verlaufsfiltern als Schraubfilter, da der Verlauf fest in der Mitte angeordnet ist und nicht verschoben werden kann, was die Bildgestaltung erheblich einschränkt.

Steckfilter

Steckfilter sind rechteckig und werden in eine Halterung geschoben, die ins Filtergewinde des Objektivs geschraubt wird. In der Regel ist es möglich, bis zu drei Filter gleichzeitig einzustecken. Wird das Filtersystem deutlich größer als der Objektivdurchmesser gewählt, werden Randabschattungen vermieden. Stecksysteme sind insbesondere dann sinnvoll, wenn Verlaufsfilter verwendet werden, da man diese in der Halterung so verschieben kann, dass der Verlauf an der gewünschten Stelle liegt. Ist der Halter erst einmal montiert, lassen sich einzelne Filter schneller und komfortabler wechseln als beim Schraubsystem.

Ein Nachteil von Stecksystemen ist ihr höherer Anschaffungspreis. Für den Transport des Halters und der Filter, die aus Glas- oder Kunststoffscheiben bestehen, benötigt man zudem mehr Platz in der Kameratasche. Mit aufgesetztem System umherzulaufen ist unpraktisch, da es über das Objektiv hinausragt und damit empfindlich ist. Die gleichzeitige Verwendung einer Gegenlichtblende ist nur bei Modellen weniger Herstellern (z. B. Cokin) möglich.

Steckfilter können während des Gebrauchs von beiden Seiten durch Staub oder Wassertropfen verschmutzt werden. In ungünstigen Situationen kann auch Streulichteinfall zwischen Filterscheiben und Objektiv zu störenden Effekten führen.

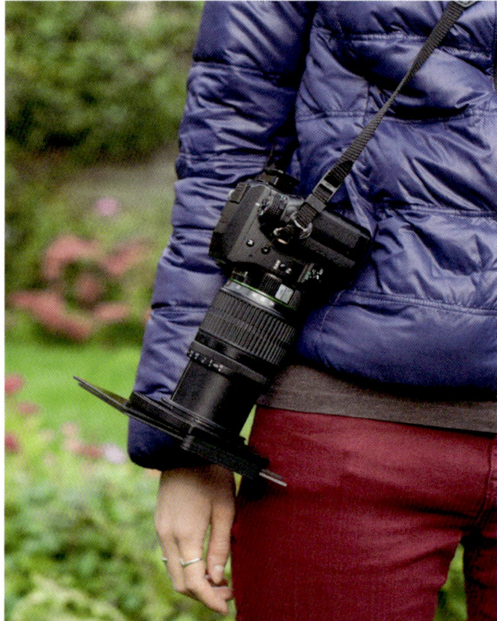

Mit aufgesetztem Steckfilter wird die Kamera unhandlich, und es kann schnell mal passieren, dass die Filter irgendwo anstoßen und zerbrechen.

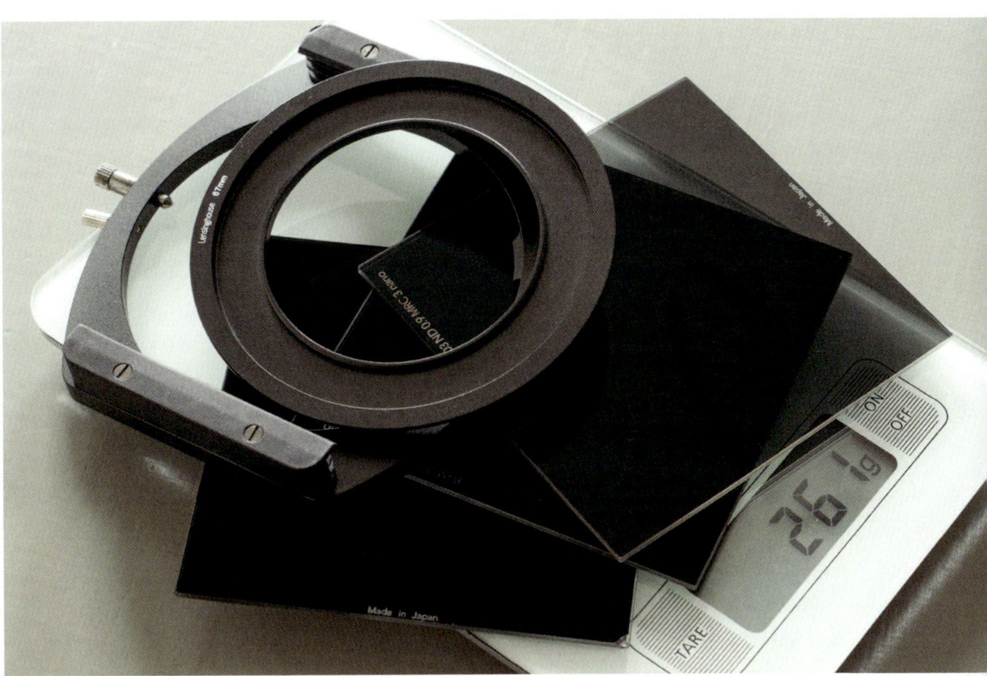

Steckfilter mit Halterung bringen deutlich mehr Gewicht auf die Waage als vergleichbare Schraubfilter.

Schraubfilter	Steckfilter
+ geringes Gewicht	+ schneller Wechsel möglich, wenn Halterungssystem montiert ist
+ geringerer Platzbedarf in Fototasche	+ keine Vignettenbildung bei Kombination mehrerer Filter
+ mit Gegenlichtblende nutzbar	+ Verlaufsfilter variabel einstellbar
+ kein Halter notwendig	– höherer Anschaffungspreis
– unflexibler Grauverlauf bei ND-Verlaufsfiltern	– höheres Risiko für Streulichteinfall
– Neigung zur Vignettenbildung bei Kombination mehrerer Filter	– mehr Gewicht und Volumen in Fototasche
	– höhere Bruchgefahr

Vor- und Nachteile der Steckfilter bzw. Schraubfilter

Filter kombinieren

Grundsätzlich können alle Filter miteinander kombiniert werden. Die Tücke liegt dabei im Detail: Werden mehrere Filter übereinander geschraubt oder gesteckt, kann es vor allem bei minderwertiger Qualität zu Farbverfälschungen und Unschärfe kommen. Grundsätzlich sollten Sie deshalb nur hochwertige Filter miteinander kombinieren. Eine Kombination von Schraub- und Steckfiltern ist möglich und manchmal auch sinnvoll.

Schwierig ist die gleichzeitige Verwendung von Polfiltern oder ND-Variofiltern zusammen mit weiteren Filtern. Polfilter müssen in der Fassung gedreht werden, um die richtige Wirkung einzustellen. Mit aufgesetzter Halterung bzw. dann, wenn weitere Filter aufgeschraubt werden sollen, ist dies eine Herausforderung. Eine Lösung kann ein Halterungssystem sein, das einen Polfilter integriert, wie es bei dem Steckfilterhalter von Rollei der Fall ist.

Mehr über die konkrete Anwendung von Filtern in Kombination erfahren Sie in den jeweiligen Kapiteln über Polfilter (Seite 29 ff.) und Verlaufsfilter (Seite 105 ff.).

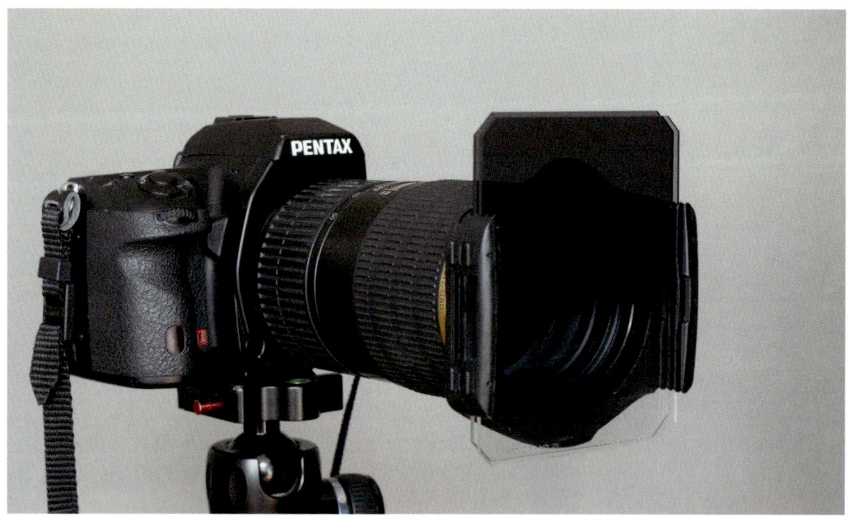

Hier kommt ein Hitech-Filterhalter mit zwei Hitech-Soft-Grauverlaufsfiltern zum Einsatz.

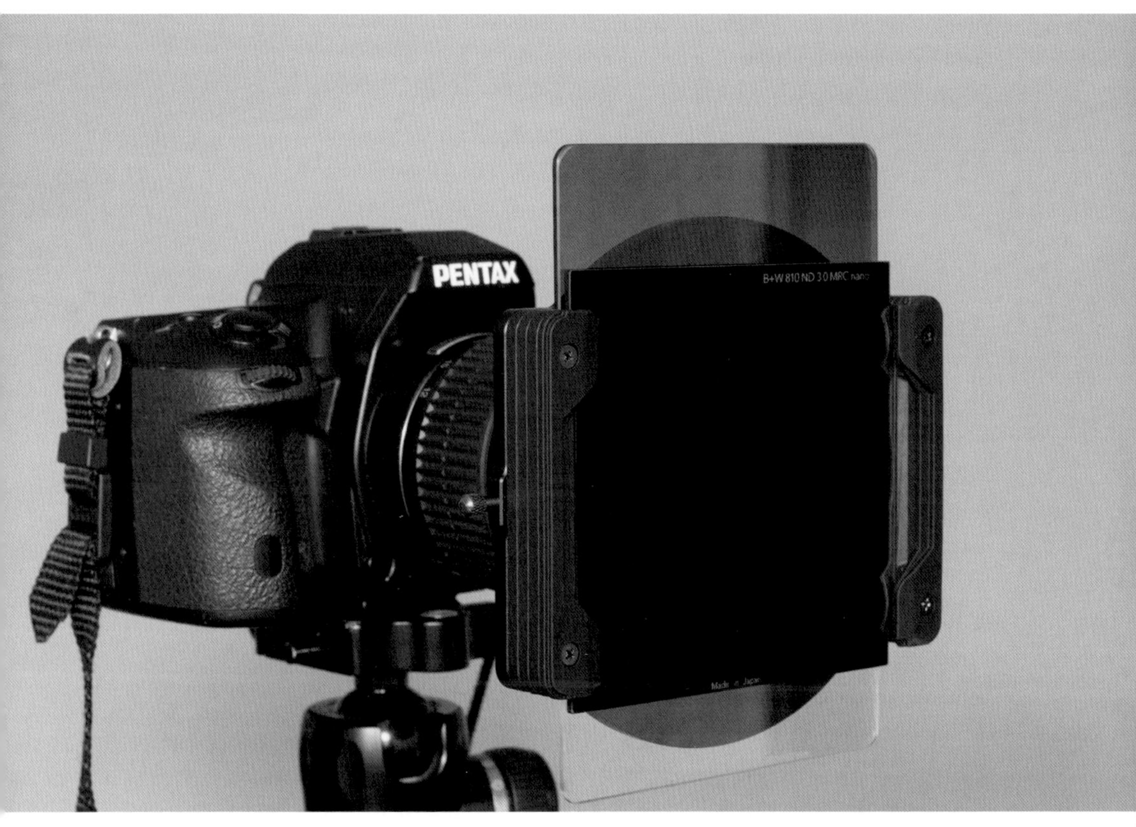

Kombination des Rollei-Filterhalters mit dem integrierten Rollei-Polfilter, einem Grauverlaufsfilter und einem ND-Filter. Der Polfilter kann im Rollei-Haltesystem auch mit vorgesetzten weiteren Filtern noch gedreht werden.

Flexibel sein – Halterungen und Adapter

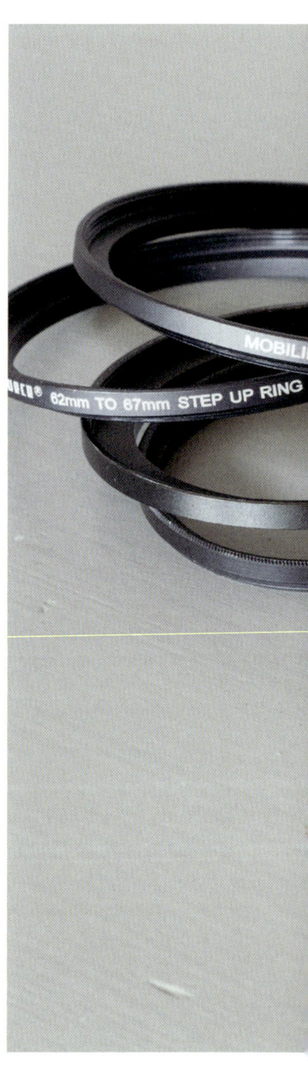

Wenn Sie nur ein Objektiv Ihr Eigen nennen, brauchen Sie hier nicht weiterzulesen, sondern einfach nur passende Filter kaufen. Meist ist es aber so, dass man mehrere Optiken mit verschiedenen Filtergewindemaßen hat – und da fängt das Problem schon an. Für jedes Objektiv alle Filter anzuschaffen macht Sie arm und Ihre Fototasche schwer. Ein möglicher Ausweg besteht darin, Schraubfilter für das Objektiv mit dem größten Durchmesser zu erwerben und dazu passende Adapterringe für alle anderen Objektive. Achten Sie dabei darauf, nicht die allereinfachsten Ringe zu wählen, denn bei diesen ist das Gewinde häufig unsauber geschnitten und somit die Gefahr groß, dass Sie den Adapterring nach Gebrauch nur schwer oder gar nicht vom Filter oder Objektiv herunterbekommen.

Übrigens arbeiten auch die gängigen Steckfiltersysteme mit Halterungen, welche über verschieden große Adapterringe aufs Objektiv geschraubt werden. Meistens gehören diese aber zum Halterungsset dazu und müssen nicht zusätzlich angeschafft werden. Ganz extreme Weitwinkelobjektive weisen manchmal gar kein Filtergewinde auf: Für diesen Fall gibt es Halterungssysteme, die aufgesteckt werden.

Bei einem sehr häufig genutzten Filter wie dem Polarisationsfilter empfehle ich die Anschaffung einer aufschraubbaren Version für jedes Objektiv, das Sie häufiger verwenden. Denn erfahrungsgemäß sitzt der Filter immer gerade dann auf dem falschen Objektiv, wenn es schnell gehen muss.

Beim Einsatz von ND- und Verlaufsfiltern hingegen macht man keine Schnappschüsse, sondern sorgfältig geplante Fotos – hier lässt sich der Filterwechsel in Ruhe auch mit Adapter vollziehen.

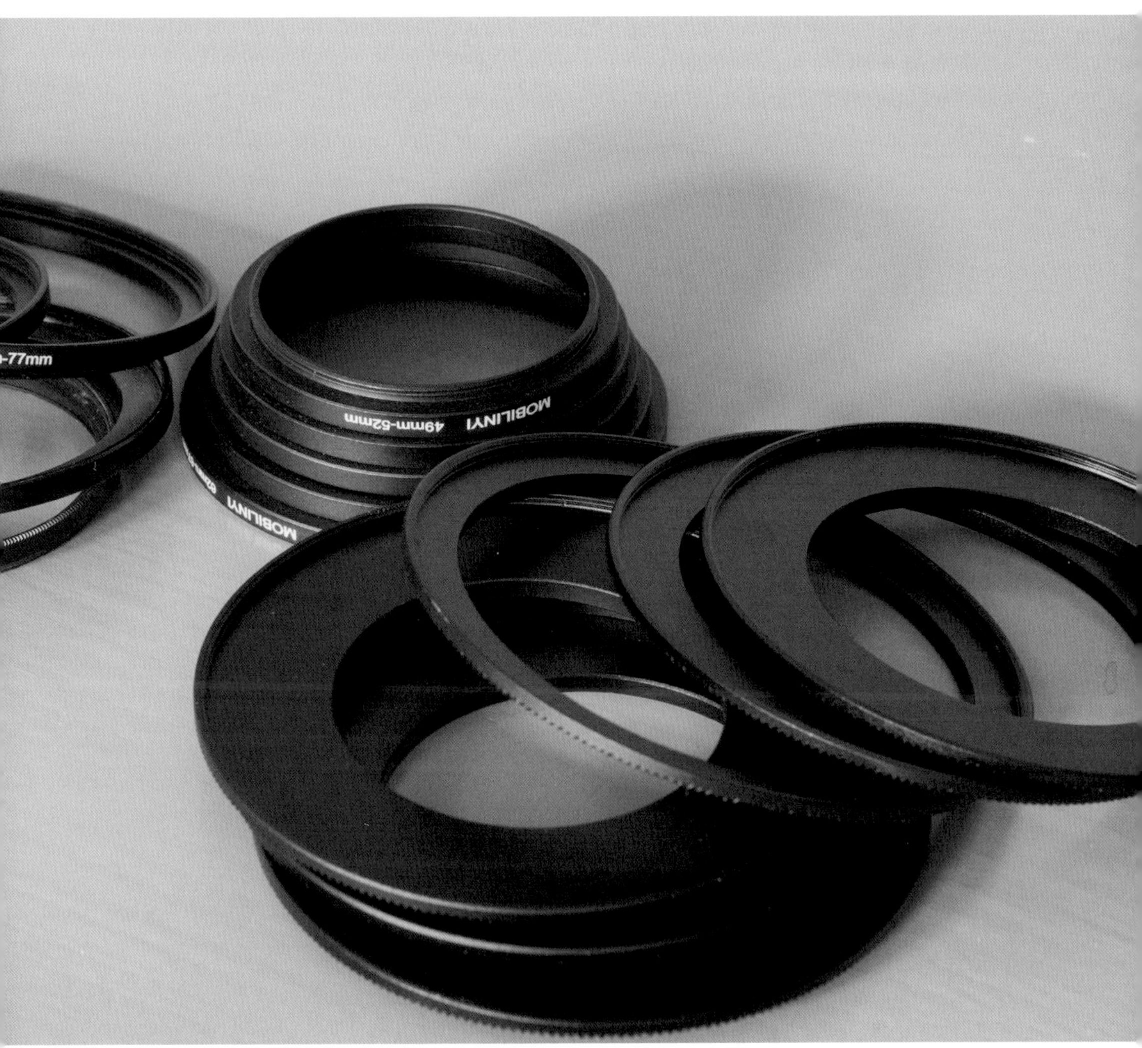

Adapterringe für Filter und Filtersysteme für die gängigsten Objektivgrößen

Formate, Material und Qualitäten

Einen Schraubfilter sollten Sie in einem Format kaufen, das auf Ihr Objektiv mit dem größten Durchmesser passt. Handelt es sich dabei um ein Weitwinkelobjektiv, so kann die Wahl eines Slimfilters helfen, Randabschattungen zu vermeiden. Denn Slimfilter haben einen sehr schmalen Rand.

Bei Steckfiltern tritt das Vignettierungsproblem seltener auf. Ein derzeit sehr gängiges Format für Steckfilter liegt bei 100 mm Breite. Ein solcher Filter lässt sich bei fast jedem Objektiv für digitale Spiegelreflex- und Systemkameras verwenden. Benutzen Sie oft extreme Weitwinkelobjektive, kann die Wahl eines 150-mm-Filters sinnvoll sein, um Vignettierungen zu verhindern. Wägen Sie ab, denn 150 mm bedeuten höhere Kosten und mehr Gewicht.

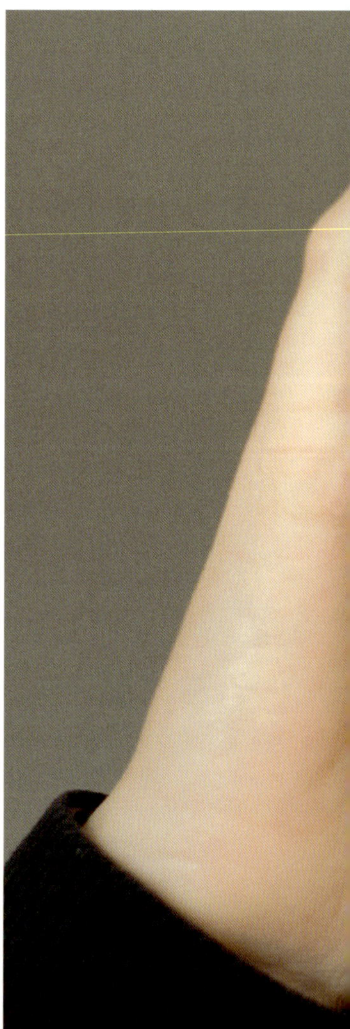

Schraubfilter sind in der Regel aus optischem Glas hergestellt. Steckfilter wurden ursprünglich aus Kunststoff gefertigt, mittlerweile setzt sich auch hier Glas immer mehr durch. Glas ist nicht grundsätzlich dem Kunststoff vorzuziehen, es kommt auf die Verarbeitungsgüte an.

Billighersteller aus Fernost bieten Schraubfilter aus einfachem gefärbtem Glas an, das Farbabweichungen, Reflexionen und Unschärfen verursacht. Bei billigen Steckfilter-Sets aus einfachem Kunststoff kommt zudem hinzu, dass die Filterscheiben weder antistatisch noch kratzfest sind. Sie taugen allenfalls dazu, einmal auszuprobieren, ob die Filterfotografie Ihnen Spaß machen könnte, denn ein ganzes Set kostet weniger als ein Qualitätsfilter eines namhaften Herstellers. Die Herstellung hochwertiger Kunststoffe wie Resin und vergüteter optischer Gläser hat einfach ihren Preis.

Auch bei den Markenherstellern gibt es aktuellen Tests zufolge Qualitätsunterschiede. Sie betreffen vor allem Abweichungen innerhalb verschiedener

Ausführungen bei einzelnen Produzenten: So sind z. B. bei einem Hersteller die 3,0 ND-Filter hervorragend, die 0,9 ND-Filter aber nur mittelmäßig. Diese sind bei einer anderen Marke Spitzenklasse, dort aber stehen die Polfilter nicht auf dem ersten Platz. So ist es kaum möglich, im Bereich der hochwertigen Filter Kaufempfehlungen abzugeben. Hinzu kommt, dass nicht jeder Hersteller alle denkbaren Varianten im Programm hat, wodurch nur eine eingeschränkte Vergleichbarkeit und Auswahl gegeben ist. Insgesamt aber liegt das Qualitätsniveau sehr deutlich über dem von Billigprodukten.

Qualitätsbewusstsein beim Kauf eines Filters zahlt sich aus.

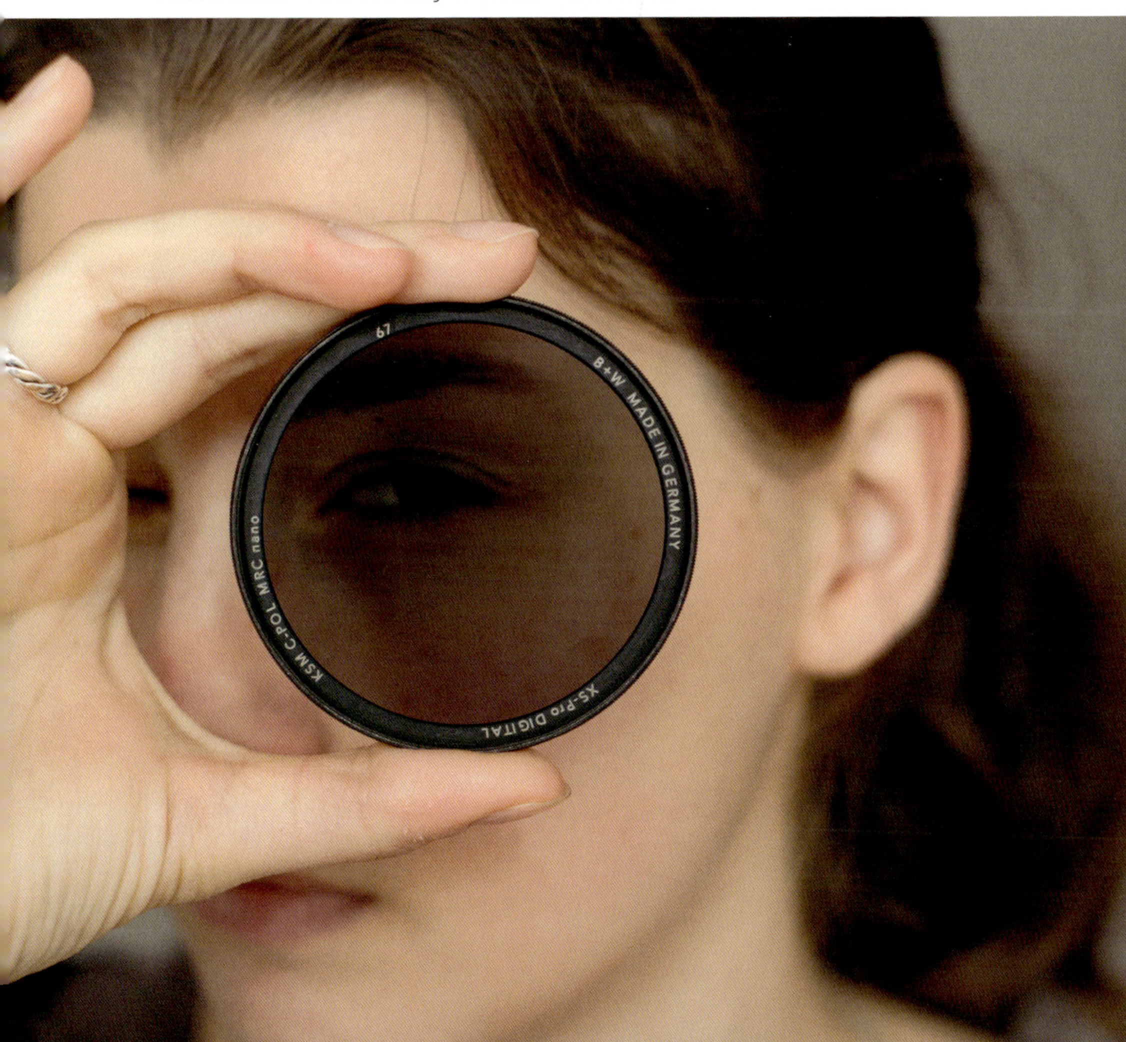

Aufbewahrung und Transport

In der Regel werden Filter mit Schutzhüllen verkauft. Bei Schraubfiltern sind das meist einfache Kunststoffbehälter. Die Hersteller von Steckfiltern liefern diese teilweise in aufwendig gestalteten Hüllen aus Aluminium oder Kunstleder aus, die aber nicht unbedingt sehr alltagstauglich sind und viel Platz in der Tasche benötigen.

Schraubfilter lassen sich platzsparend und sehr sicher transportieren, indem man verschiedene Stärken aufeinanderschraubt (»stackt«) und oben und unten mit einem Schraubdeckel aus Metall abschließt. Solche Deckel finden Sie im Versandhandel. Das lohnt sich vor allem dann, wenn Sie mehrere Filter dabei haben möchten. Manche Hersteller schreiben den Filtergrad auf den Rand des Gewindes. Das ist natürlich hilfreich. Ist dies nicht der Fall, können Sie sich behelfen, indem Sie die Filter immer nach Stärke sortiert aufschrauben. Der Hersteller Haida bietet ein ND-Filter-Set bereits als kompletten Stack an.

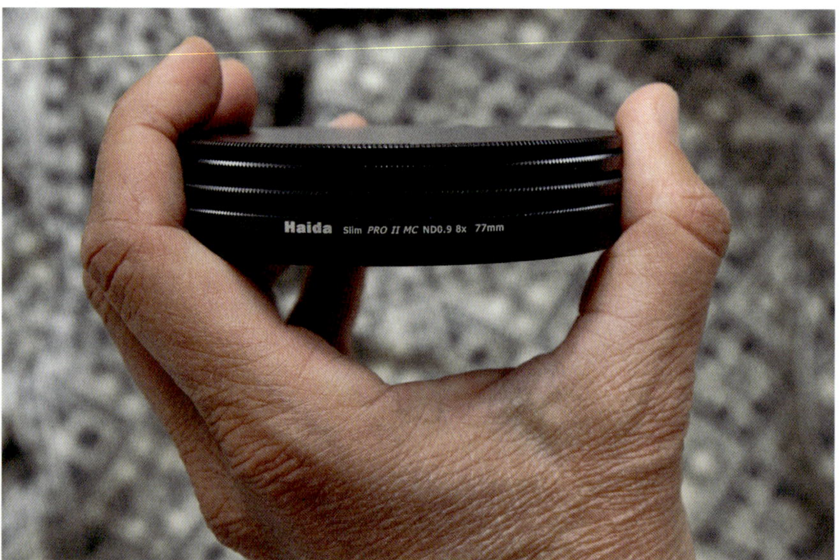

Der Filterstack von Haida ist durchdacht und braucht wenig Platz. Er ist vollständig aus Metall und damit sehr robust und sicher.

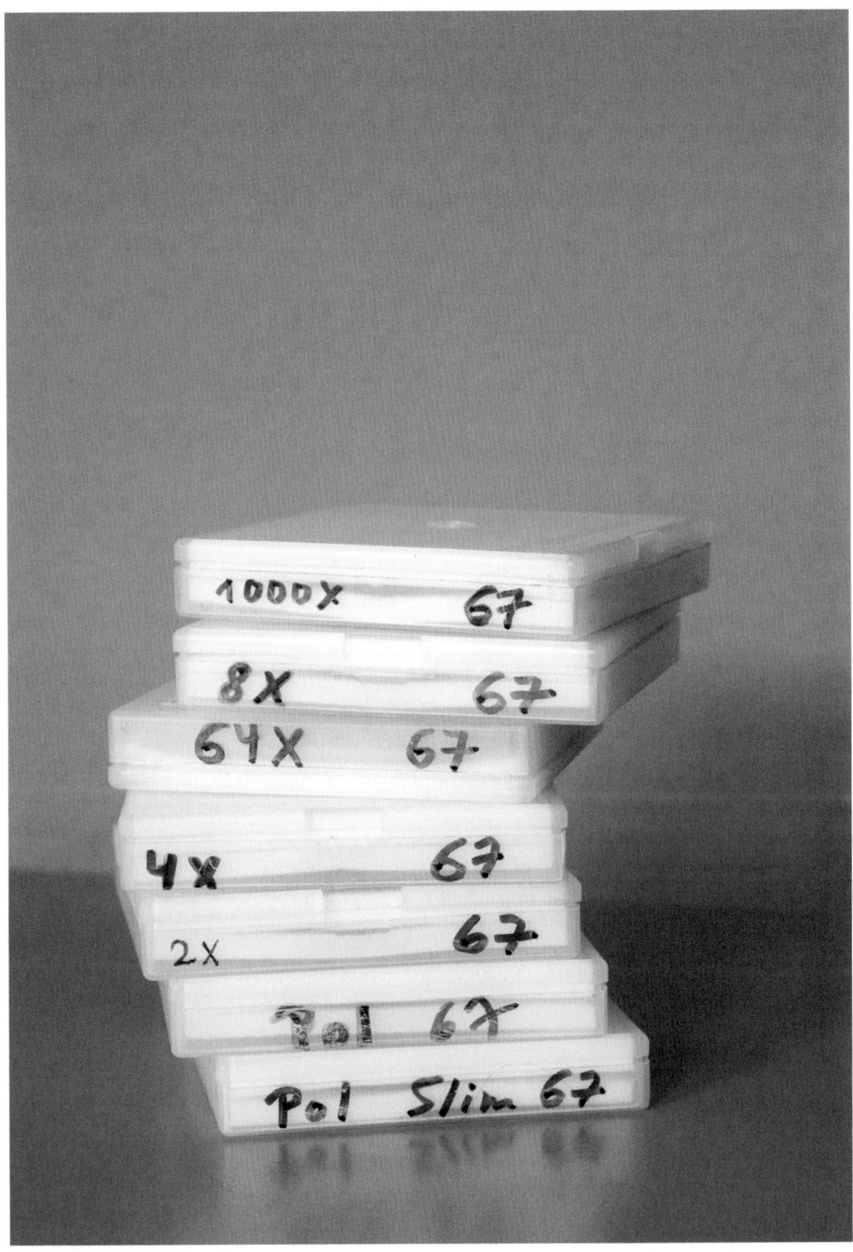

Filterdosen sind eine sichere Aufbewahrungsmöglichkeit, die etwas mehr Platz benötigt. Ich beschrifte sie am Rand mit einem Edding, um auch in der Fototasche den Überblick zu behalten.

Eine weitere Alternative ist die Verwendung einer Filtertasche, in die einzelne Filter geschoben werden. Auf diese Weise sind sie sehr schnell zugänglich.

Schwieriger ist die Aufbewahrung von Steckfilterzubehör, das sowohl die Halterung als auch die einzelnen Scheiben umfasst. Die Hersteller liefern diese in einzelnen ansprechenden Verpackungen aus. Wenn man mehrere Filter mitnehmen möchte, ist das umständlich und weder platz- noch gewichtssparend. Eine alternative Filtertasche, in die Halter plus zehn Filterscheiben mit 10 cm Breite passen, hat Lowepro auf den Markt gebracht. Die Filter sind in einem eingesetzten Fächer gut vor Kratzern geschützt und die Handhabung ist übersichtlich. Derzeit ist das die überzeugendste Tasche für Steckfilter; andere Anbieter ziehen mit der Herstellung vergleichbarer Taschen nach.

Das Etui von Hama fasst vier Schraubfilter und erlaubt raschen Zugriff. Vergleichbare Angebote gibt es von vielen Herstellern.

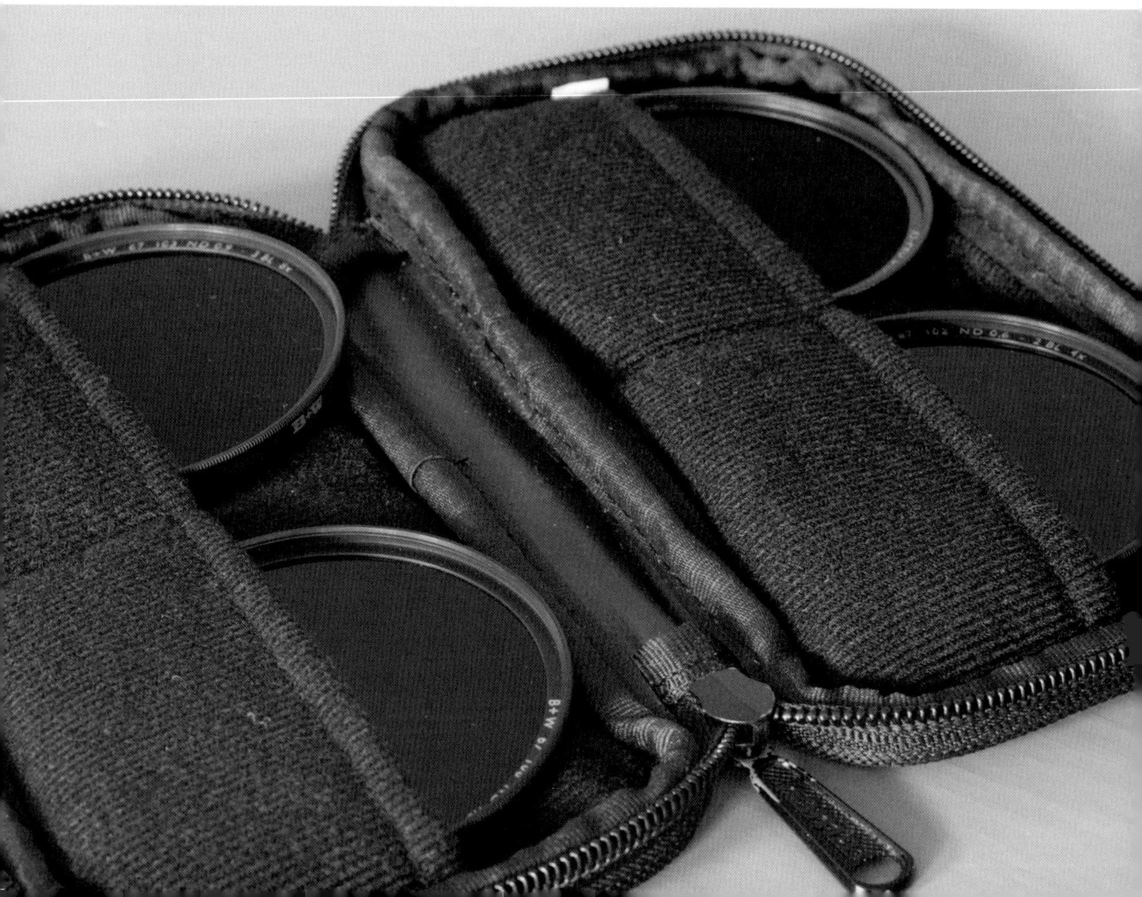

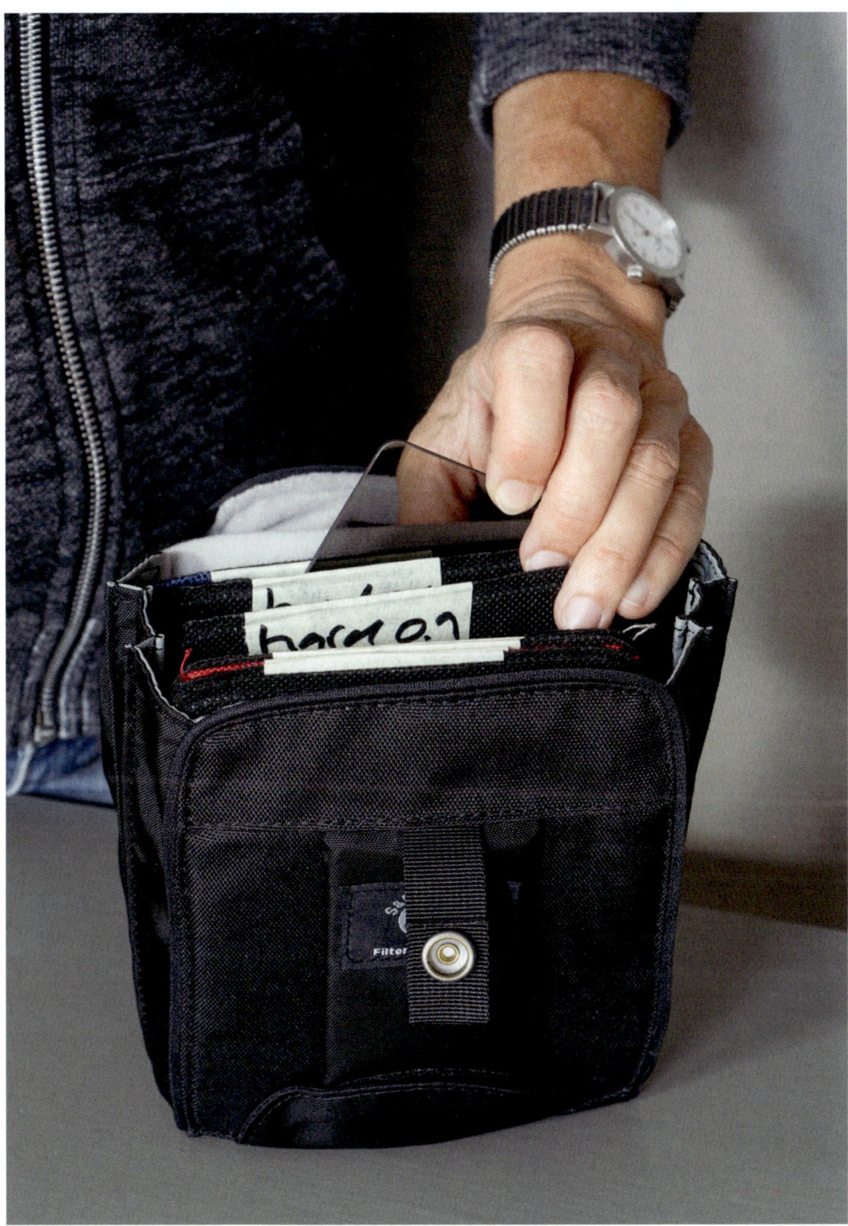

Filtertasche »S&F Pouch« von Lowepro. Ich habe mir die Bezeichnungen der einsortierten Filter mit Tesakrepp auf die einzelnen Fächer geklebt, um auch bei schwachem Licht schnell den gesuchten Filter zu finden. In die neue Filtertasche von Rollei sind bereits Reiter integriert, die beschriftet werden können.

Reinigung und Pflege

Staub, Wasserflecken oder Fingerabdrücke auf dem Filter mindern die Bildqualität. Lose anhaftender Staub wird am besten mit einem Pinsel beseitigt oder mit Druckluft oder einem Blasebalg weggepustet. Leichte Verschmutzungen, die auf diese Weise nicht zu entfernen sind, lassen sich meist mithilfe eines Mikrofasertuchs beseitigen. Das altmodische Anhauchen des Filters erfüllt hierbei immer noch seinen Zweck. Manchmal sind Ablagerungen aber hartnäckiger.

Verschiedene Hersteller bieten Lens-Clean-Sets an, mit denen man auch Objektivlinsen reinigen kann. Meist gehören auch Flüssigreiniger

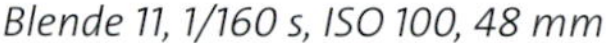

Blende 11, 1/160 s, ISO 100, 48 mm

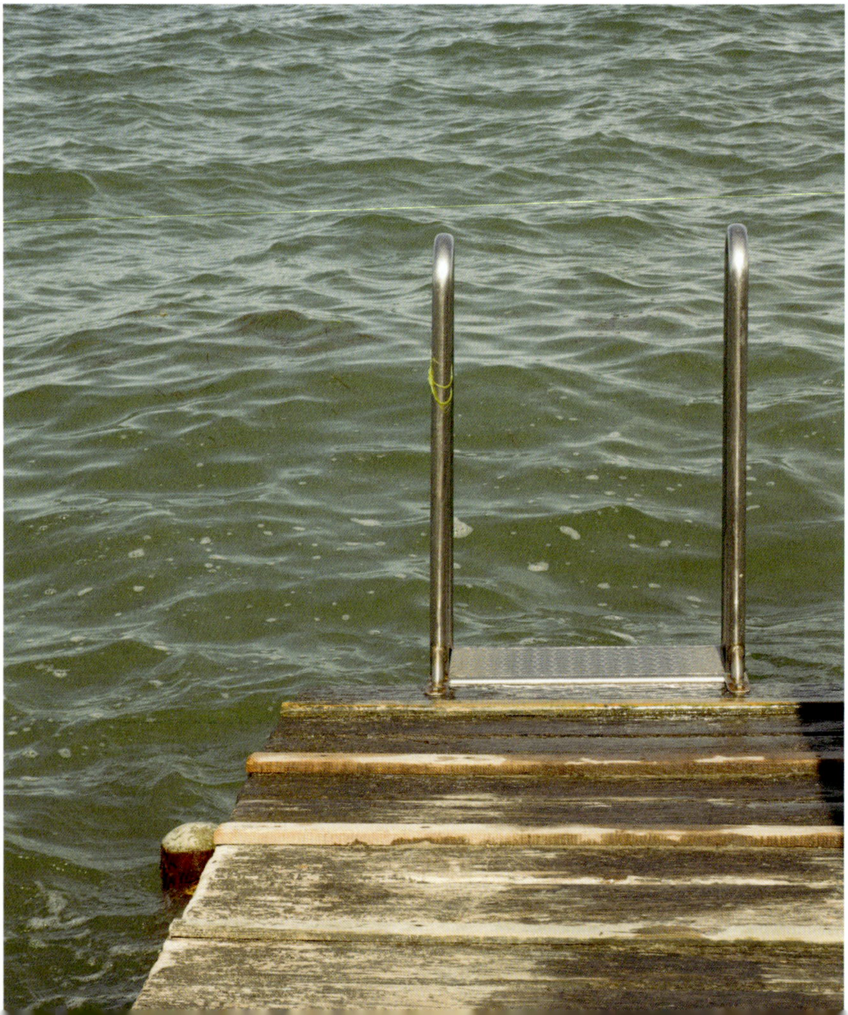

dazu. Ich habe so etwas noch nicht gebraucht. In schwierigen Fällen wasche ich meine Filter mit warmem Wasser und einem Tropfen Geschirrspülmittel ab und poliere sie mit einem frischen Mikrofasertuch trocken. Experimentieren Sie jedoch nicht mit Haushaltschemikalien: Fensterreiniger, Benzin, Aceton etc. können die Vergütung angreifen. Bei billigen Polfiltern besteht bei Flüssigreinigung die Gefahr, dass die beiden Scheiben nicht ausreichend abgedichtet sind und Wasser zwischen sie laufen kann. Bei Markenfiltern brauchen Sie das nicht zu befürchten.

Für unterwegs eignet sich ein Minizerstäuber, gefüllt mit destilliertem Wasser, denn dieses hinterlässt keine Rückstände.

Blende 8, 8 s, ISO 100, 48 mm, 3,0 ND-Filter von B+W

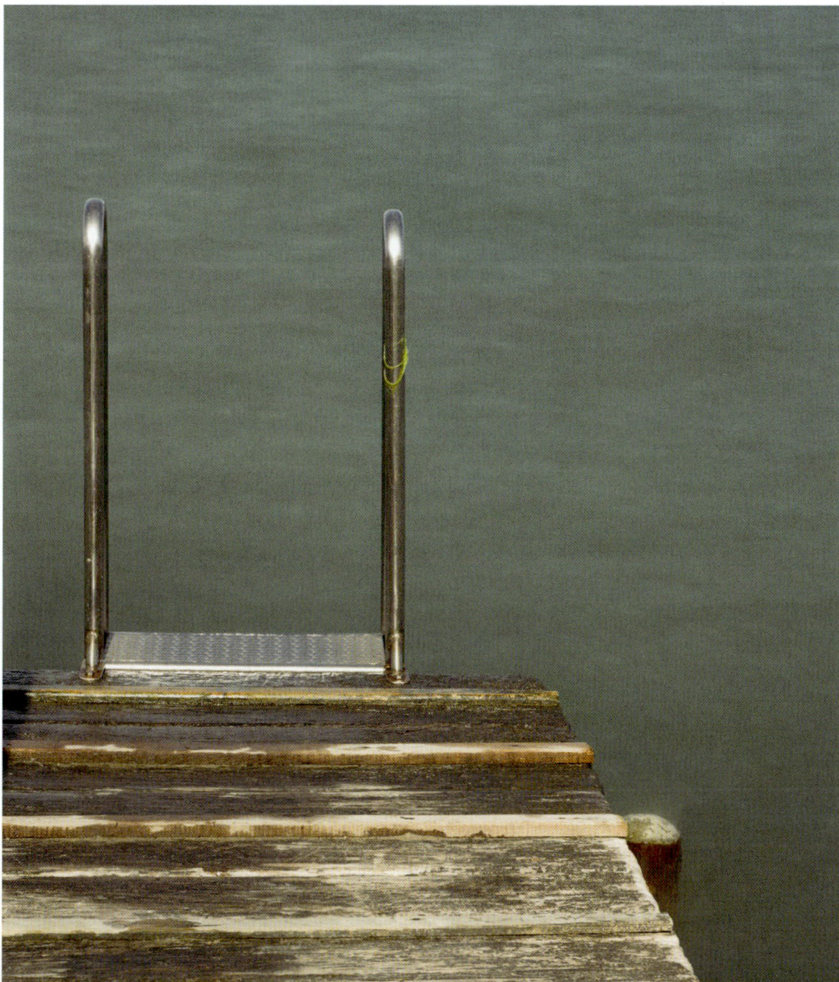

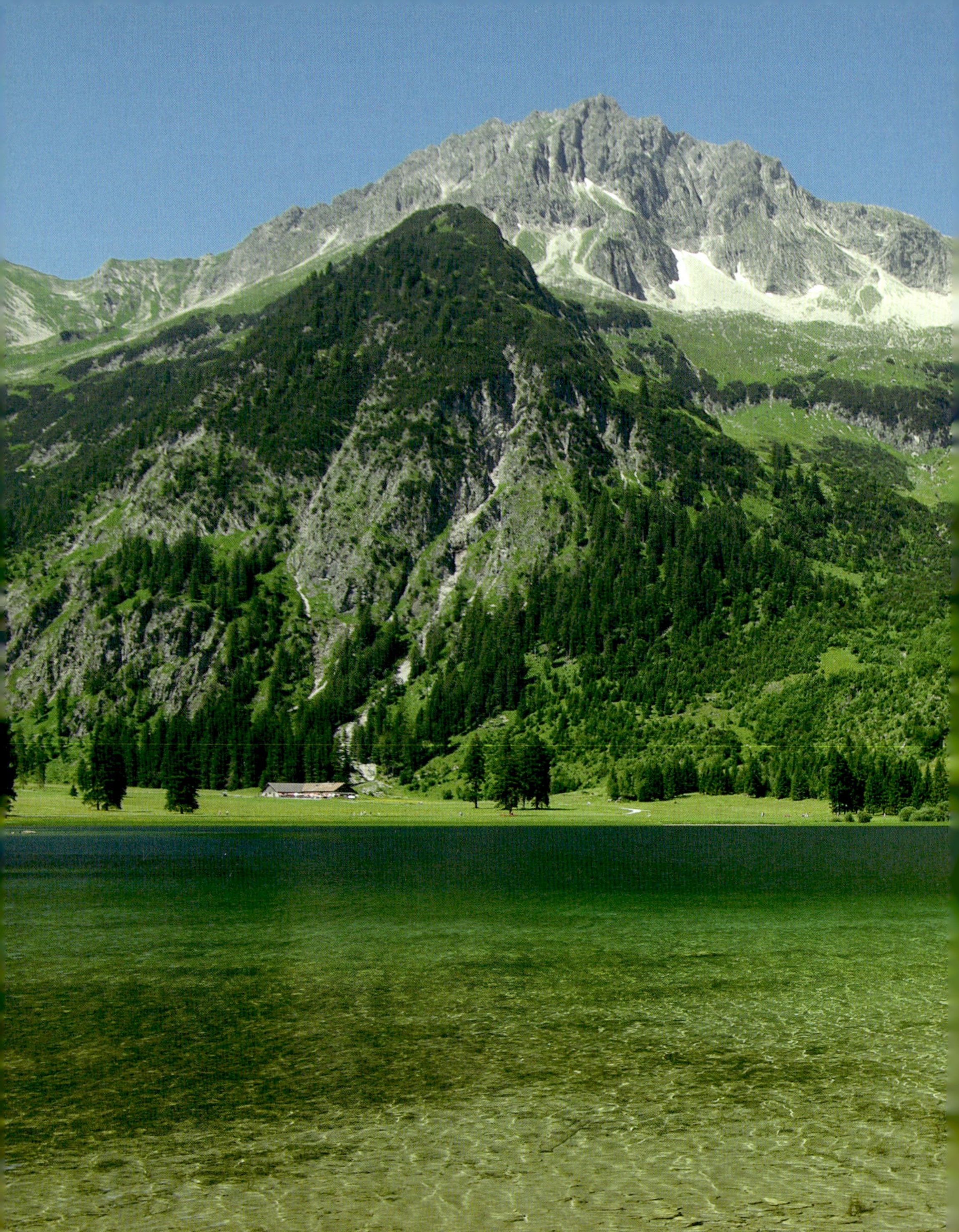

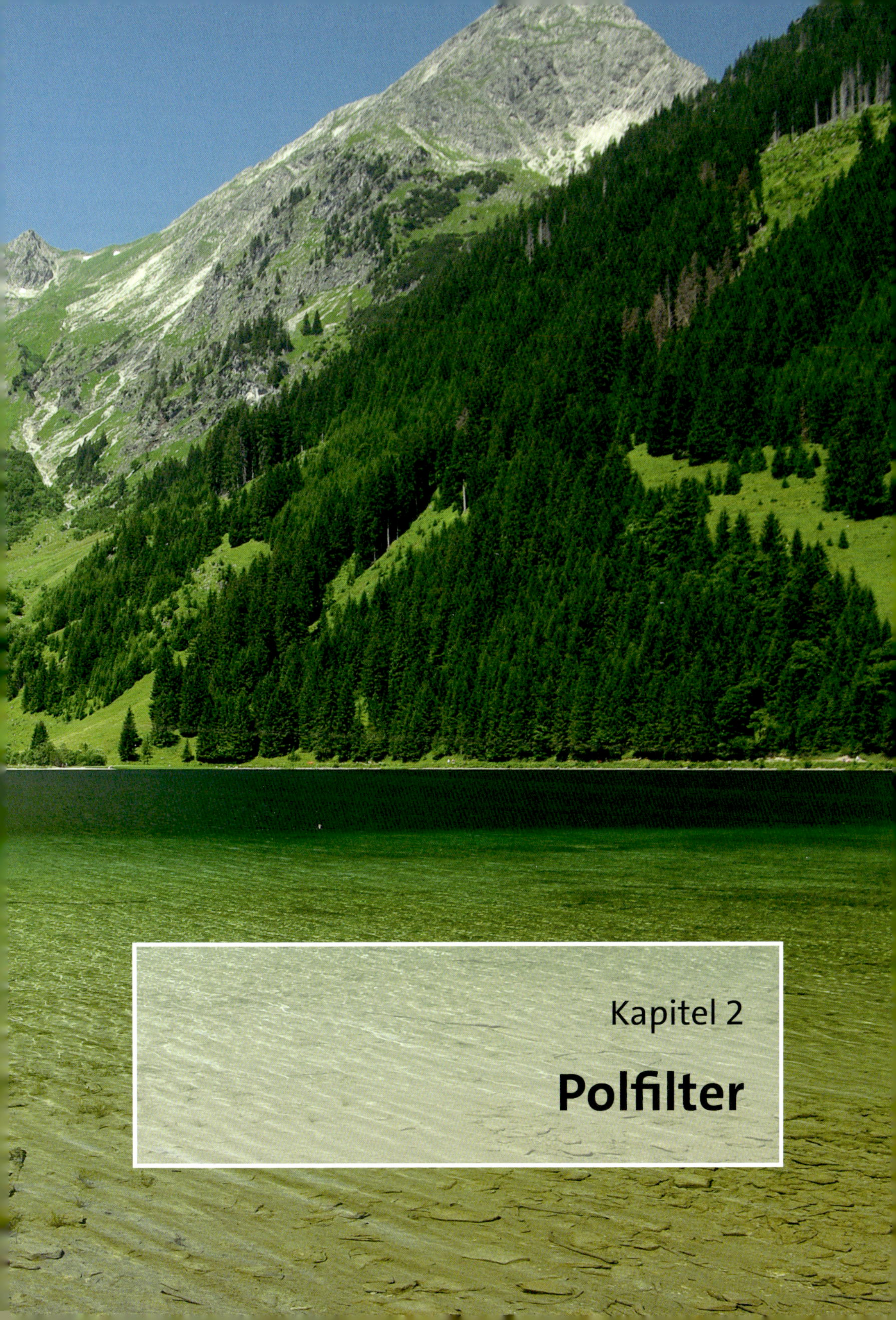

Kapitel 2

Polfilter

Der wichtigste Filter

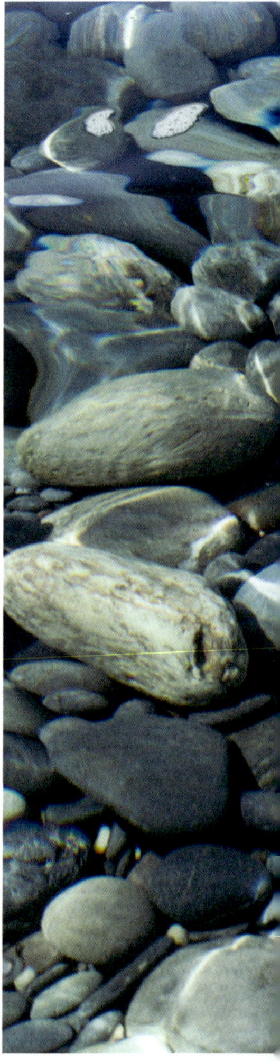

Der Polfilter ist meiner Meinung nach das am stärksten unterschätzte Fotozubehör. Richtig eingesetzt, kann er die Qualität Ihrer Bilder erheblich steigern. Seine Wirkung lässt sich bei der Bildbearbeitung nicht simulieren.

Wie genau ein Polfilter funktioniert, ist nicht ganz leicht zu verstehen. Die gute Nachricht ist: Man muss es auch nicht wissen, um ihn sinnvoll einsetzen zu können. Trotzdem versuche ich hier eine Erklärung: Der Polfilter besteht aus zwei dünnen Glasscheiben mit einer dazwischen eingeklebten Filterfolie. Der Filter kann in der Fassung gedreht werden und entfaltet je nach Position seine Wirkung, indem er Lichtschwingungen einer bestimmten Richtung aussperrt.

Licht breitet sich im Normalfall in Form von Wellen aus, die in unterschiedlichen Richtungen schwingen. Diese Form von Licht bezeichnet man als »unpolarisiert«. Trifft dieses Licht nun auf einen Gegenstand mit reflektierender Oberfläche, wird ein Teil der Wellen zurückgeworfen, die nun »polarisiert« sind; so entstehen Spiegelungen. Diese lassen sich durch den Einsatz eines Polfilters reduzieren, der nichts anderes tut, als das polarisierte Licht auszusperren und nur die ungerichteten Lichtschwingungen durchzulassen. Die Intensität des Effekts steuert man, indem man den Filter mehr oder weniger stark in der Fassung dreht.

Diese Wirkung des Filters hängt zudem von der Richtung der Lichteinstrahlung ab und ist deshalb je nach Aufnahmestandort des Fotografen bzw. Einfallswinkel des Hauptlichtes stark bis quasi nicht wahrnehmbar.

Vorige Doppelseite: Dank des Einsatzes eines Polfilters kann man bis auf den Grund des klaren Gebirgssees schauen. Blende 8, 1/125 s, ISO 200, 18 mm, Polfilter von Hama

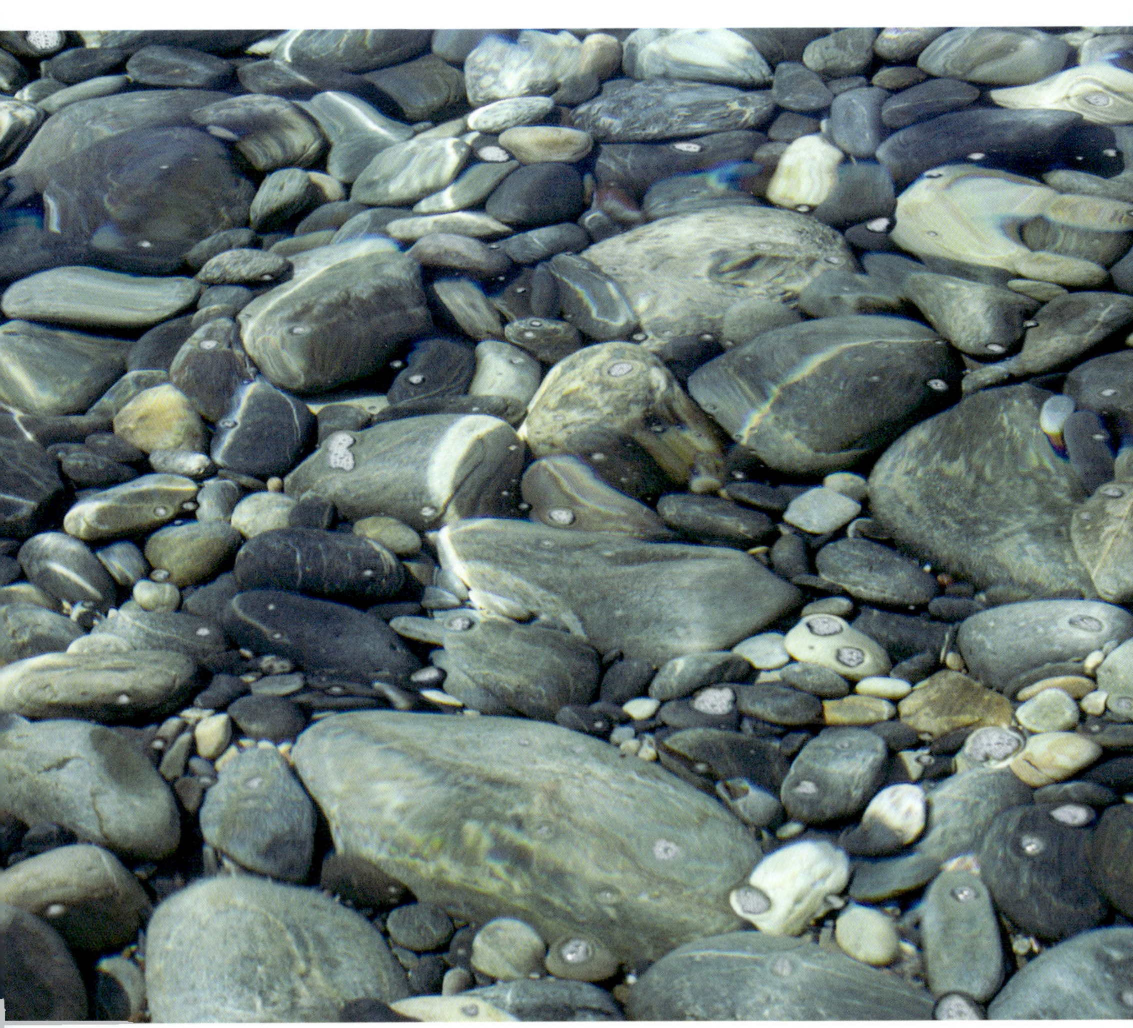

Hier sind mithilfe des Polfilters Lichtspiegelungen auf dem Wasser fast vollständig eliminiert worden – so kann man die Steine auf dem Grund betrachten. Blende 7, 1/125 s, ISO 200, 45 mm, Polfilter von B+W

Reflexionen verringern oder verstärken

Der am häufigsten favorisierte Einsatzzweck des Polfilters ist die Reduktion von Reflexionen. Damit wirken Farben satter, insbesondere ein intensives Himmelblau gilt als typisch für den Einsatz des Polfilters. Dort, wo besonders starke Lichteinstrahlung zu ausgebrannten Bildpartien führen könnte, kann der Polfilter mildernd wirken. Bilder, die durch viele kleine Lichtreflexionen sehr unruhig wirken, können dank eines moderat eingesetzten Polfilters ruhiger werden. Eliminiert man Reflexionen und die dadurch entstehenden Spitzlichter aber zu radikal, kann ein Foto auch wie tot erscheinen. Drehen Sie deshalb den Polfilter nicht immer bis zum intensivsten Punkt, sondern probieren Sie die Wirkung schrittweise aus!

Ein Polfilter kann nicht nur die Spiegelungen auf dem Motiv verringern, sondern er kann sie auch verstärken. Dies kann z.B. erwünscht sein, wenn sich eine attraktive Landschaft oder Bebauung in einem stillen Gewässer mit glatter Oberfläche spiegelt. Der Verstärkungseffekt des Polfilters ist aber lange nicht so intensiv wie die Möglichkeit, Reflexionen zu reduzieren. Es lohnt sich dennoch, diese Option auszuprobieren.

Was allerdings nicht funktioniert: Spiegelungen auf metallenen Oberflächen verringern. Das liegt daran, dass Metall das Licht nicht polarisiert und infolgedessen auch kein polarisiertes Licht herausgefiltert werden kann.

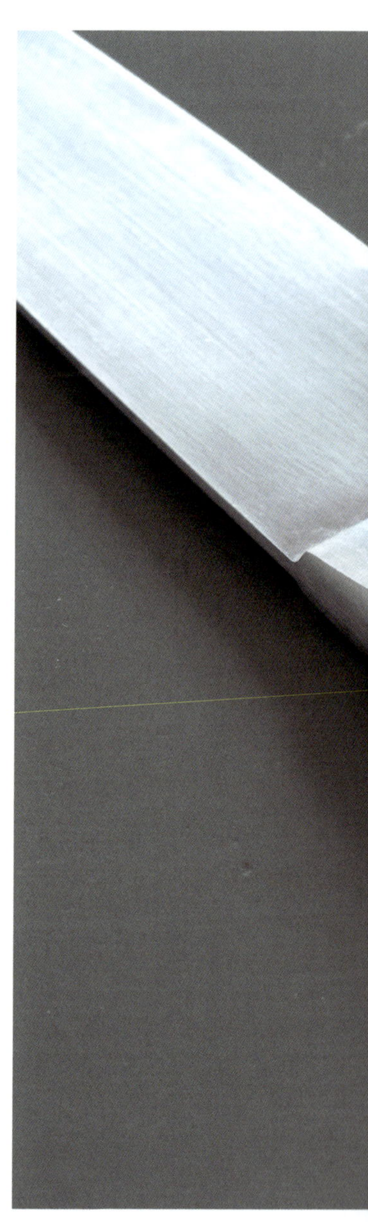

Der Polfilter reduziert deutlich die Reflexionen auf dem Messerschaft und auch auf dem Untergrund. Blende 10, 2 s, ISO 100, 50 mm, Polfilter von B+W

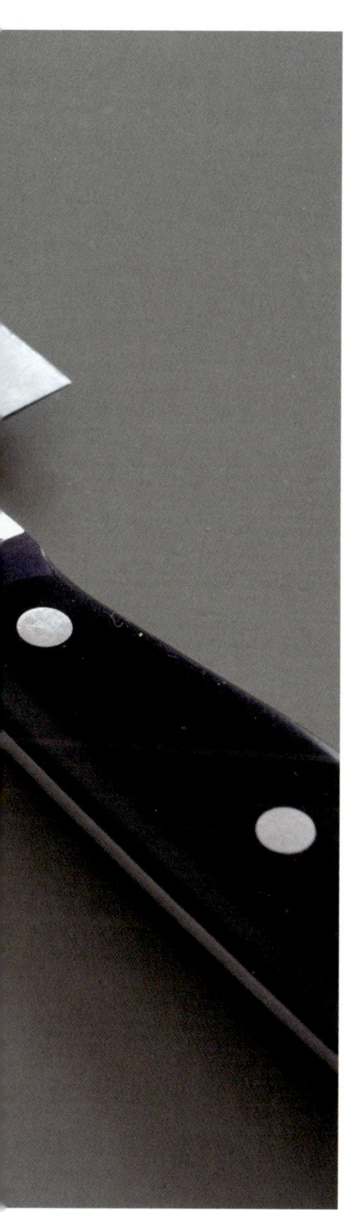

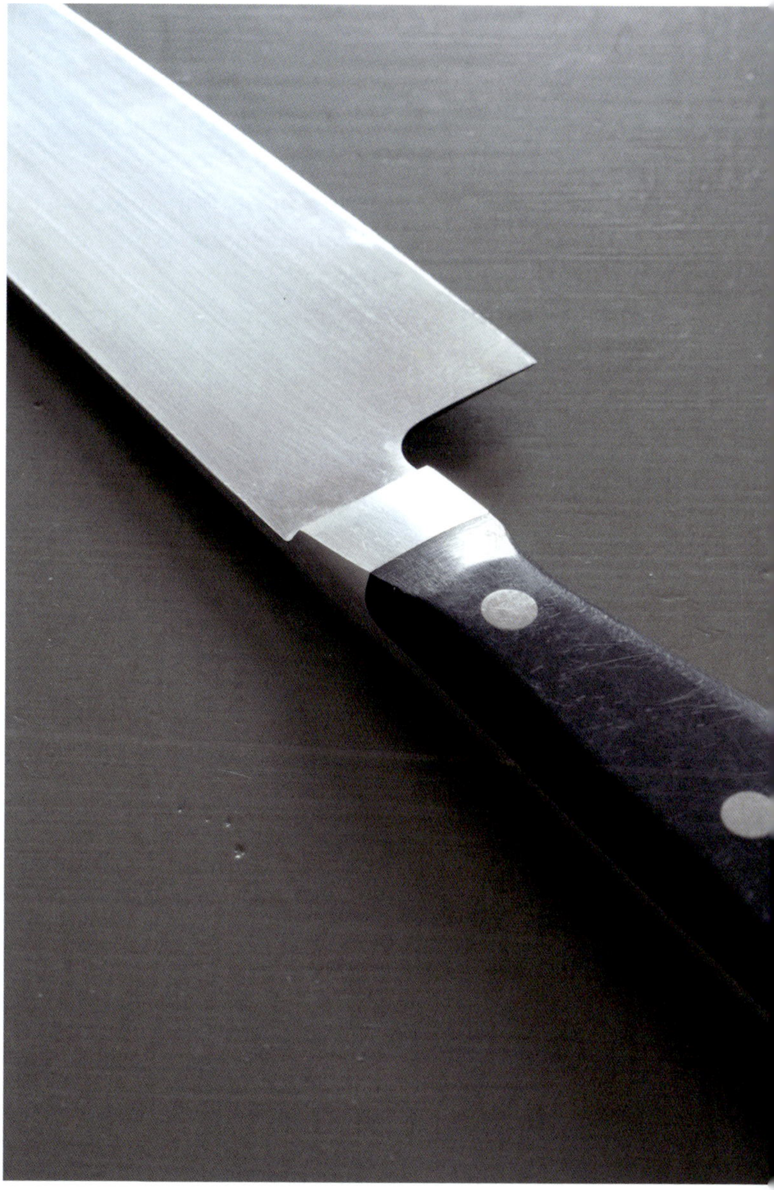

Die metallene Klinge hingegen bleibt davon unberührt. Blende 2, 1,3 s, ISO 100, 50 mm

Was Sie über Polfilter noch wissen müssen

Kleiner Unterschied: Linear und zirkular

Manch einer, der noch einen alten Polfilter aus analogen Zeiten in der Schublade findet, wird sich wundern, dass mit diesem Polfilter der Belichtungsmesser der Kamera nicht richtig funktioniert – und zwar dann, wenn es sich bei dem Schubladenfund um einen linearen Polfilter handelt. Manche Autofokuskameras kommen damit nicht zurecht und benötigen einen zirkularen Polfilter. Im Handel ist er heute Standard. Wollen Sie aber z. B. bei einem Flohmarktfund prüfen, ob es sich um einen zirkularen oder linearen Polfilter handelt, so schauen Sie einfach mal von beiden Seiten hindurch und drehen den Filter: Ein linearer Filter wirkt von beiden Seiten, ein zirkularer nur auf der Seite, mit der er auf das Objektivgewinde geschraubt wird. Die heute auch für Polfilter gängige Bezeichnung CPL-Filter meint übrigens einen zirkularen Polfilter.

Besonders: Blue-Yellow

Von den Firmen Cokin und Singh-Ray gibt es spezielle Blue-Yellow- oder Gold-N-Blue-Polarizer. Diese verstärken je nach Drehung die blauen oder gelb-goldenen Lichtanteile, was für sehr bemerkenswerte Effekte sorgen kann. Für den Fotoalltag sind diese Filter jedoch nicht geeignet.

Essenziell: Der Einfallswinkel

Am intensivsten wirkt der Polfilter, wenn Sie sich mit der Kamera in einem 90°-Winkel zur Hauptlichtquelle befinden – meistens ist das die Sonne. Steht die Sonne in der Mittagszeit ganz hoch am Himmel, ist dies quasi für alle Richtungen gegeben. Fotografieren Sie früh morgens oder abends, so ist der 90°-Winkel bei ausgeprägtem Seitenlicht erreicht. Bei diffusem Licht und bedecktem Himmel geht der Effekt eines Polfilters gegen null.

Unterschätzt: Polfilter in Innenräumen bzw. bei Kunstlicht

Die meisten Fotografen beschränken den Einsatz des Polfilters auf Tageslichtaufnahmen, insbesondere auf Zeiten mit deutlicher Sonneneinstrahlung. Dem Filter ist es aber gleich, ob das gerichtete Licht von der

Sonne oder von künstlichen Lichtquellen wie Innenraumlampen oder vom Blitzeinsatz stammt. Probieren Sie es aus!

Bedauerlich: Der Polfilter schluckt Licht

Konkret schluckt er ein bis zwei Blendenstufen. Damit muss man leben. Und er eignet sich auch nicht als »Immerdrauf«, denn egal in welche Position er gedreht ist, ganz neutral ist er nie.

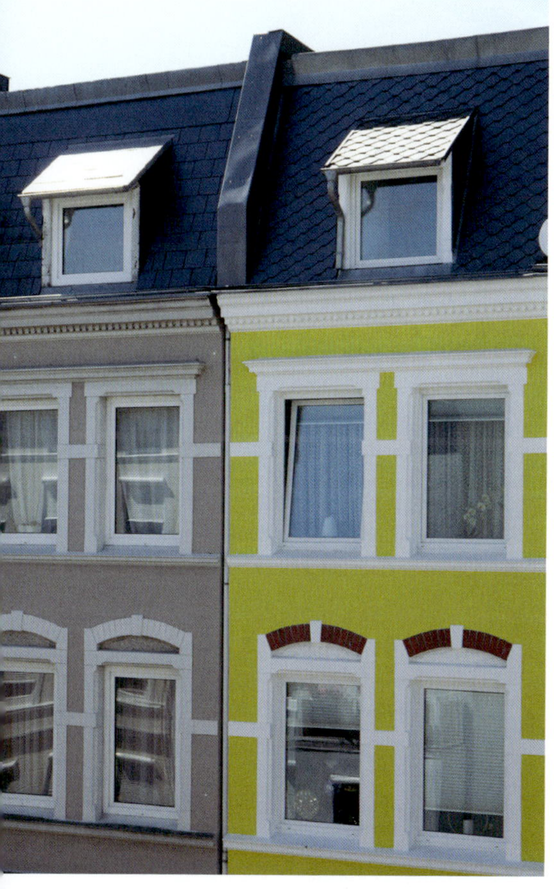

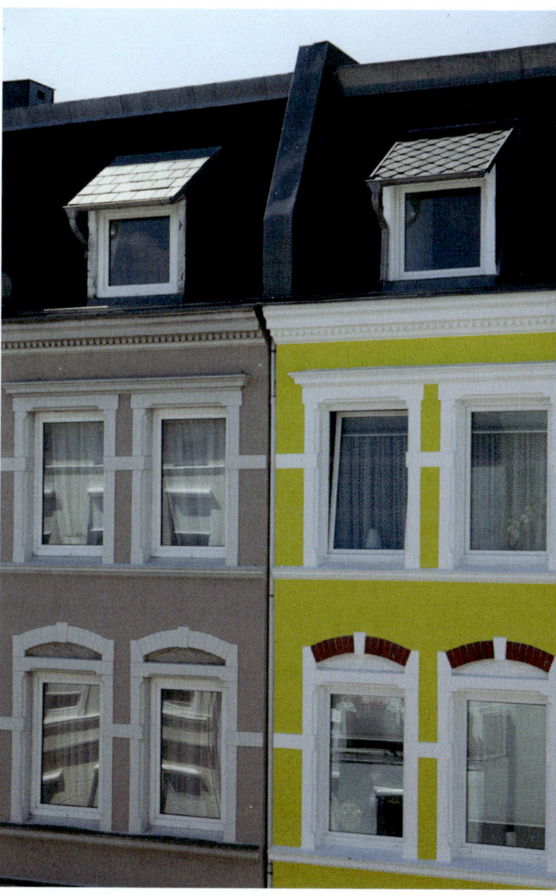

Eindrucksvoller Effekt des Polfilters auf dem Dach, auf das die Sonne im 90°-Winkel scheint. Bei den Spiegelungen im Fenster hingegen ist kaum ein Effekt zu sehen, da der Einfallswinkel des Lichts viel flacher ist. Bei dem angekippt stehenden Fenster kommt der Filter wieder besser zur Wirkung. Blende 8, 1/125 s, ISO 100, 53 mm, rechts Polfilter von B+W

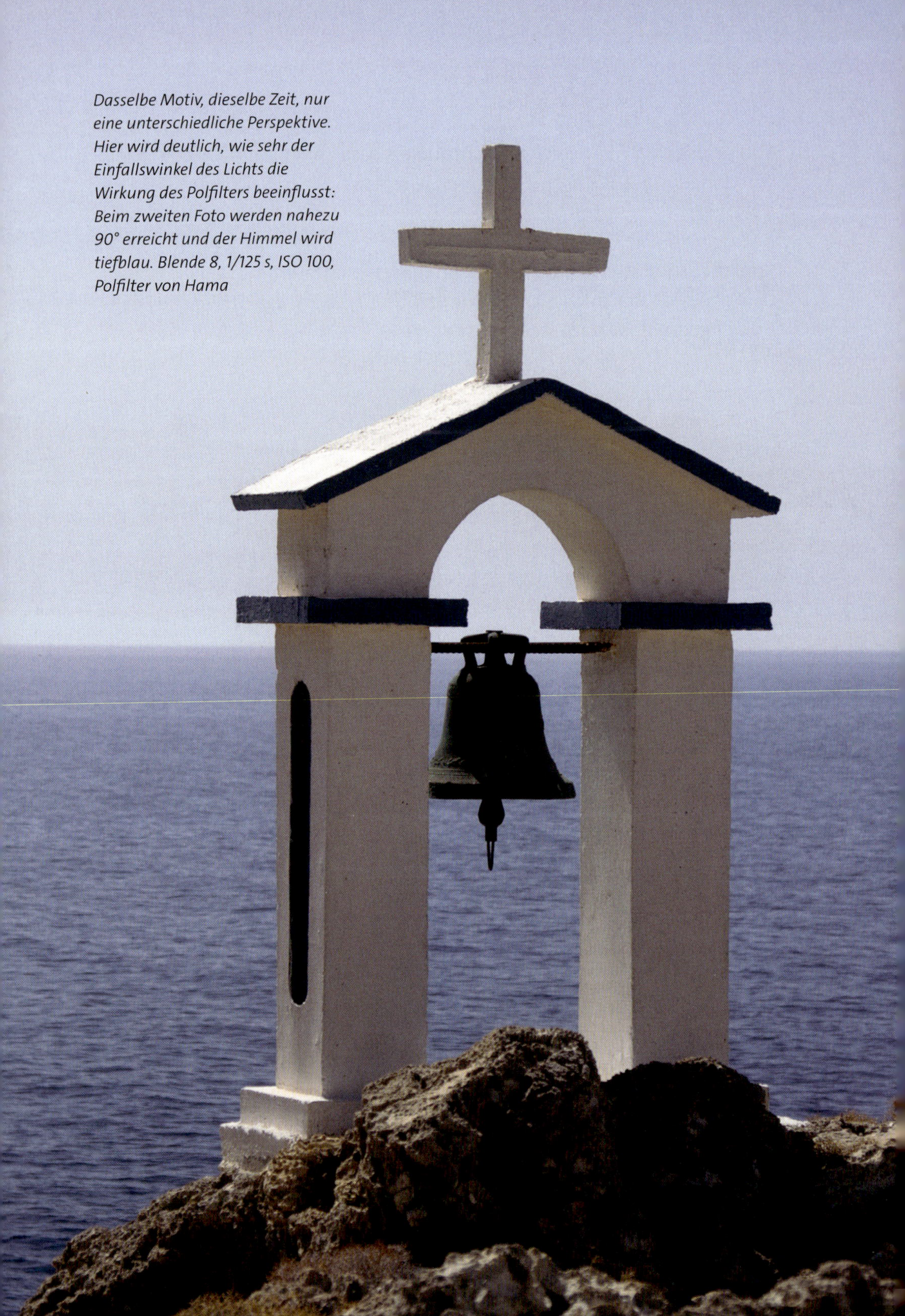

Dasselbe Motiv, dieselbe Zeit, nur eine unterschiedliche Perspektive. Hier wird deutlich, wie sehr der Einfallswinkel des Lichts die Wirkung des Polfilters beeinflusst: Beim zweiten Foto werden nahezu 90° erreicht und der Himmel wird tiefblau. Blende 8, 1/125 s, ISO 100, Polfilter von Hama

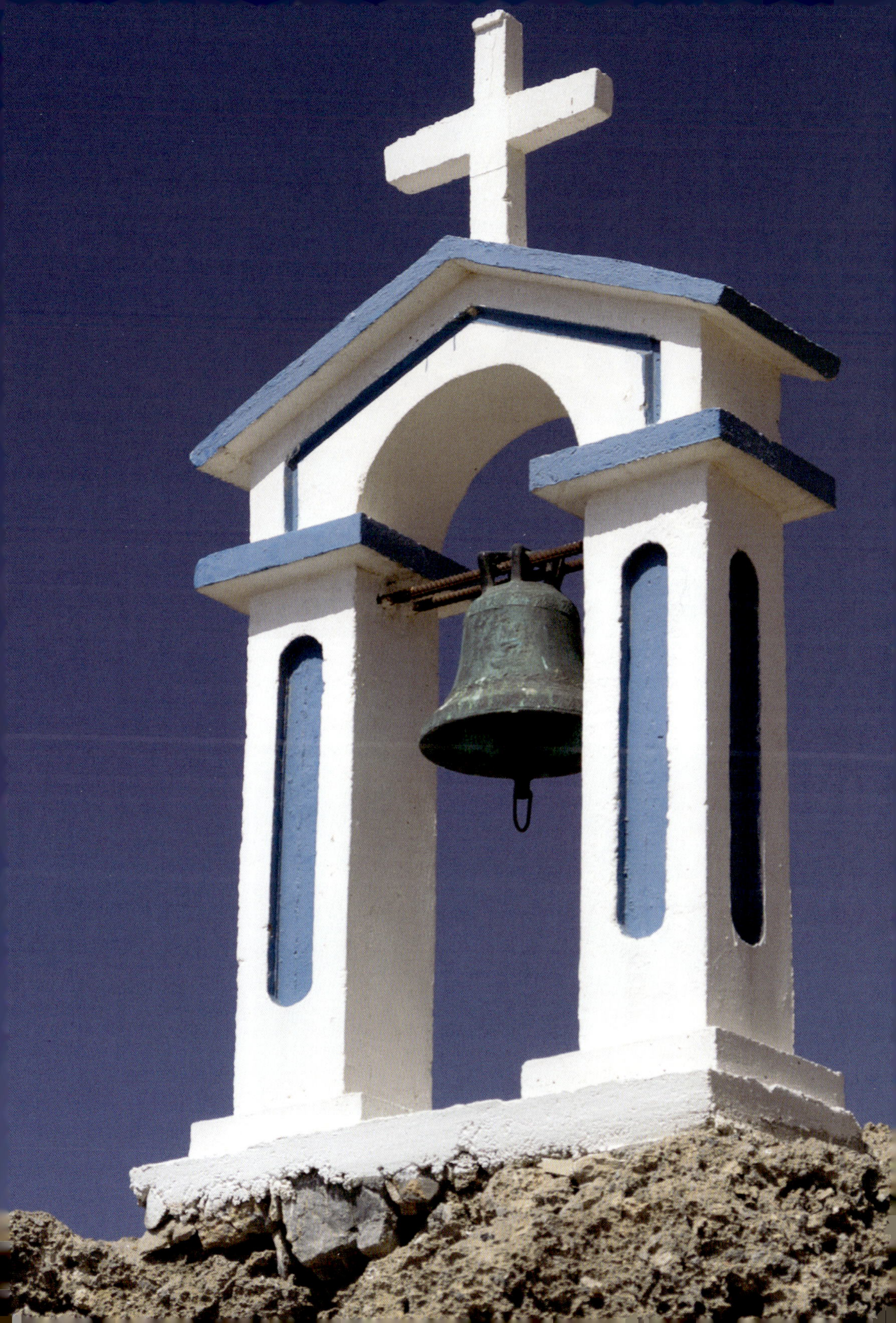

Farbsättigung intensivieren

Indem der Polfilter Lichtreflexionen minimiert, führt sein Einsatz zugleich dazu, dass Farben kräftiger wirken.

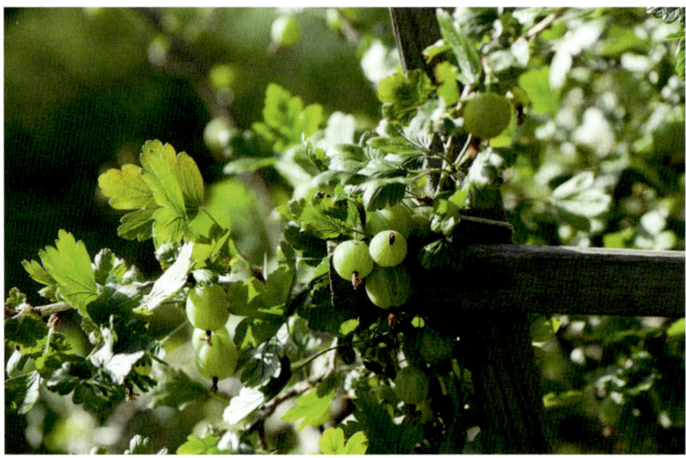

Dieses Bild wurde an einem sonnigen Tag ohne Polfilter aufgenommen – entsprechend sind starke Reflexe auf den Blättern des Stachelbeerstrauches zu sehen. Blende 5,6, 1/125 s, ISO 200, 70 mm

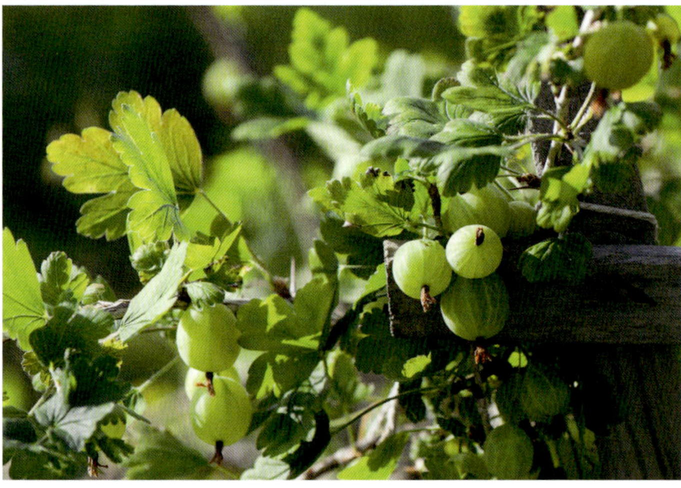

Hier kam ein Polfilter zum Einsatz. Das Bild wirkt insgesamt ruhiger und die Farbsättigung ist intensiver. Blende 5,6, 1/100 s, ISO 200, 70 mm, Polfilter von B+W (Ausschnitt)

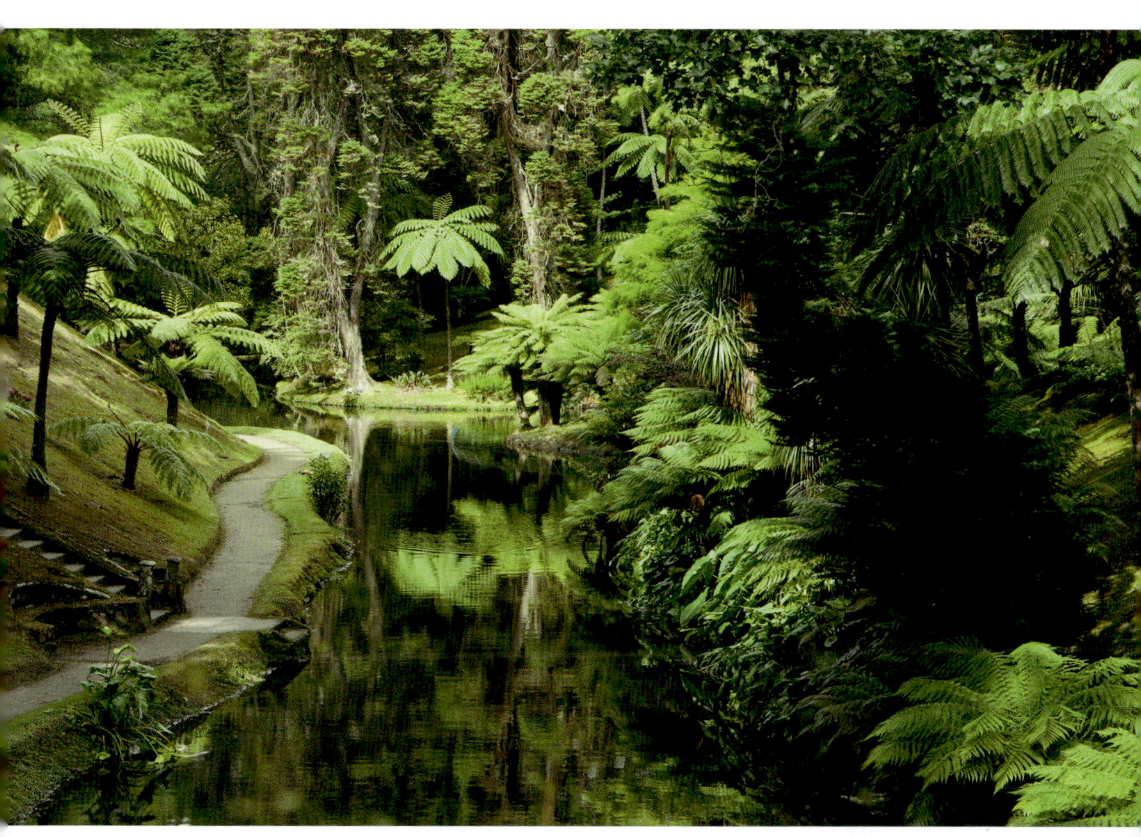

Gerade bei »grünen Motiven«, also Gartenansichten und Landschaften, kann der Polfilter zu einem Eindruck starker Farbsättigung führen wie hier in diesem subtropischen Park. Blende 9, 1/100 s, ISO 400, 53 mm, Polfilter von Hama

Den Himmel blauer erscheinen lassen

Der Eindruck, dass der Himmel blau ist, entsteht dadurch, dass das Licht der Sonne von den Molekülen der Luft gestreut wird, und zwar die blauen Lichtanteile stärker als der Rest des Spektrums. So erscheint dem menschlichen Auge der Himmel blau. Bei diesem Prozess wird das Licht mehr oder minder polarisiert. Je nachdem, wie Sie Ihre Kamera mit dem montierten Polfilter im Verhältnis zur Lichtrichtung positionieren, wird die Polarisationswirkung zusätzlich verstärkt.

Am stärksten tritt dieser Effekt in einem Winkel von 90° zur Einfallsrichtung des Lichtes auf. Steht das Objektiv etwa in einem Winkel von 90° zur Lichtquelle, ist die volle Wirkung erreicht. Deshalb weisen Bilder, die in der Mittagszeit bei fast senkrecht stehender Sonne gemacht wurden, oft einen tiefblauen Himmel auf. Doch ist das Licht dann sehr hart, was für viele Motive nicht passt. Besser ist es dann, darauf zu warten, dass die tiefer stehende Sonne seitlich in einem 90°-Winkel zum Motiv steht. Wenn dies nicht möglich ist, muss man das Beste aus den gegebenen Verhältnissen herausholen!

Viel ist nicht immer gut. Das gilt auch für den Polfiltereffekt. Drehen Sie den Filter nicht immer bis zur intensivsten Wirkung, sondern achten Sie darauf, wie viel dunkles Blau Ihrem Motiv wirklich gut steht. Weniger ist manchmal mehr!

Beim Einsatz eines Weitwinkelobjektivs kommt es zudem zu einem speziellen Effekt: Die Wirkung des Filters ist nicht über den gesamten Bildbereich gleich, da nicht alle Bereiche im gleichen Winkel zur Lichtquelle stehen können. Entsprechend wirkt der Himmel nicht gleichmäßig blau, sondern ist dort am dunkelsten, wo man sich dem 90°-Winkel am stärksten annähert. Dieser Effekt kann sehr künstlich wirken, sodass es sich auch hier empfiehlt, die Gesamtwirkung des Polfilters etwas »zurückzudrehen«.

Bei einem stark bewölkten Himmel wirkt der Polfilter übrigens nicht abdunkelnd auf die Himmelsfärbung. Das von den weißen Wassertröpfchen reflektierte Licht ist gänzlich unpolarisiert, sodass sich kein polarisiertes Licht herausfiltern lässt. Wohl aber kann der Polfilter weiterhin auf Lichtreflexionen Einfluss haben, die auf diversen Oberflächen entstehen.

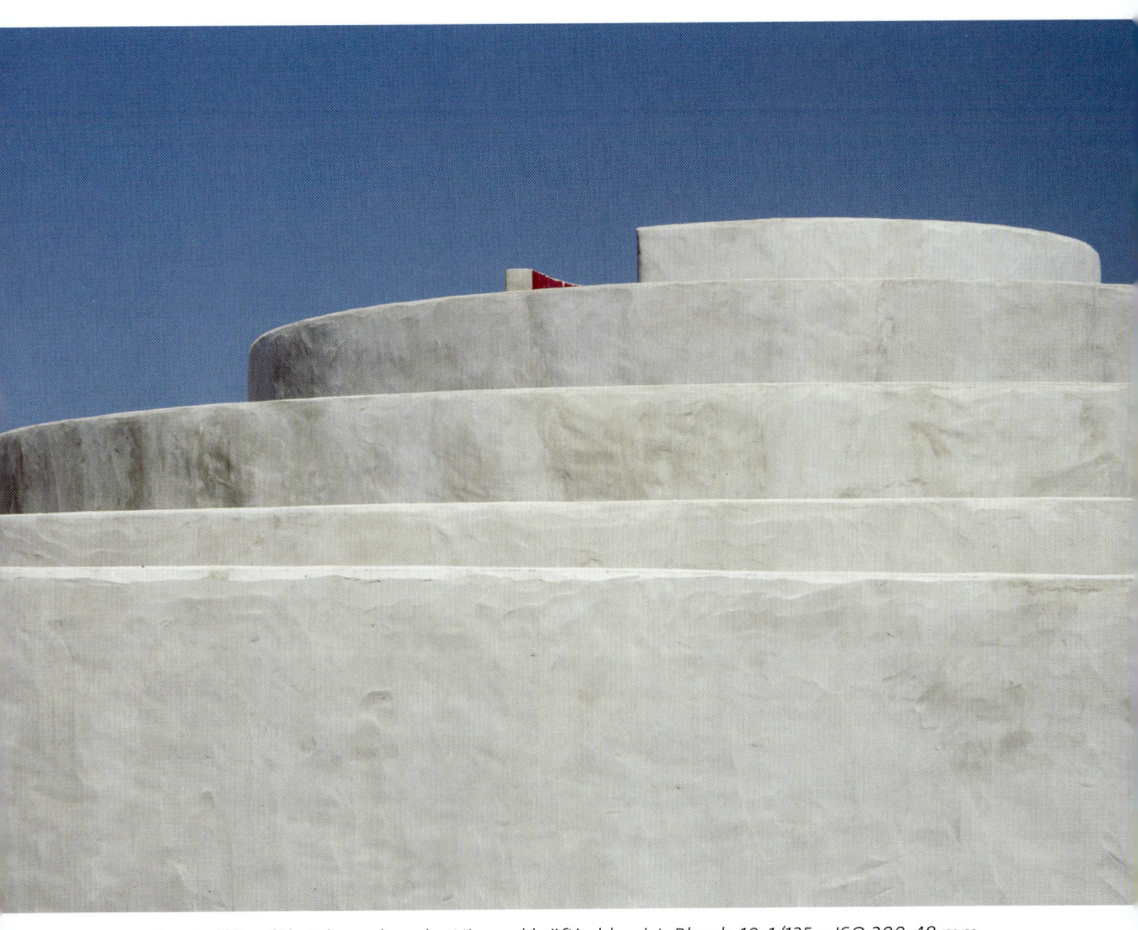

Der Polfilter führt dazu, dass der Himmel kräftig blau ist. Blende 10, 1/125 s, ISO 200, 48 mm, Polfilter von B+W

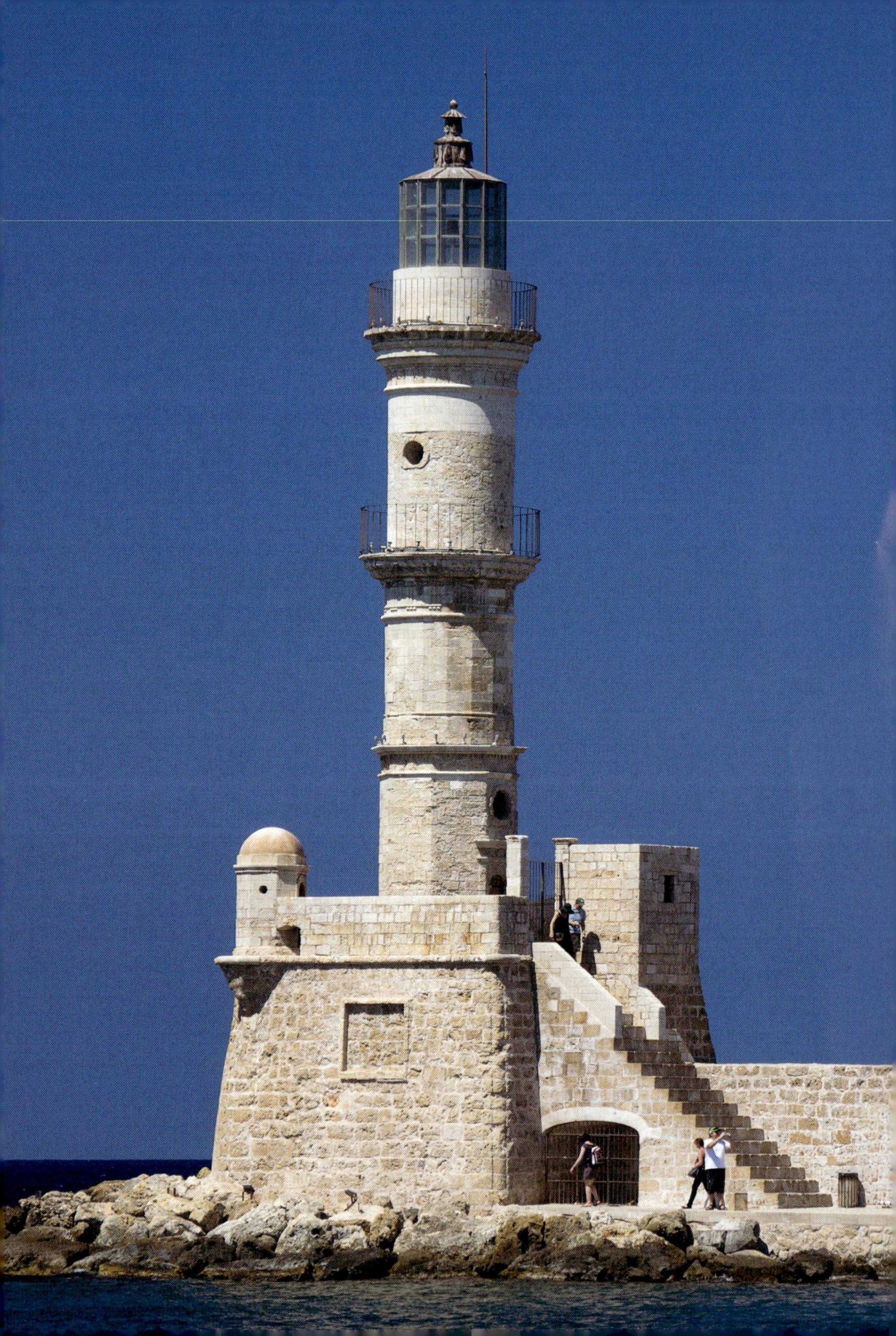

Blauer als auf diesem Bild kann ein Himmel kaum wirken. Die Farbverteilung ist gleichmäßig, weil mit einer langen Brennweite fotografiert worden ist. Blende 8, 1/125 s, ISO 200, 105 mm, Polfilter von B+W

Einen Regenbogen zum Leuchten bringen

Die Lichtfarben eines Regenbogens bestehen vollständig aus polarisiertem Licht. Theoretisch könnte man einen Regenbogen deshalb mit einem intensiv eingedrehten Polfilter zum Verschwinden bringen. Aber wer will das schon? Hier lässt sich die umgekehrte Wirkung nutzen: Verstärken Sie das Leuchten des Regenbogens, indem Sie den Polfilter um 90° gegen seine stärkste Filterwirkung drehen. Entsprechend erhöhen sich allerdings auch die Spiegelungen im sonstigen Bild, so z. B. auf dem nassen Sand.

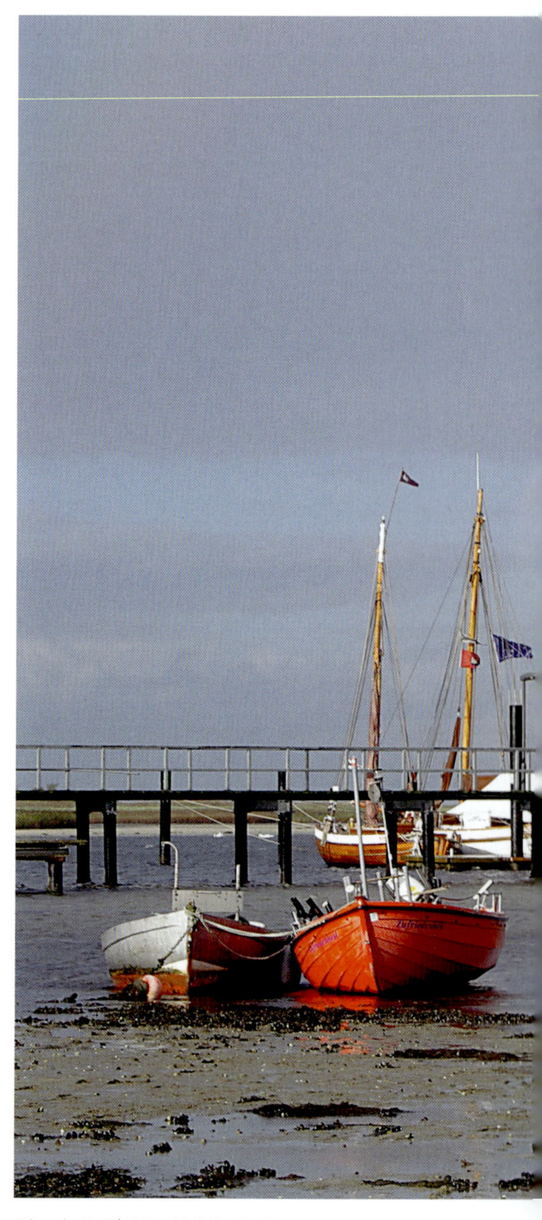

Blende 9, 1/100 s, ISO 200, 45 mm, Polfilter von B+W

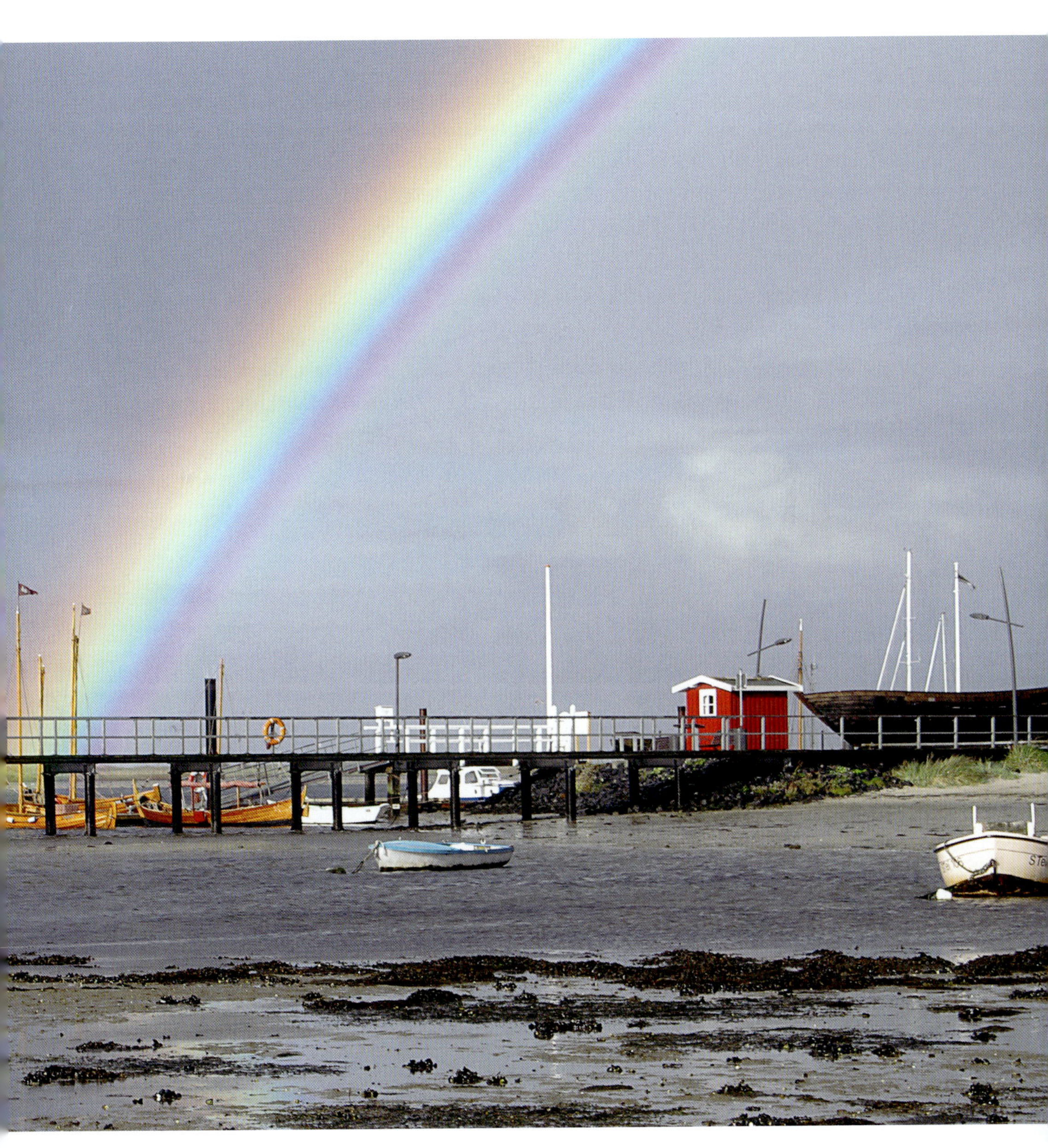

Spiegelungen auf dem Wasser verstärken

Ob Reflexionen auf dem Wasser unerwünscht oder willkommen sind, hängt immer vom Motiv ab. Der Blick auf den Grund eines Gebirgssees oder des Meeres kann faszinierend sein. Andererseits ist es ein toller Effekt, wenn ein ruhiges Gewässer wie ein riesengroßer Spiegel wirkt und ein Bild quasi verdoppelt. Beide Situationen lassen sich durch den bewussten Einsatz eines Polfilters verstärken.

Wasseroberflächen und Himmel befinden sich in der Regel in einem ungefähren 90°-Grad-Winkel zueinander. Das führt dazu, dass sich der Polfilter immer nur so eindrehen lässt, dass er die größte Wirkung entweder gegenüber dem Himmel oder dem Wasser entfaltet.

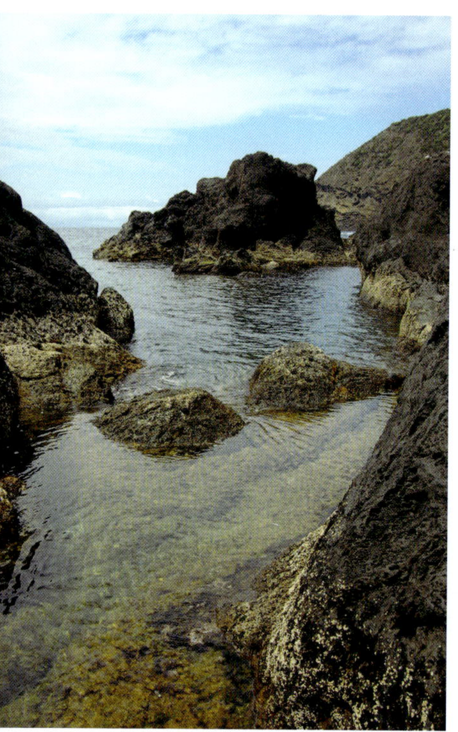

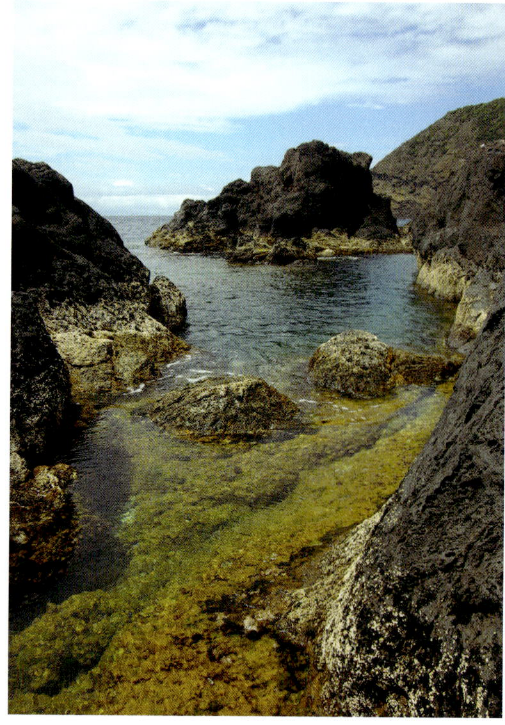

Dieses Beispiel zeigt deutlich, wie stark die entspiegelnde Wirkung des Filters sein kann. Zugleich erkennt man, dass sich auch die Abbildung des Himmels verändert: Wirkt die Polarisierung besonders stark aufs Wasser, bleibt der Himmel von der Wirkung weitgehend unberührt und umgekehrt. Blende 8, 1/125 s, ISO 100, 18 mm, rechts Polfilter von Rollei

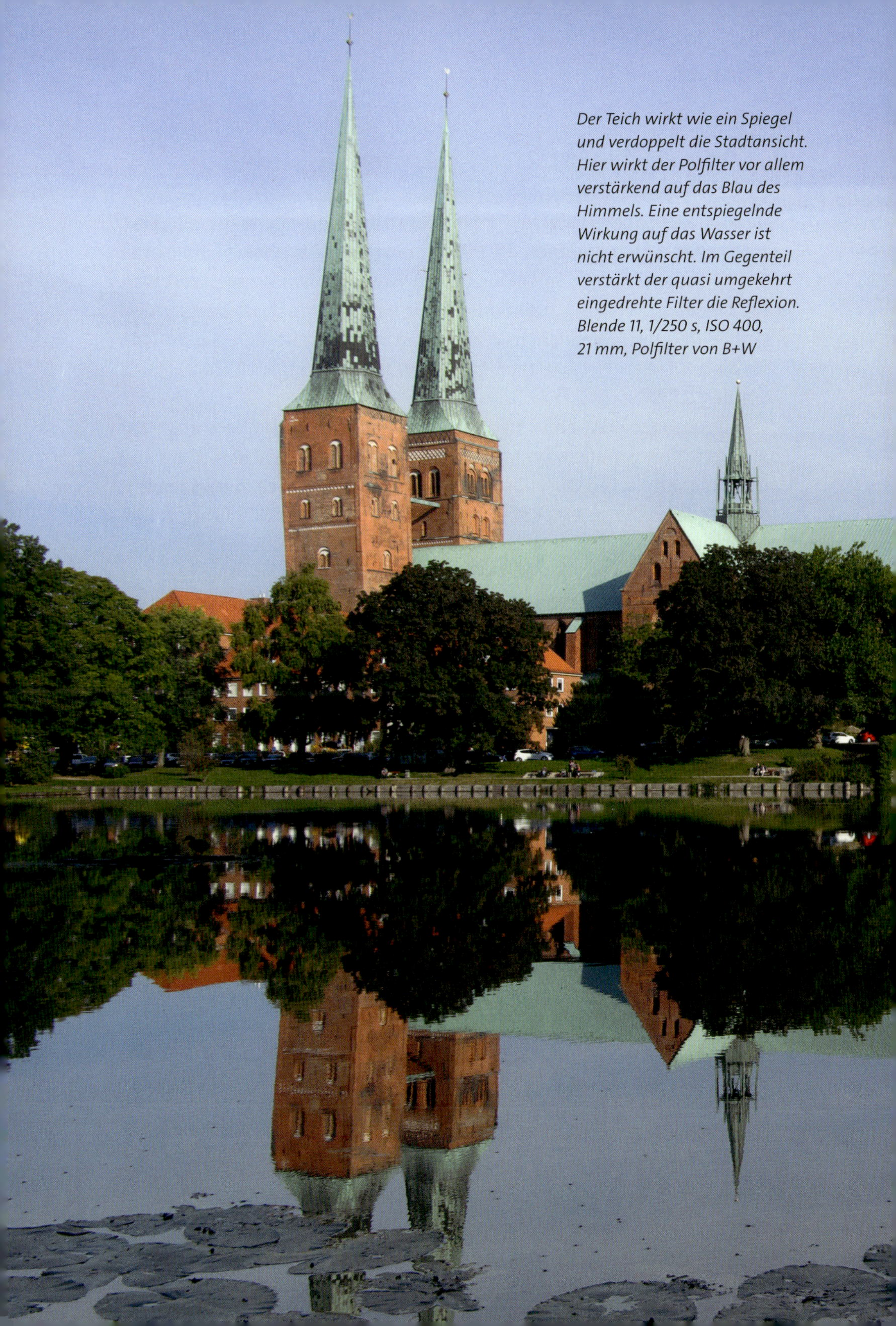

Der Teich wirkt wie ein Spiegel und verdoppelt die Stadtansicht. Hier wirkt der Polfilter vor allem verstärkend auf das Blau des Himmels. Eine entspiegelnde Wirkung auf das Wasser ist nicht erwünscht. Im Gegenteil verstärkt der quasi umgekehrt eingedrehte Filter die Reflexion. Blende 11, 1/250 s, ISO 400, 21 mm, Polfilter von B+W

Garten und Landschaft optimal abbilden

Klassische Einsatzgebiete des Polfilters sind die Landschafts- und die Gartenfotografie. Hier kommen oft mehrere Aspekte zusammen: Ein blauer Himmel ist erwünscht, Spiegelungen im Wasser sollen weggefiltert werden. Beides gleichzeitig funktioniert nur eingeschränkt, da Wasser und Himmel in unterschiedlichem Winkel zur Lichtquelle stehen. Sie müssen sich also entscheiden, wo der Filter besonders wirkungsvoll zum Einsatz kommen soll!

Bedeutender erscheint mir aber, die Wirkung des Polfilters auch auf die Vegetation genau zu betrachten: Reflexionen auf Blättern, Gras und anderen eher glatten Oberflächen können ganz erheblich zurückgenommen werden, was zu einer stärkeren Farbsättigung im Bild führt. Andererseits führen Lichtreflexionen zu einem lebendigen Bildeindruck. Beobachten Sie deshalb genau, wie Sie den Polfilter einstellen möchten, und drehen Sie ihn nicht gewohnheitsmäßig bis zur stärksten Wirkung. Sind Sie sich unsicher, machen Sie mehrere Bilder mit unterschiedlich starkem Filtereffekt und überlegen Sie zu Hause am Bildschirm, welche Wirkung Ihnen am besten gefällt. Das Kameradisplay ist zu klein, um die Filterwirkung immer sicher beurteilen zu können.

Rechts: Der eingesetzte Polfilter lässt das Blau des Himmels und des Wassers intensiv erscheinen. Auch das typische satte Grün der Azorenlandschaft profitiert davon. Blende 8, 1/200 s, ISO 200, 48 mm, Polfilter von B+W

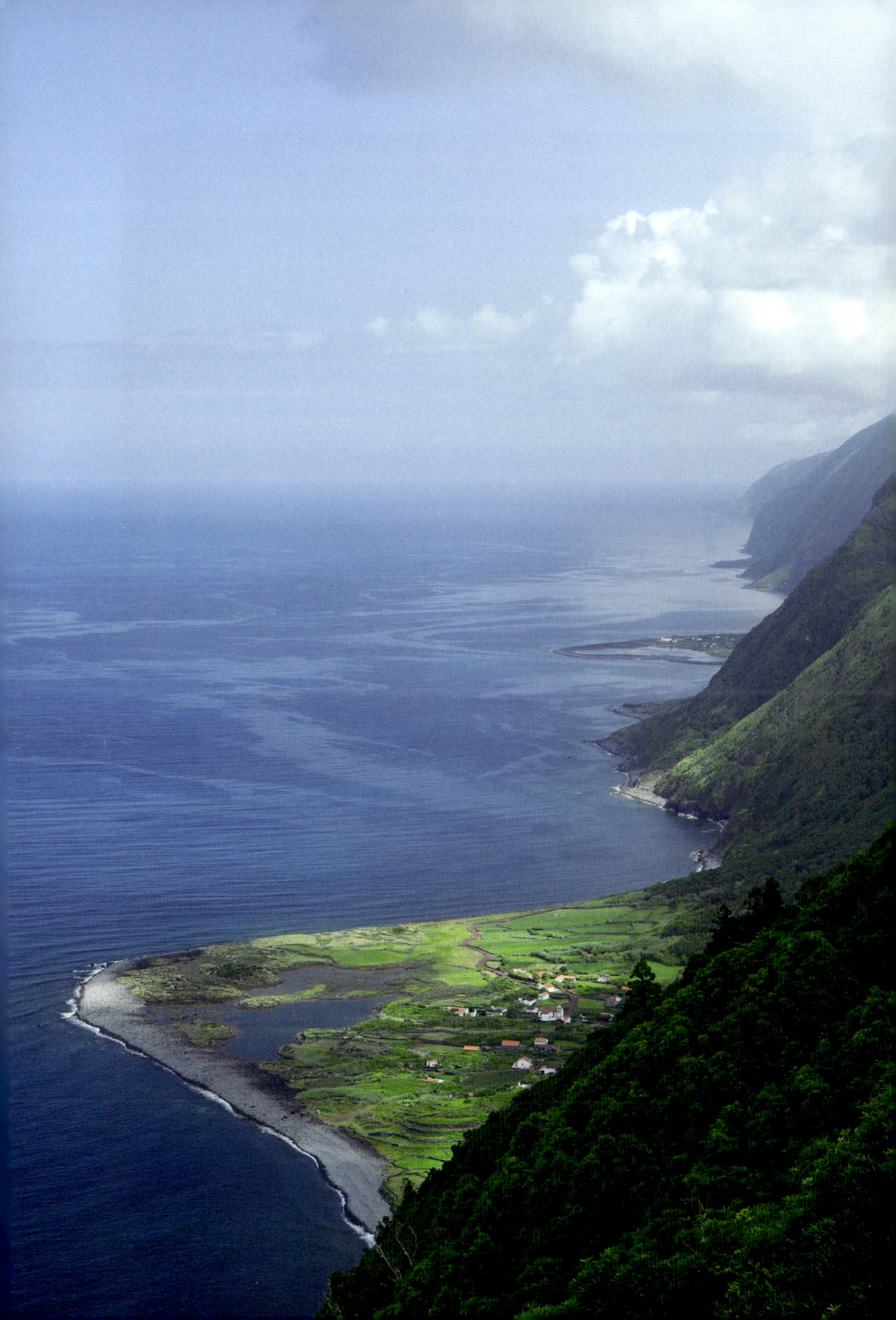

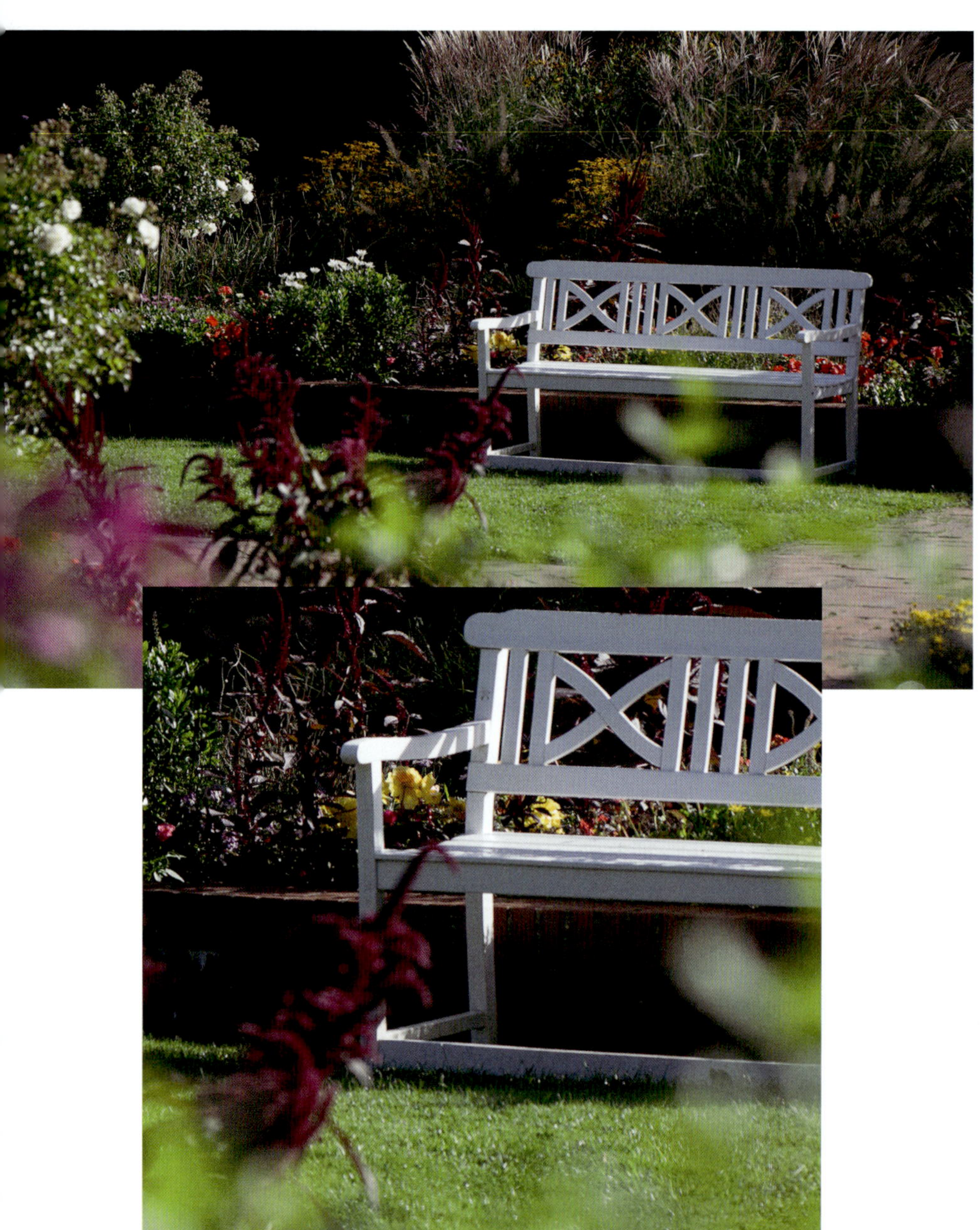

Ohne Verwendung eines Polfilters können viele Reflexionen zu einer lebendigen bis unruhigen Bildwirkung führen. Blende 5, 1/640 s, ISO 400, 85 mm

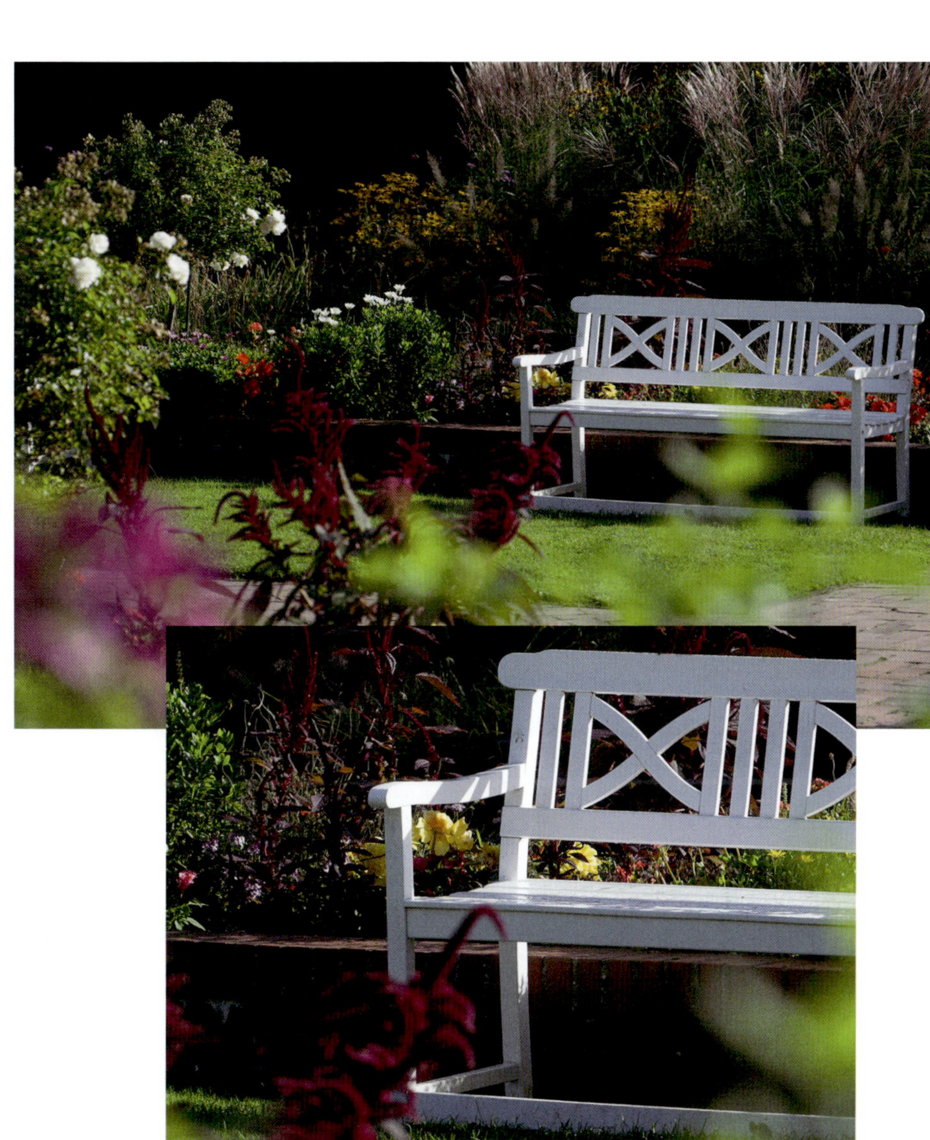

Der Polfilter verringert die Reflexionen, sodass die Farben kräftiger wirken. Das Bild erscheint dafür insgesamt ruhiger. Blende 5, 1/500 s, ISO 400, 85 mm, Polfilter von B+W

Stillleben – einen ruhigen Bildeindruck schaffen

Stillleben, ganz gleich ob sie innen oder außen aufgenommen werden, profitieren häufig von einem moderaten Einsatz des Polfilters. Insbesondere dann, wenn es glatte bzw. reflektierende Oberflächen in dem Arrangement gibt, kann der Filter helfen, das Bild ausgewogener und ruhiger erscheinen zu lassen.

Auch hier müssen Sie darauf achten, dass alle Bildelemente im gleichen Einfallswinkel des Lichtes stehen, und sich entscheiden, wo Sie den Effekt des Filters am wichtigsten finden.

Gibt es sehr stark reflektierende Oberflächen, ist der Einsatz des Filters manchmal die einzige Möglichkeit, ausgebrannte, also überbelichtete Stellen zu vermeiden. Diese treten nicht nur bei direkter Sonneneinstrahlung auf, sondern können auch bei indirektem Licht schon problematisch werden.

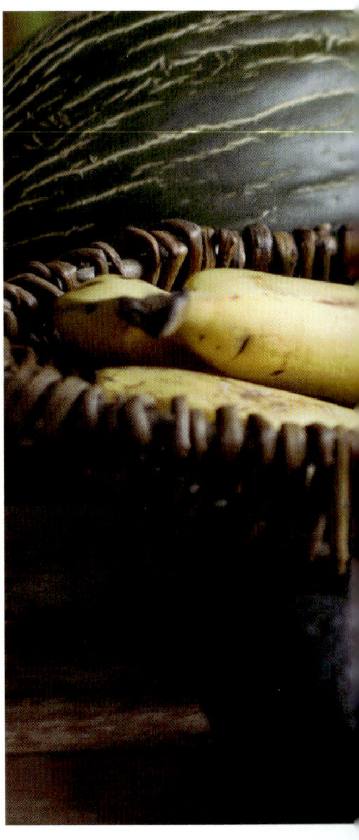

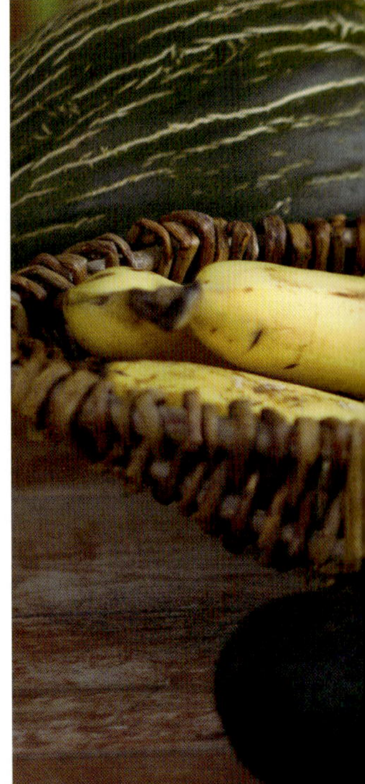

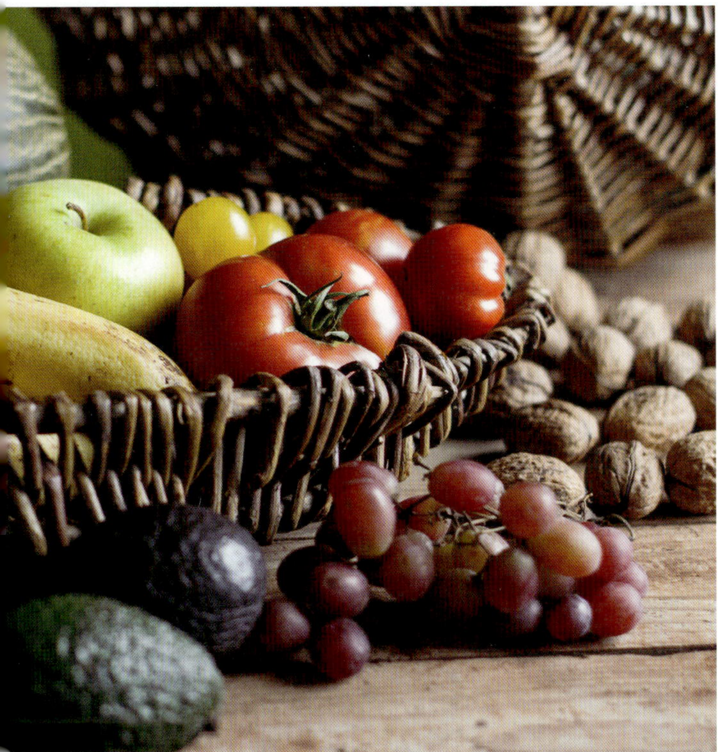

Bei diesem Arrangement mit Obst und Gemüse weisen die Reflexionen auf den Tomaten bereits keine Zeichnung mehr auf. Die Belichtung zu verringern wäre keine Lösung, da der im Schatten liegende linke Bildbereich dann zu dunkel würde. Blende 2,5, 1/15 s, ISO 100, 50 mm

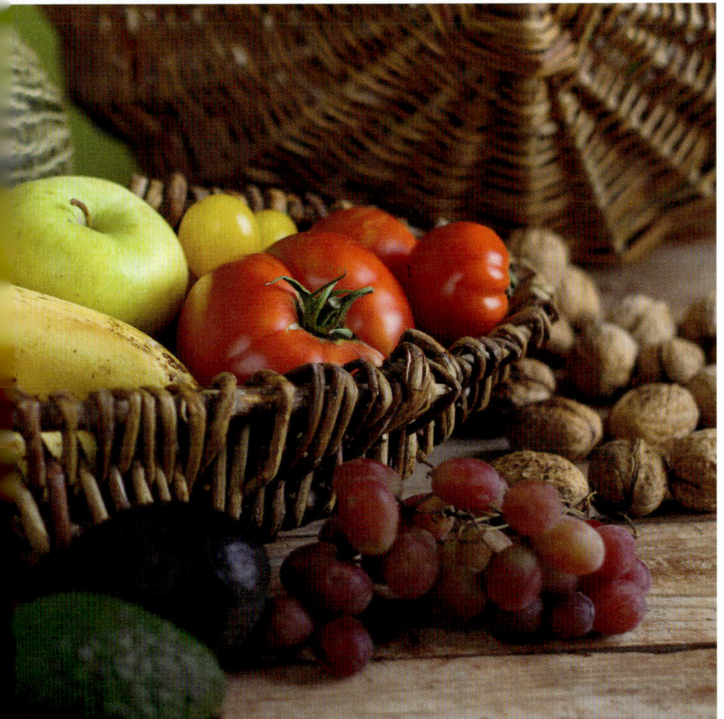

Für meinen Geschmack wurde der Polfilter hier zu stark eingedreht: Das Bild wirkt leblos.
Blende 2,5, 1/20 s, ISO 100, 50 mm, Polfilter von B+W

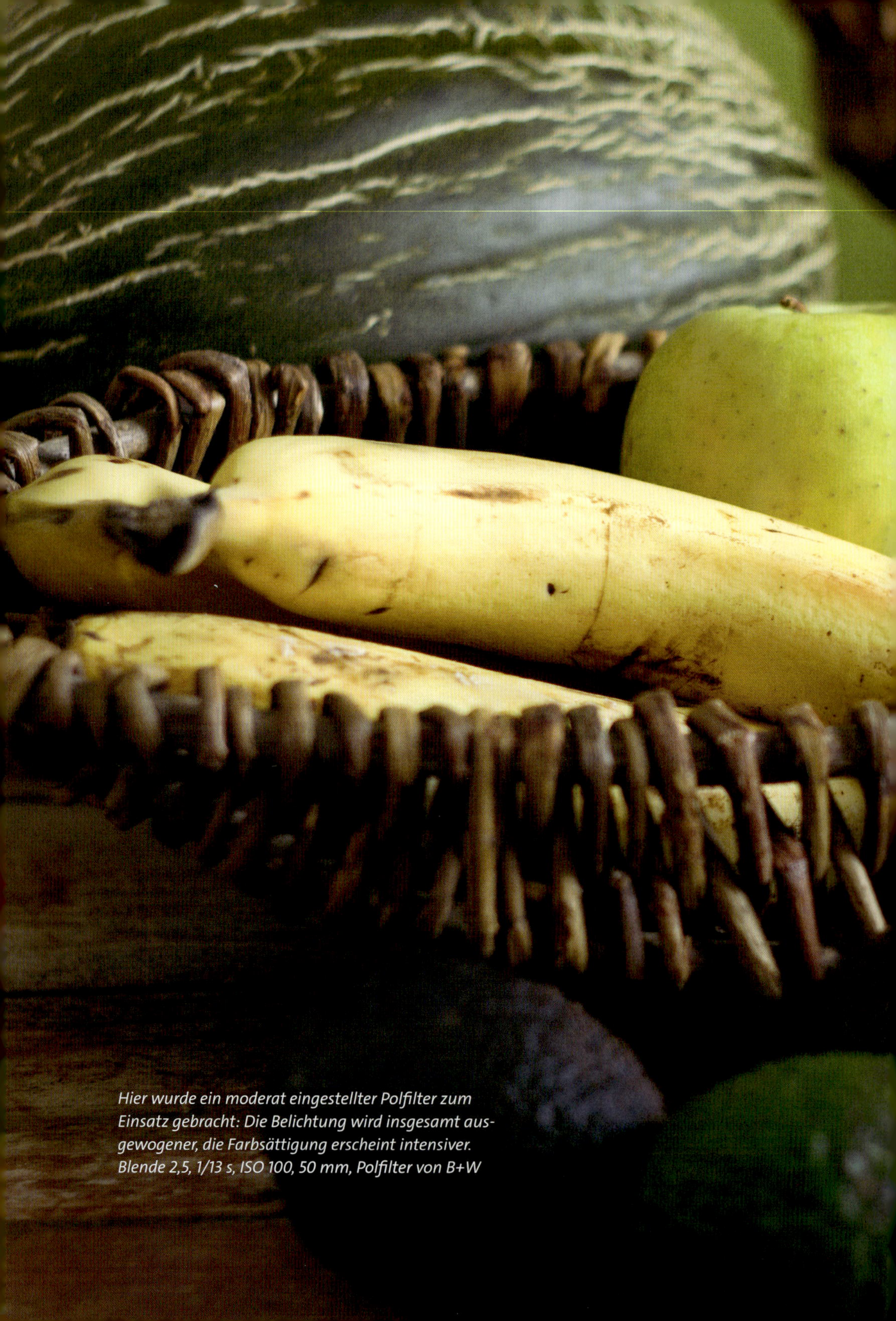

Hier wurde ein moderat eingestellter Polfilter zum Einsatz gebracht: Die Belichtung wird insgesamt ausgewogener, die Farbsättigung erscheint intensiver. Blende 2,5, 1/13 s, ISO 100, 50 mm, Polfilter von B+W

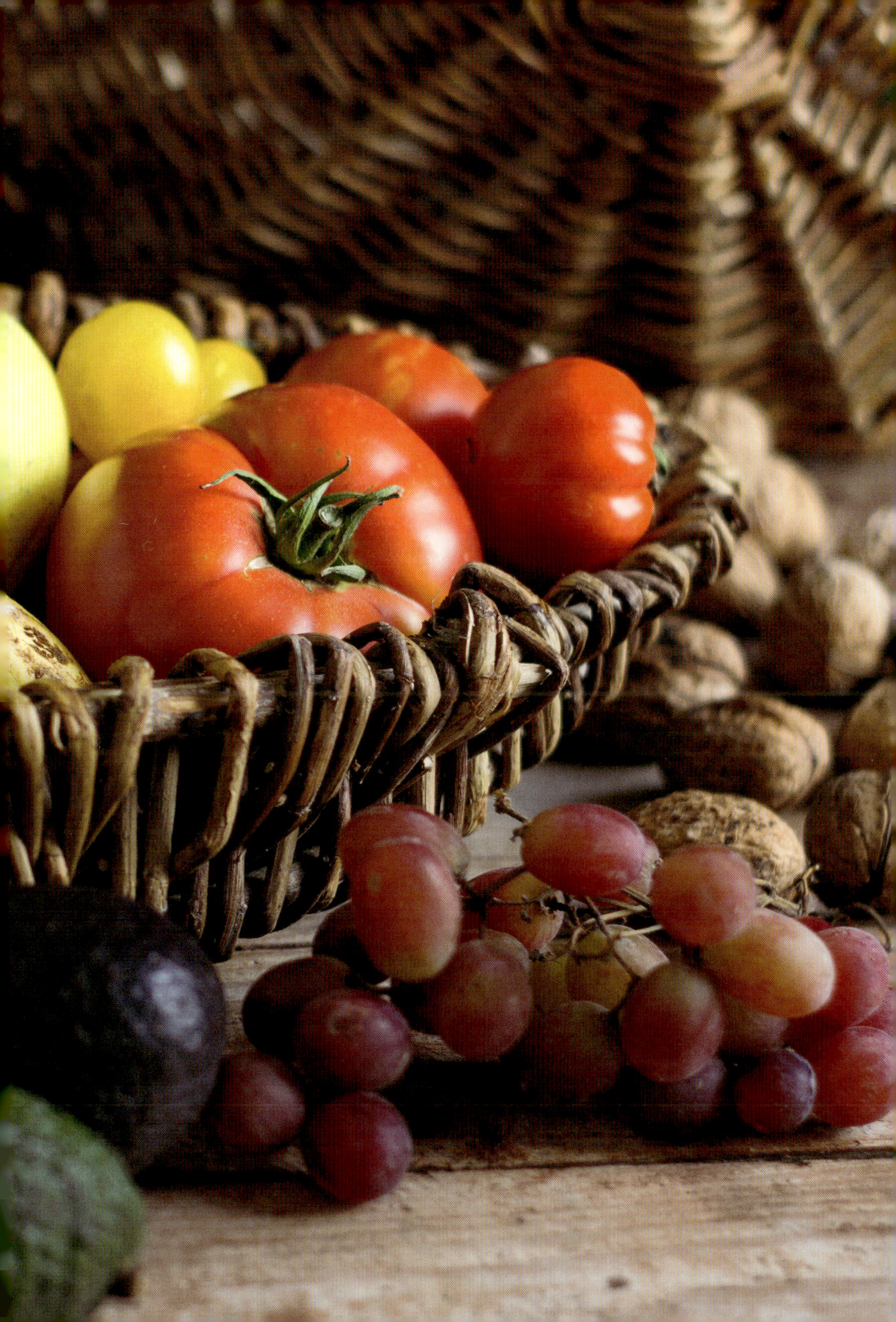

Durchblick erwünscht? Spiegelungen in Glas minimieren

Reflexionen auf Glas können sehr reizvoll sein – meist aber stören sie. Denn in der Regel interessiert das, was hinter dem Glas zu sehen ist. Das kann der Blick in das Innere eines Hauses sein oder in ein Schaufenster. Aber auch bei einer Porträtaufnahme kann es stören, wenn Spiegelungen auf Brillengläsern den Blick in die Augen des Menschen verhindern.

Ein Polfilter kann helfen, solche Spiegelungen weitgehend zu eliminieren. Allerdings sind diesem Effekt je nach Einfallswinkel des Lichtes auch Grenzen gesetzt: Der »totale Durchblick« kann nicht immer erzielt werden.

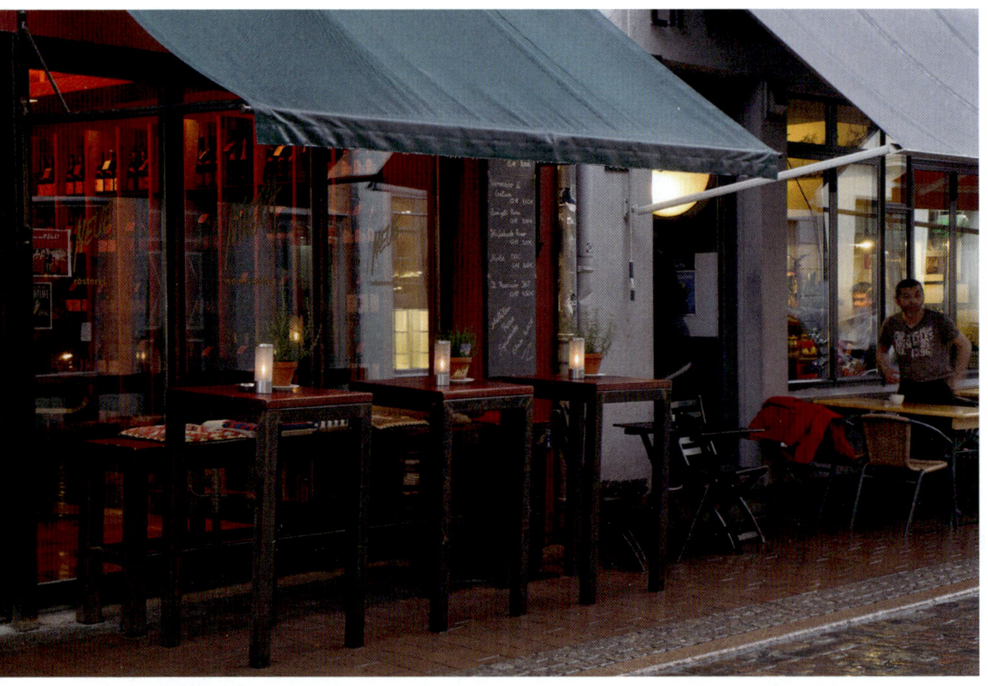

Ohne Polfilter spiegeln sich Lichter von der gegenüberliegenden Straßenseite in den Fenstern der Lokale. Blende 8, 1 s, ISO 400, 40 mm

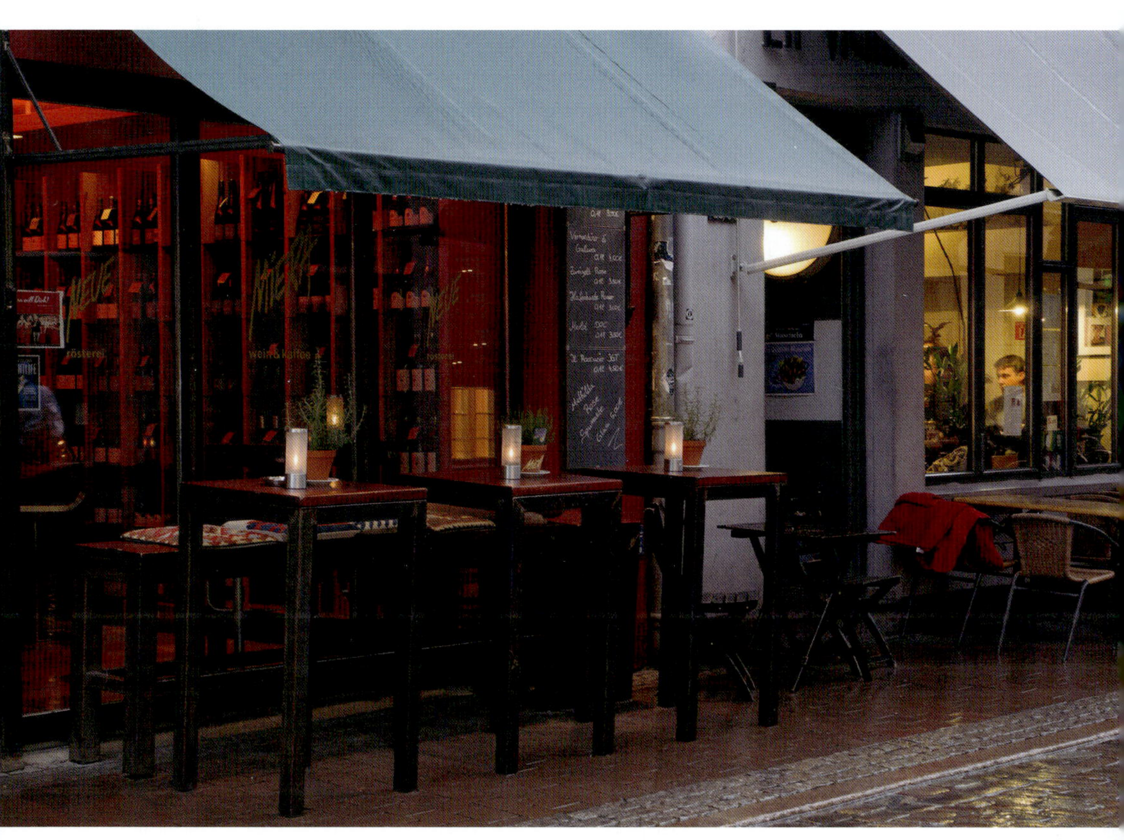

Der Einsatz des Polfilters führt hier dazu, dass die Spiegelungen fast vollständig verschwinden und ein klarerer, aufgeräumterer Bildeindruck entsteht. Blende 8, 1 s, ISO 400, 40 mm, Polfilter von B+W

Exkurs: Welcher Polfilter ist der richtige für mich?

Bei kaum einem anderen Fotozubehör gibt es derart große Preisvariationen wie bei Polfiltern, da hier viele No-Name-Anbieter aus Fernost am Geschäft teilhaben möchten. Da stellt sich natürlich schnell die Frage, ob man 10 Euro oder 120 Euro für einen Filter berappen möchte.

Die Qualitätsaspekte

Zwischen den Polfiltern unterschiedlicher Hersteller lassen sich leichte Unterschiede in der Farbneutralität feststellen. Diese sollten aber nicht das Hauptkriterium beim Kauf sein, denn sie lassen sich notfalls auch in der Bildbearbeitung bzw. über den automatischen Weißabgleich der Kamera korrigieren.

Entscheidend ist vielmehr das verwendete Glas, denn davon hängt die Schärfe Ihres Bildes ab. Jeder Filter ist ein optisches Element mehr, das nicht in die Objektivberechnung einbezogen worden ist. Bei einem Polfilter verdoppelt sich das Problem schlichtweg durch den Umstand, dass hier zwei Gläser mit einer zwischen sie geklebten Folie zum Einsatz kommen. Der Einfluss auf die Bildschärfe steigt deshalb. Billiganbieter können kein Glas mit derselben Qualität produzieren, wie die Markenhersteller es anbieten.

Hinzu kommt, dass auch die mechanischen Eigenschaften des Filters beim Polfilter eine Rolle spielen: Die Verklebung muss absolut dicht sein, damit kein Regen oder Kondenswasser zwischen die verkitteten Scheiben dringen kann. Der Filter muss zuverlässig in der Fassung drehbar sein.

Nun bedeutet das nicht, dass man gleich 120 Euro für einen Polfilter ausgeben muss. Die Polfilter der Markenhersteller B+W, Hoya, Heliopan, Rollei, Lensinghouse, Haida, Leica etc. erfüllen die genannten Qualitätskriterien allesamt. Hier können Sie sich noch überlegen, inwieweit Sie einen Aufpreis für besondere Vergütungen bezahlen möchten, die z. B. entspiegelnd wirken oder Verschmutzungen vorbeugen. Ein gebrauchter Markenfilter ist meiner Meinung nach einem neuen Billigfilter allemal vorzuziehen.

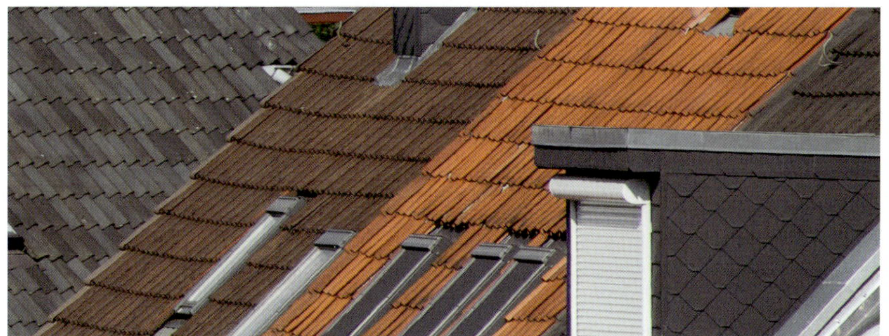

Aufnahme vom Stativ ohne Polfilter in 100 % Ausschnittvergrößerung. Wie erwartet, sind die Bilddetails bei der Verwendung einer weitgehend geschlossenen Blende auch in der Vergrößerung scharf. Blende 10, 1/40 s, ISO 100, 135 mm

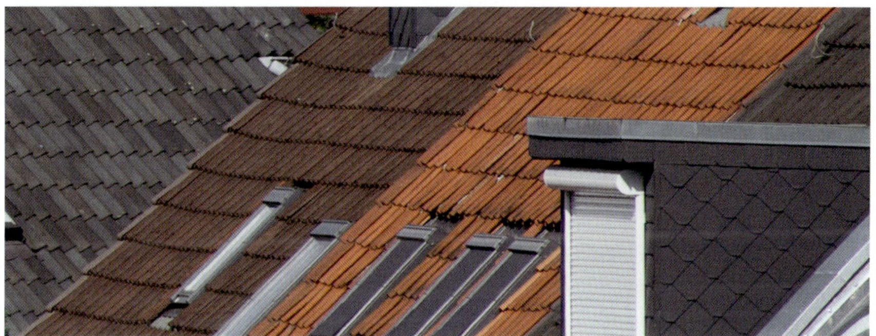

Aufnahmedaten wie oben, allerdings mit einem Markenpolfilter von B+W. Die Unterschiede in der Schärfe sind auch in der 100%-Ansicht nur zu erahnen.

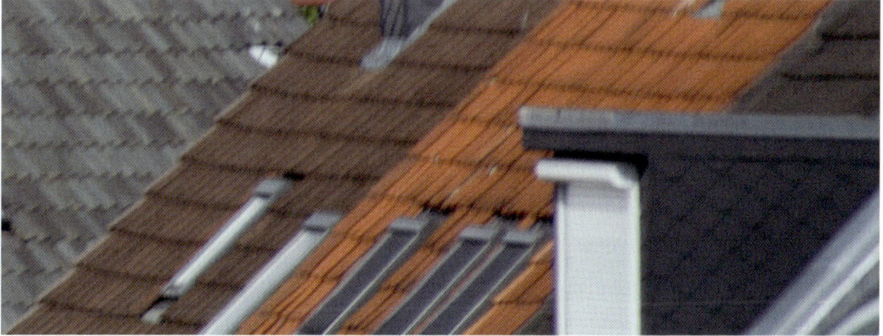

Aufnahme unter denselben Bedingungen mit einem No-Name-Polfilter. Die Farben sind in Ordnung, aber die Schärfe ist nicht mehr akzeptabel.

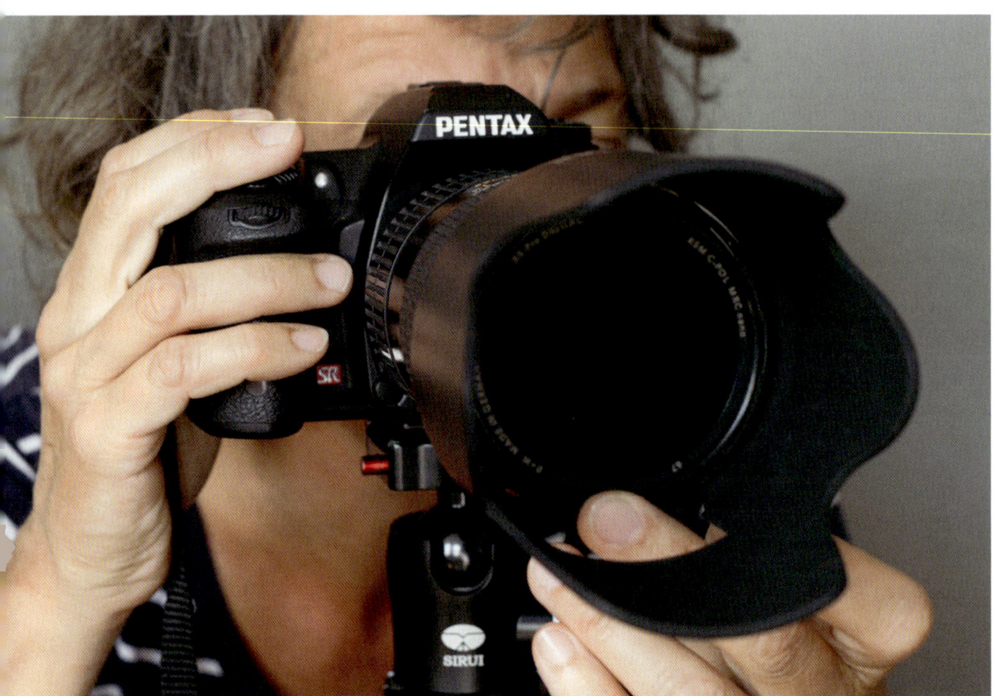

Eine tolle Besonderheit bietet Pentax: Die Gegenlichtblenden haben ein herausnehmbares Element. Damit ist ein bequemer Zugriff auf den Polfilter möglich, der so auch bei aufgesetzter »Geli« eingestellt werden kann.

Schrauben oder stecken?

Polfilter gibt es sowohl als Schraubfilter wie auch als Element für Filterstecksysteme. Der Vorteil beim Stecksystem ist natürlich, dass man nur eine Größe für alle Objektive benötigt. Auch beim Schraubsystem kann man durch das Einsetzen eines Adapterrings mit einem einzigen Filter zurechtkommen. Ich plädiere beim Polfilter jedoch dafür, sich zumindest für die am häufigsten verwendeten Objektive passende Schraubfilter anzuschaffen. Diesen können Sie auch am Objektiv lassen, wenn Sie die Kamera am Körper baumeln haben oder in die Tasche stecken, ohne dass Sie Beschädigungen befürchten müssen. Bei der Verwendung von Schraubfiltern kann auch noch die Gegenlichtblende zum Einsatz kommen.

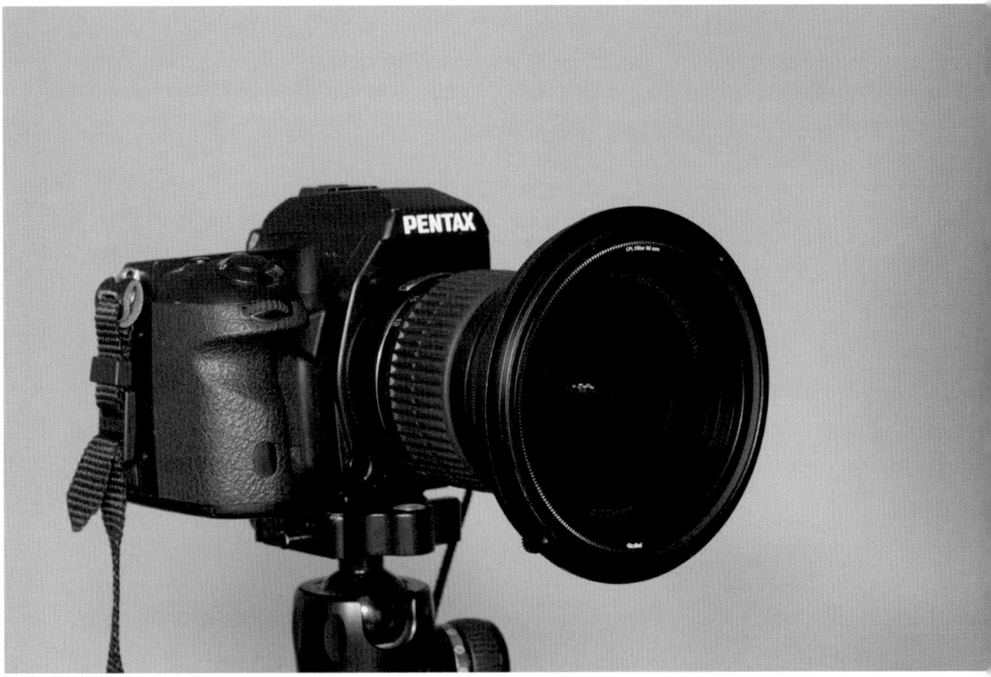

In den Filterhalter von Rollei kann man einen Polfilter einsetzen, der sich mithilfe eines kleinen Rädchens drehen lässt.

Hier wurden nun noch ein Verlaufsfilter und ein ND-Filter vor den Polfilter gesetzt. Alle Filter lassen sich in diesem System unabhängig voneinander bedienen.

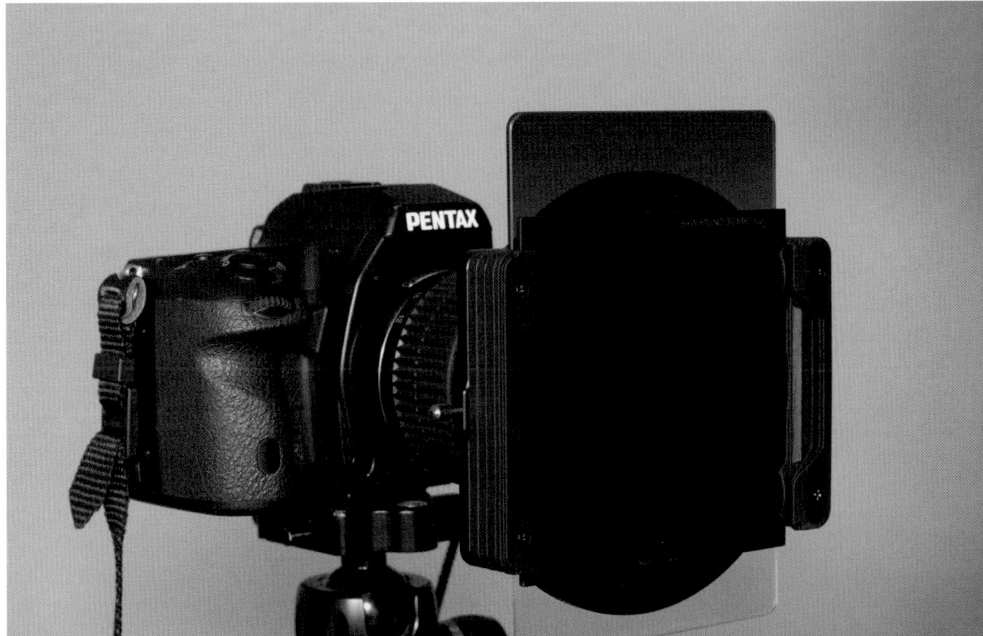

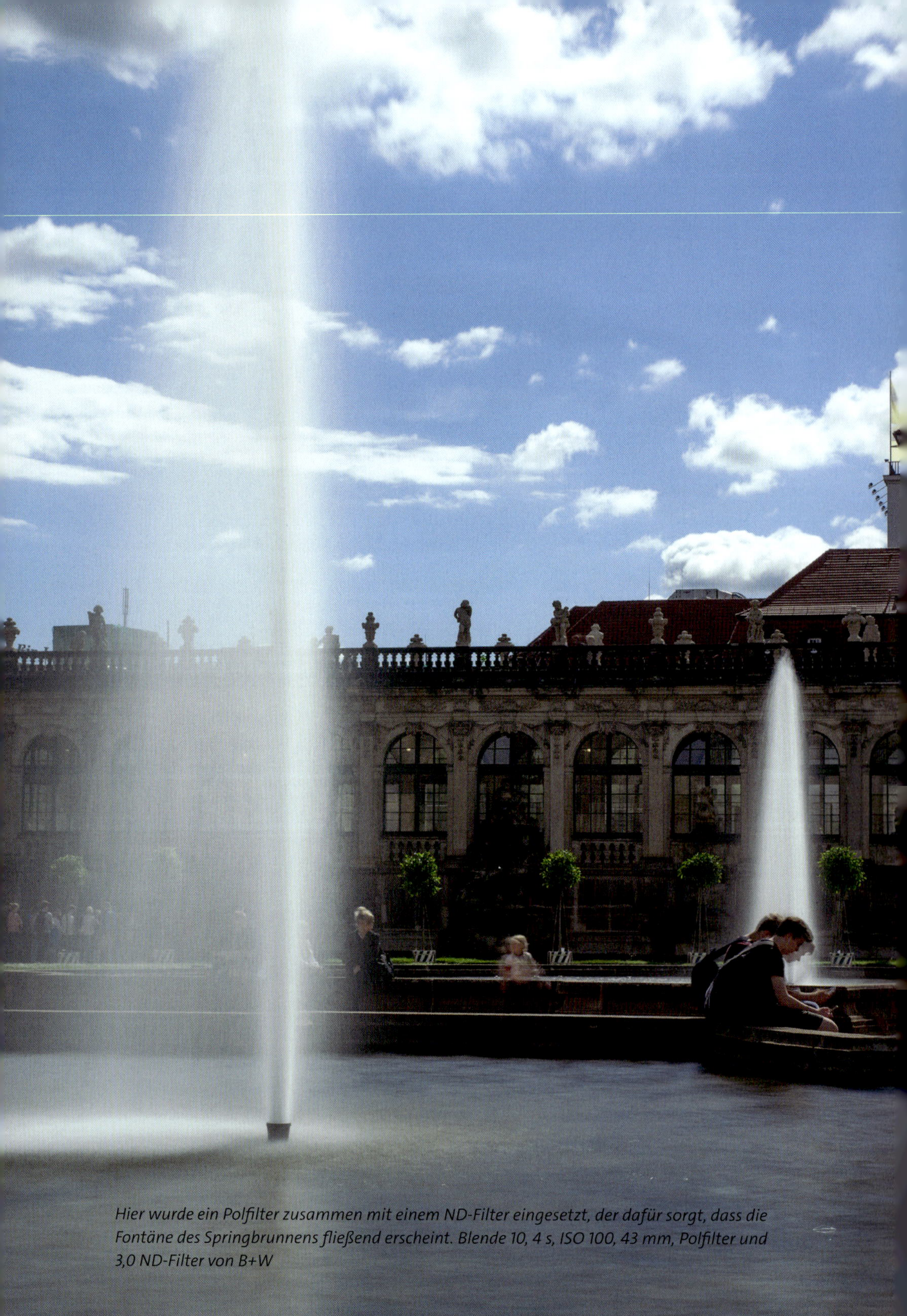

Hier wurde ein Polfilter zusammen mit einem ND-Filter eingesetzt, der dafür sorgt, dass die Fontäne des Springbrunnens fließend erscheint. Blende 10, 4 s, ISO 100, 43 mm, Polfilter und 3,0 ND-Filter von B+W

Polfilter mit anderen Filtern kombinieren

Grundsätzlich kann ein Polfilter mit anderen Filtern so kombiniert werden, dass sich ihre Wirkungen auf positive Weise gegenseitig verstärken. Dabei ist aber immer zu bedenken, dass jedes zusätzliche optische Element die Bildqualität minimal beeinträchtigt. Umso wichtiger ist es, möglichst hochwertige Materialien zu verwenden.

Polfilter in der Kombination mit Filterstecksystemen

Hier gibt es mehrere Möglichkeiten: Besitzen Sie bereits einen Polfilter zum Einschrauben, so können Sie den Filterhalter eines Stecksystems mit dem Einschraubring des Polfilters verbinden. Der Nachteil dieser Lösung ist, dass sich dabei die zuvor eingestellte Position des Filters leicht verstellen kann und Sie nicht die Ergebnisse erhalten, die Sie erwarten.

Einige Hersteller von Stecksystemen (z. B. Rollei und Haida) bieten Systeme an, bei denen zwar der Polfilter in den Halter integriert wird, sich aber unabhängig von den eingesteckten Filtern drehen lässt. In meinen Augen ist dies die beste Lösung!

Schließlich gibt es Polfilter auch als Scheiben zum Einstecken in die Haltersysteme diverser Hersteller. Der Vorteil ist, dass sie sich schnell einsetzen lassen; der Nachteil ist aber, dass zusammen mit dem Polfilter auch die übrigen eingesetzten Filter gedreht werden. Verwendet man Verlaufsfilter, führt das zu Komplikationen.

Polfilter mit ND-Filter oder Verlaufsfilter

Eine Kombination des Polfilters mit einem ND-Filter ist dann sinnvoll, wenn bei einer Langzeitbelichtung zugleich Reflexionen minimiert werden sollen bzw. eine stärkere Farbsättigung erreicht werden soll. Eine in der Praxis häufiger verwendete Kombination ist die eines Polfilters mit einem Verlaufsfilter. Das spielt vor allem in der Landschaftsfotografie immer wieder eine Rolle, wenn zu helle Bildelemente – meist der Himmel – partiell abgedunkelt werden sollen. In jedem Fall sollten Sie beim Aufsetzen der Filter zunächst den Polfilter einstellen, bevor weitere Elemente hinzukommen. Denn je dunkler das Sucherbild wird, desto schwieriger wird die korrekte Positionierung des Polfilters.

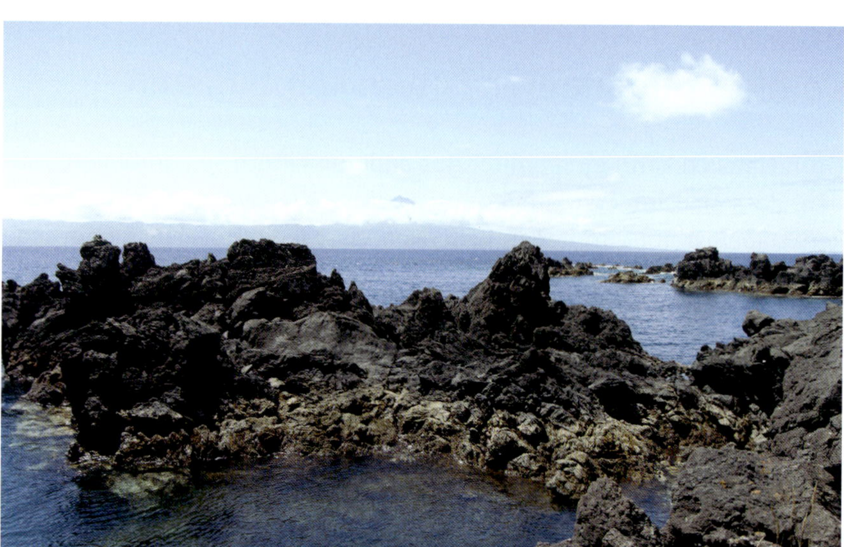

Die Aufnahme ohne Filter wirkt blass: Der Vulkan Pico auf der im Hintergrund liegenden Insel ist kaum zu erkennen. Blende 8, 1/125 s, ISO 200, 18 mm

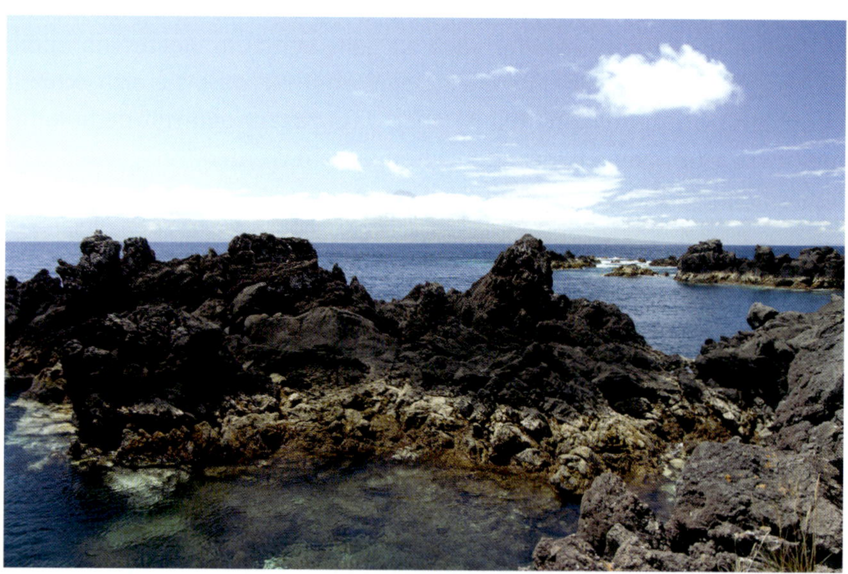

Mit dem Polfilter lassen sich die Felsen unter dem Wasser deutlicher erkennen und die Farbsättigung auf den außerhalb des Wassers liegenden Steinen ist kräftiger. Der Himmel wirkt aber noch flau. Blende 8, 1/80 s, ISO 200, 18 mm, Polfilter von Rollei

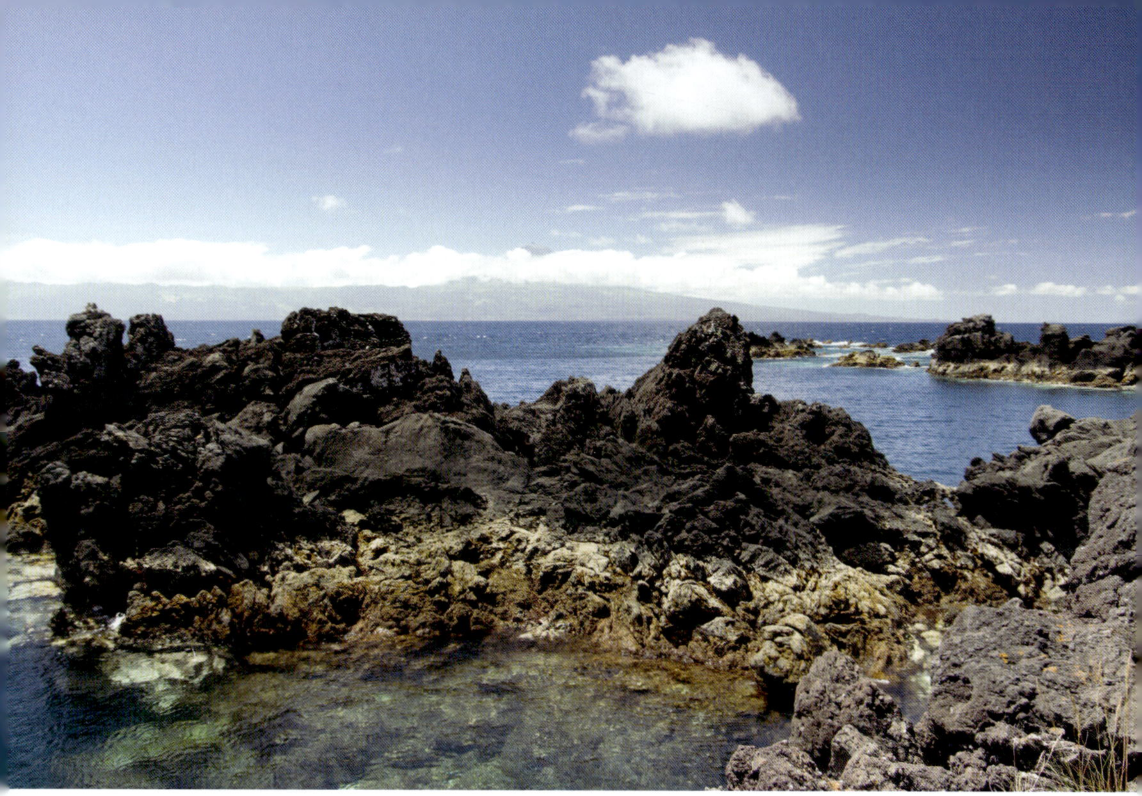

Ein Verlaufsfilter dunkelt den Himmel etwas ab, die Farben wirken jetzt ausgewogen und natürlich, der Pico im Hintergrund ist präsent. Blende 8, 1/60 s, ISO 200, 18 mm, 0,6 ND-Verlaufsfilter (hard) von Lensinghouse und Polfilter von Rollei

Kommt ein stärkerer Verlaufsfilter zum Einsatz, erscheint der Himmel noch dunkler. Mir persönlich ist der Effekt hier schon zu viel, aber das ist letztlich Geschmacksache. Blende 8, 1/50 s, ISO 200, 18 mm, 0,9 ND-Verlaufsfilter (hard) von Lensinghouse und Polfilter von Rollei

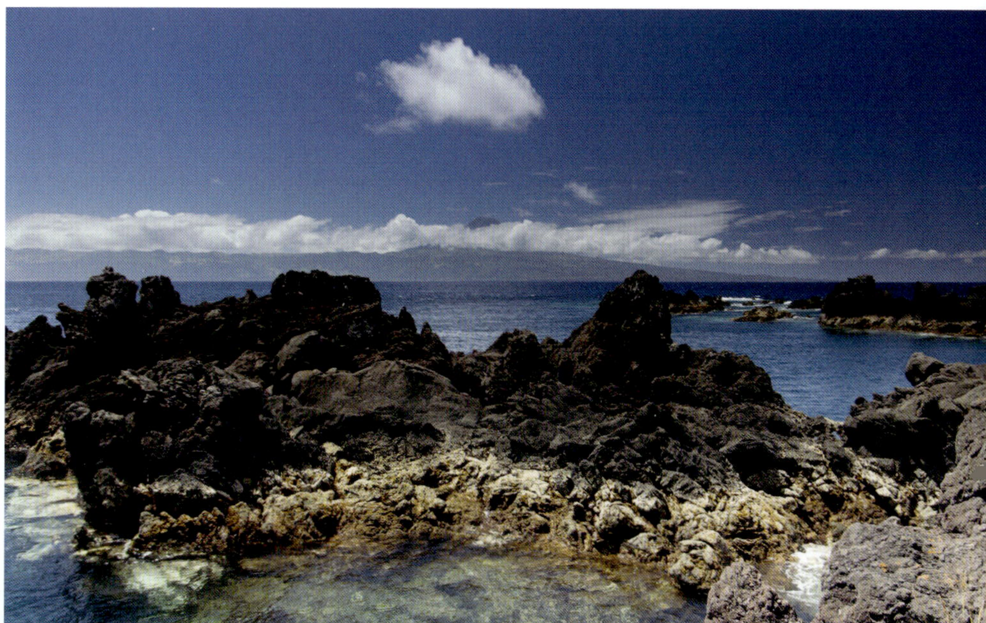

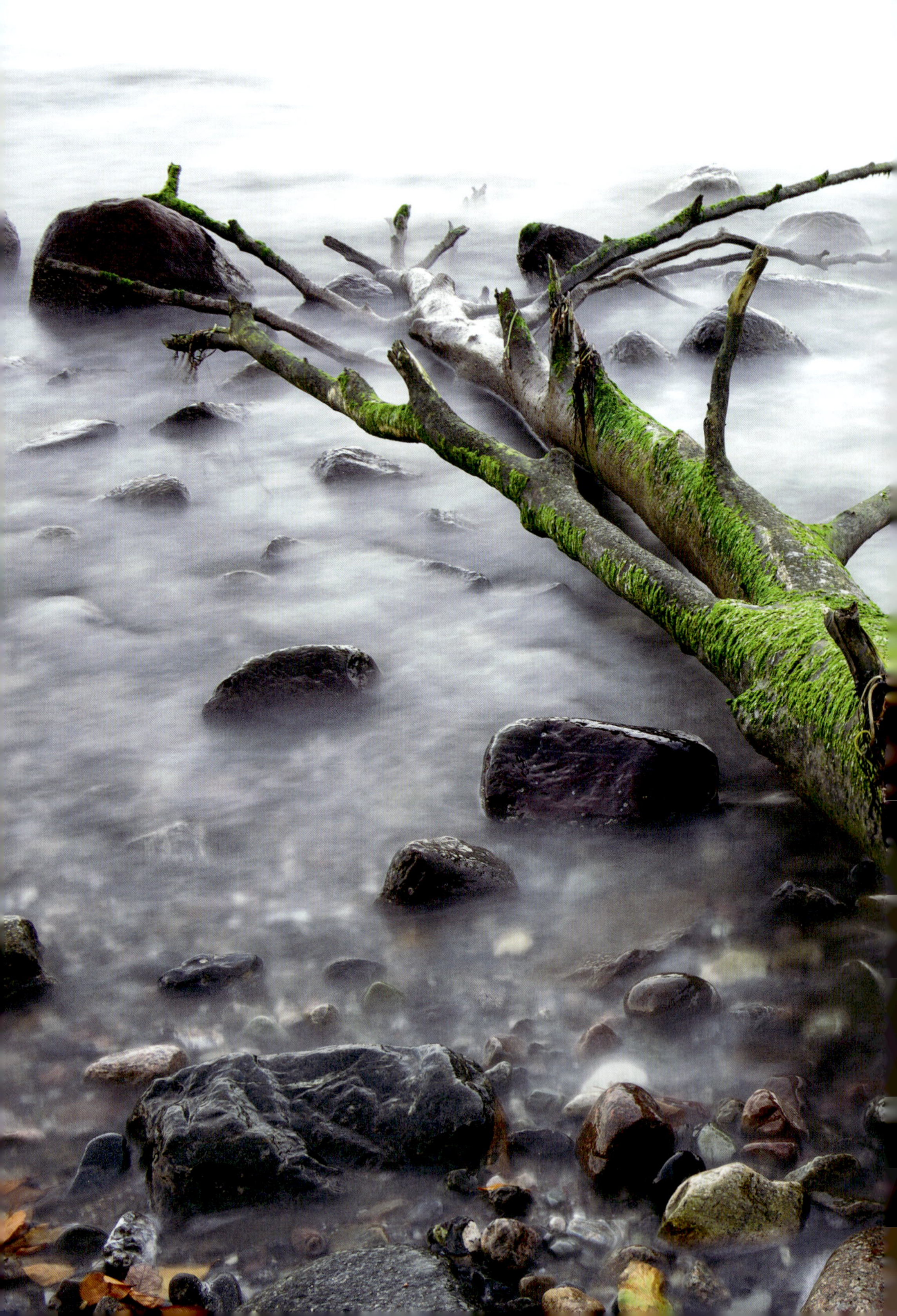

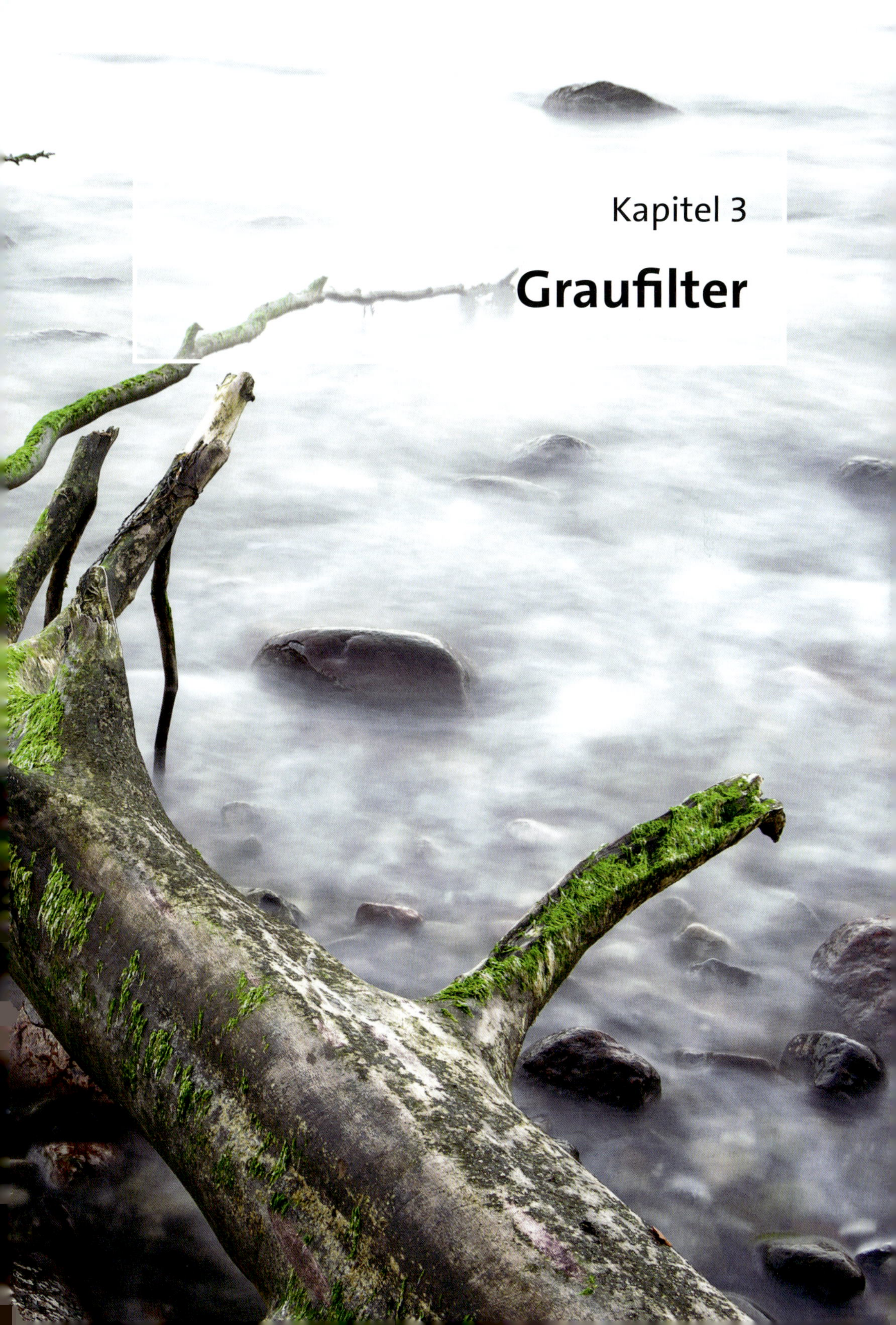

Kapitel 3

Graufilter

Vorstellungskraft ist gefragt

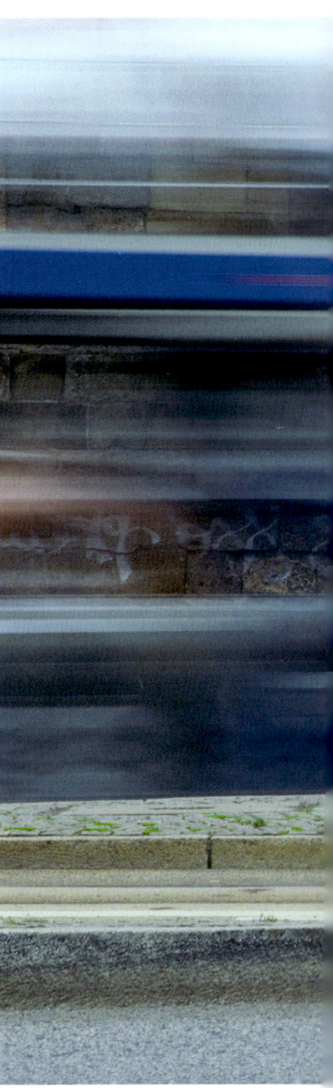

Es ist immer spannend, mit dem Graufilter (auch Neutraldichtefilter, kurz ND-Filter) zu fotografieren. Anders als beim Polfilter oder beim Verlaufsfilter ist das Ergebnis in der Regel nicht bereits vor der Aufnahme mit einem Blick durch den Sucher zu erkennen. Denn der Graufilter verlängert die Belichtungszeit und macht dadurch Bewegung im Bild auf unterschiedlichste Weise sichtbar oder aber auch unsichtbar.

Bei einer geringfügigen Verlängerung der Belichtungszeit werden bewegte Motivbestandteile zunehmend unscharf – und zwar umso stärker, je schneller die Bewegung ist. Dadurch kann ein Eindruck von Geschwindigkeit entstehen, wenn z. B. ein Sportler beim Rennen nicht eingefroren, sondern leicht verwischt erscheint. Je länger belichtet wird, umso schemenhafter sind bewegte Objekte sichtbar, bis sie schließlich ganz verschwinden.

So nutzen Architekturfotografen bisweilen gezielt Langzeitbelichtungen, um Plätze vor Gebäuden leer erscheinen zu lassen, obwohl sich dort Menschen bewegen, oder um fahrende Autos von der Straße zu eliminieren.

Um ND-Filter gekonnt einzusetzen, empfehle ich Ihnen, öfter mal einfach so ein paar Erfahrungen damit zu sammeln. Verwenden Sie die Filter dabei in verschiedenen Stärken und in verschiedenen Situationen. So entwickeln Sie leichter eine Vorstellung von der Wirkung unterschiedlicher Belichtungsverlängerungen in diversen Situationen.

Vorige Doppelseite: Eine Belichtungsverlängerung auf 8 Sekunden führt dazu, dass das sich bewegende Wasser ganz weich und milchig wirkt, wodurch sich ein schöner Kontrast zu dem harten Baumstamm ergibt. Blende 10, 8 s, ISO 80, 23 mm, 1,8 ND-Filter von B+W

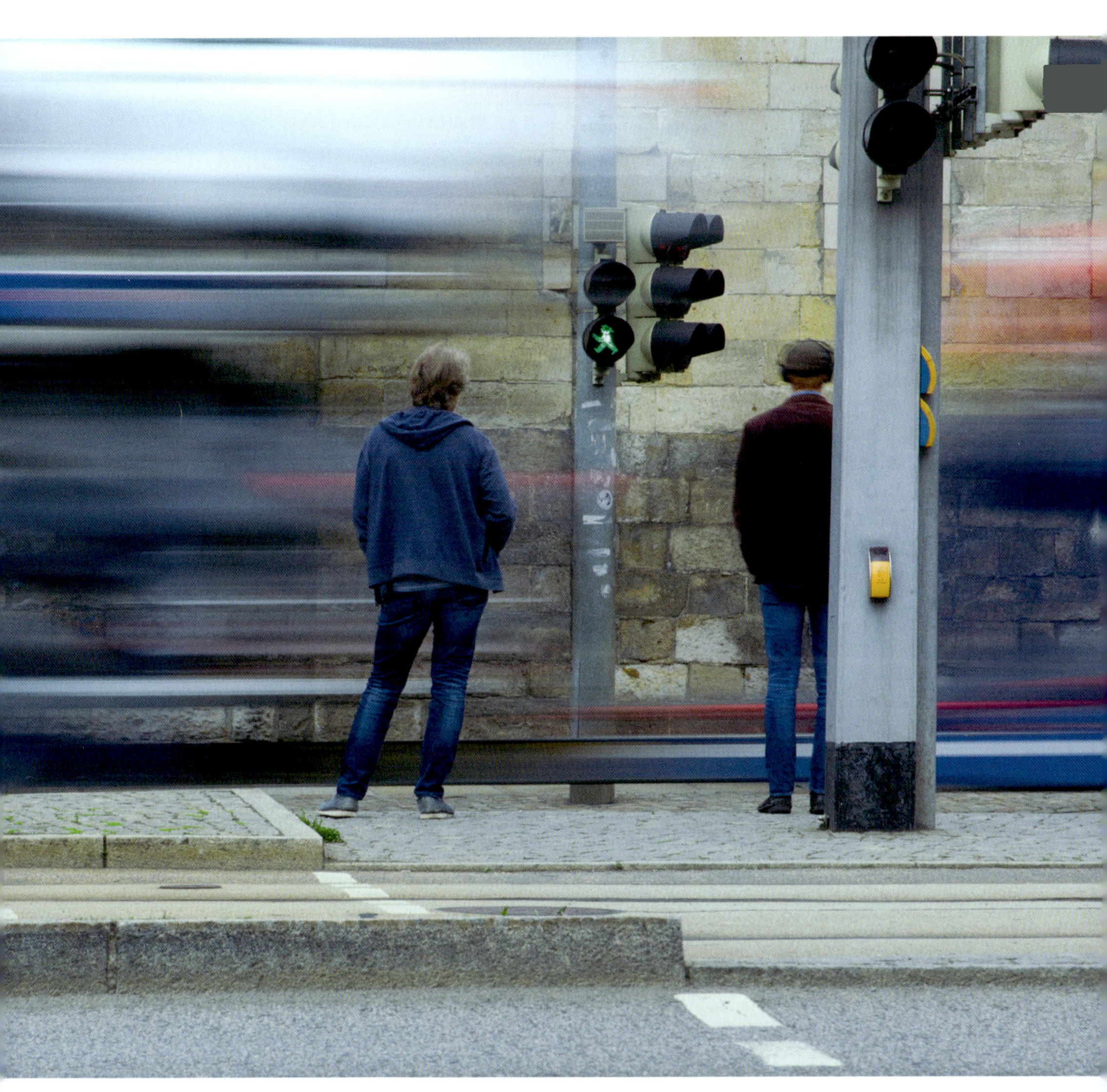

Während die an der Ampel stehenden Menschen noch klar erkennbar sind, ist der vorbeirauschende LKW bereits verwischt. Blende 16, 1/4 s, ISO 100, 75 mm, 0,9 ND-Filter von B+W

Stille

Infolge einer Langzeitbelichtung kann der Eindruck von Bewegung fast vollständig aus einem Foto verschwinden. Das führt dazu, dass der Betrachter sich auf verbleibende Bildbestandteile konzentriert, und sorgt für eine meditative, beruhigende Wirkung. Achten Sie aber darauf, dass der Filter nicht nur einen ungewohnten Effekt verursacht, sondern setzen Sie ihn sinnvoll und zum Motiv passend ein, damit er wirkt!

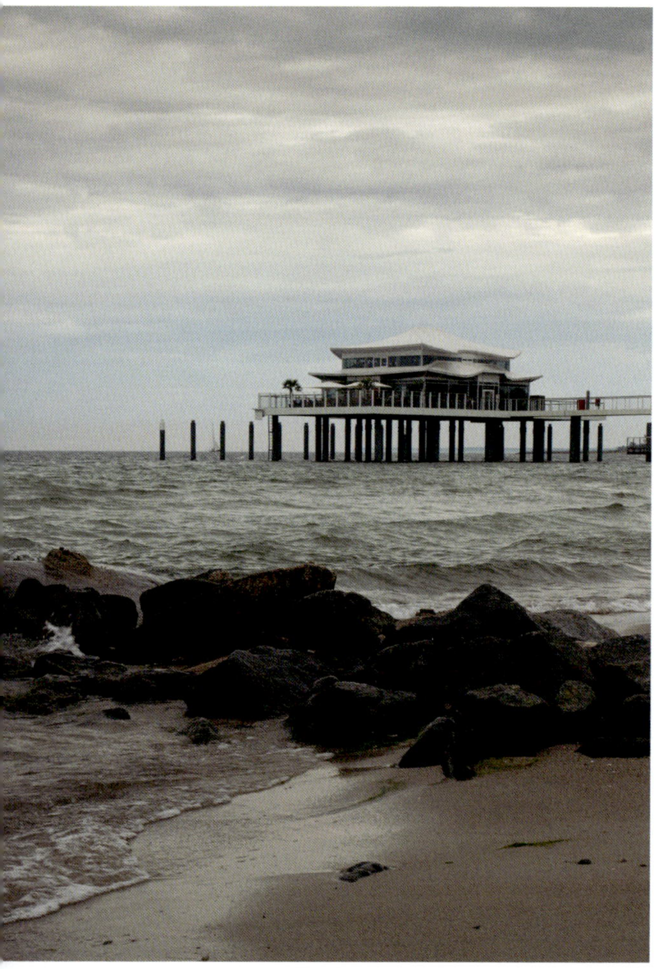

Das mit einem asiatischen Pagodendach erbaute Teehaus auf der Seebrücke in Timmendorfer Strand ist ein beliebtes Fotomotiv. Hier sorgt tristes Herbstwetter für einen eher langweiligen Bildeindruck. Blende 9, 1/80 s, ISO 100, 40 mm

Rechts: Eine Langzeitbelichtung sorgt dafür, dass sich im Bild Klarheit und Ruhe ausbreiten, die gut zum asiatischen Stil des Gebäudes passen. Der leicht abgedunkelte Himmel bildet durch den Einsatz eines moderaten Grauverlaufsfilters einen harmonisierenden Ausgleich zu den dunklen Steinen im Vordergrund. Blende 10, 25 s, ISO 100, 40 mm, 3,0 ND-Filter von B+W, 0,6 ND-Verlaufsfilter (soft) von Rollei

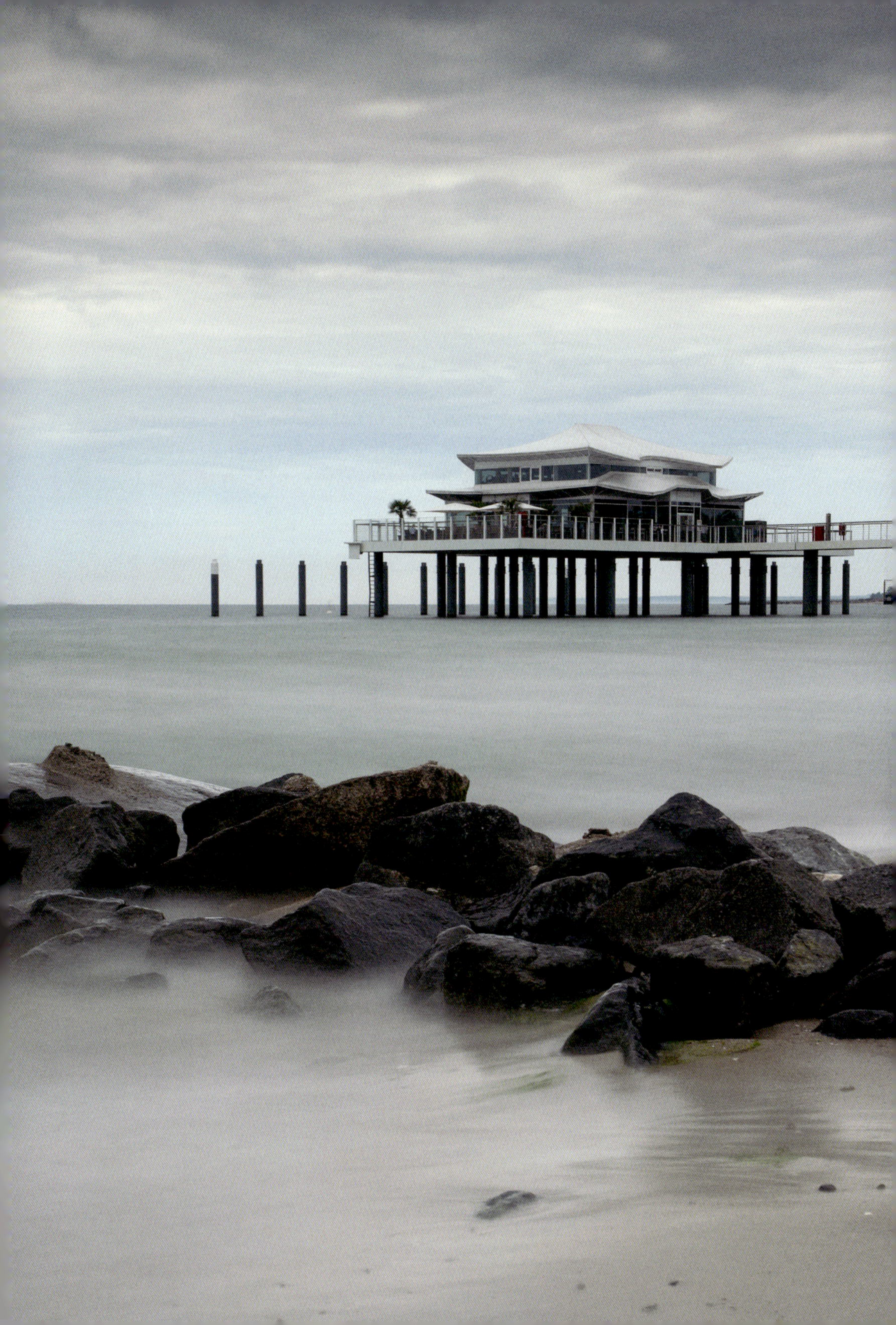

Dynamik

Durch den Einsatz eines mittelstarken ND-Filters leicht verlängerte Belichtungszeiten lassen viele Bewegungen leicht unscharf werden. Dadurch entsteht ein dynamischer Effekt. Im Einzelnen hängt er von der Geschwindigkeit des bewegten Objekts ab – bei einer Schnecke wird man bei 1/50 Sekunde keine Unschärfe erwarten können, bei einem Leoparden schon. Des Weiteren spielt es eine Rolle, ob ein Objekt sich in Ihrer Sichtachse bewegt (dann erscheint die Bewegung geringer) oder im rechten Winkel zu ihr. Der Abstand zur Kamera hat so wie die verwendete Brennweite ebenfalls einen Einfluss auf das Entstehen von Unschärfe: Je dichter das Objekt und je länger die Brennweite ist, umso schneller entsteht Unschärfe.

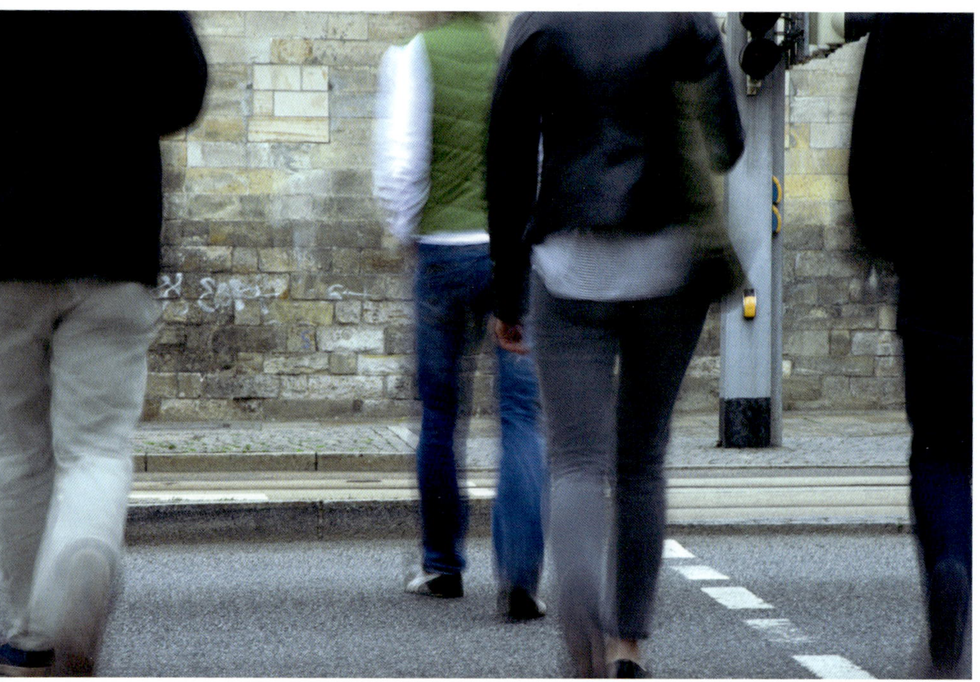

Das Thema dieses Bildes ist die Bewegung der Fußgänger – die Menschen als Individuen sind hier nicht von Bedeutung, weshalb die Köpfe nur ablenken würden. Eine geschlossene Blende sorgt für durchgehende Schärfe auf der Straße und betont damit die Bewegungsunschärfe der Gehenden. Blende 16, 1/4 s, ISO 100, 75 mm, 0,9 ND-Filter von Haida

Exkurs: Belichtungsverlängerung berechnen

Die kamerainterne Belichtungsmessung funktioniert mit aufgeschraubtem Graufilter nur eingeschränkt: Je stärker der Filter ist, desto schwerer hat es die Kameraautomatik. Hinzu kommt, dass die meisten Kameras keine automatische Belichtungszeit von mehr als 30 Sekunden erlauben.

Eine Tabelle zur Berechnung der korrekten Belichtung mit Graufilter ist deshalb ein unabdingbares Zubehör. Ich habe eine solche Tabelle ausgedruckt und laminiert in meiner Fototasche. Sie sehen links die Belichtungszeit ohne Filter und in den dann folgenden Spalten jeweils die Zeiten, die sich durch den Einsatz eines Filters ergeben. Die errechnete Belichtungszeit stellen Sie an Ihrer Kamera im manuellen Modus ein.

Bei Belichtungszeiten von mehr als 30 Sekunden ist es in der Regel nötig, in den BULB-Modus zu gehen: Dann bleibt die Blende so lange geöffnet, wie Sie auf den Auslöser drücken. Da es aber erstens zu Verwackelungen führt, wenn Sie die ganze Zeit über den Finger auf dem Knopf haben, und es zweitens auch ziemlich unbequem wäre, mehrere Minuten in einer solchen Position zu verharren, sind Langzeitbelichtungen im BULB-Modus nur mit Unterstützung eines Fernauslösers sinnvoll.

Zeit ohne Filter	0,3 ND	0,6 ND	0,9 ND	1,2 ND	1,5 ND	1,8 ND	3,0 ND
1/4000 s	1/2000 s	1/1000 s	1/500 s	1/250 s	1/125 s	1/60 s	1/4 s
1/2000 s	1/1000 s	1/500 s	1/250 s	1/125 s	1/60 s	1/30 s	1/2 s
1/1000 s	1/500 s	1/250 s	1/125 s	1/60 s	1/30 s	1/15 s	1 s
1/500 s	1/250 s	1/125 s	1/60 s	1/30 s	1/15 s	1/8 s	2 s
1/250 s	1/125 s	1/60 s	1/30 s	1/15 s	1/8 s	1/4 s	4 s
1/125 s	1/60 s	1/30 s	1/15 s	1/8 s	1/4 s	1/2 s	8 s
1/60 s	1/30 s	1/15 s	1/8 s	1/4 s	1/2 s	1 s	15 s
1/30 s	1/15 s	1/8 s	1/4 s	1/2 s	1 s	2 s	30 s
1/15 s	1/8 s	1/4 s	1/2 s	1 s	2 s	4 s	1 m
1/8 s	1/4 s	1/2 s	1 s	2 s	4 s	8 s	2 m
1/4 s	1/2 s	1 s	2 s	4 s	8 s	15 s	4 m
1/2 s	1 s	2 s	4 s	8 s	15 s	30 s	8 m
1 s	2 s	4 s	8 s	15 s	30 s	1 m	16 m

Tabelle zur Berechnung der verlängerten Belichtungszeiten bei Verwendung eines ND-Filters

Motiv »Wasser in Bewegung«

Für Experimente und Spielereien mit ND-Filtern bietet sich Wasser ganz besonders an, da sich durch die veränderten Belichtungszeiten ganz neue Blickweisen auf das Element finden lassen, die mit dem menschlichen Auge nicht möglich sind. Bei ganz kurzer Belichtung erscheint Wasser spritzig und frisch, einzelne Tropfen treten aus dem herabfallenden Wasser in einer Gebirgsklamm oder der Gischt der Brandung hervor. Bei leicht

Der Springbrunnen wirkt je nach Belichtungszeit sehr unterschiedlich. Bei der kürzesten Zeit von 1/125 Sekunde (ISO 800) sind einzelne Wassertropfen zu erkennen. Eine Belichtung mit 1/10 Sekunde konnte durch die Verringerung des ISO-Werts auf 100 und einen 0,9 ND-Filter erreicht werden – nun entspricht das Bild am ehesten dem Eindruck, wie ihn auch das

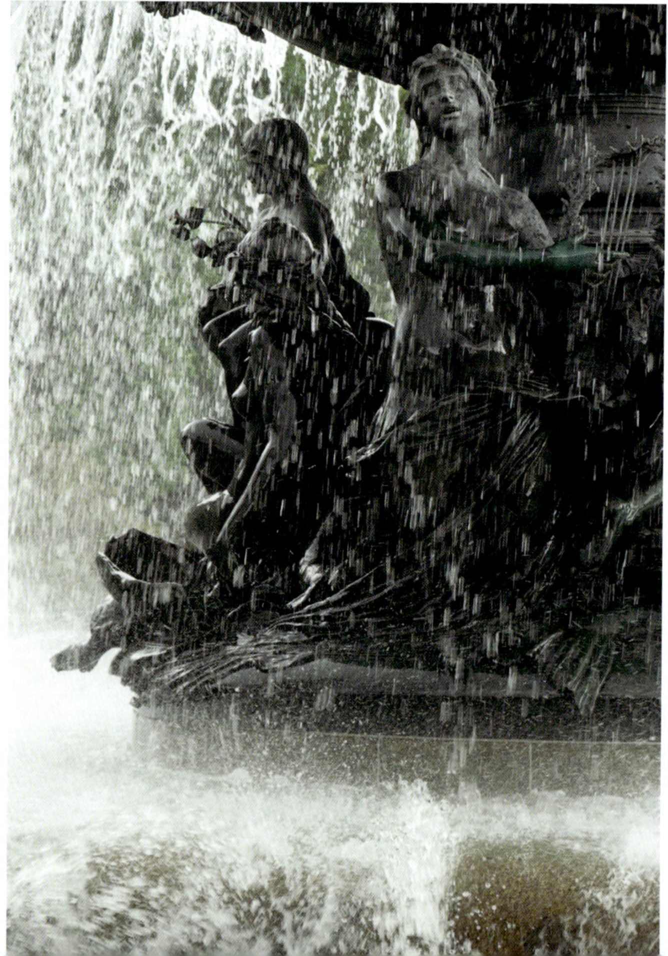

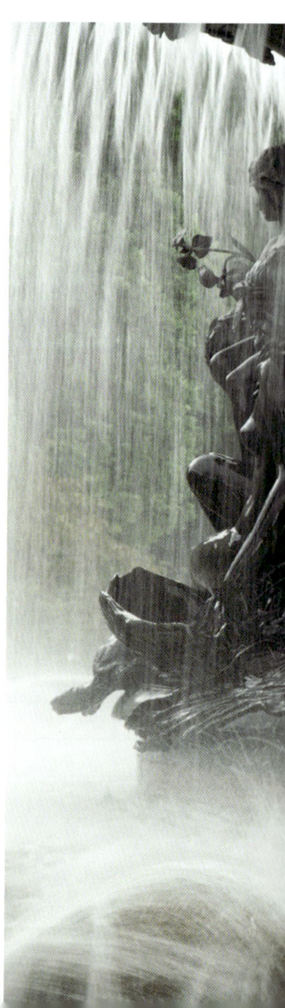

verlängerten Zeiten wird vor allem das Fließen betont. Je länger Sie belichten, desto homogener erscheint das Wasser und der Bildeindruck wird immer ruhiger. Bei stärkerer Brandung entsteht ein Effekt, als würden Nebelschwaden über dem Meer liegen. Gerade weil die Unterschiedlichkeit so faszinierend ist, sollten Sie genau überlegen, welcher der Effekte zu Ihrer Bildaussage passt.

menschliche Auge gewinnt. Bei einer Belichtung mit 2 Sekunden (ISO 100) mithilfe eines 3,0 ND-Filters schließlich erscheint das Wasser wie ein Vorhang und die zuvor vom Wasser verdeckten Figuren sind nun wieder frei sichtbar; das davor herabfallende Wasser ist nur noch zu erahnen. Blende 8, 60 mm, ND-Filter von B+W

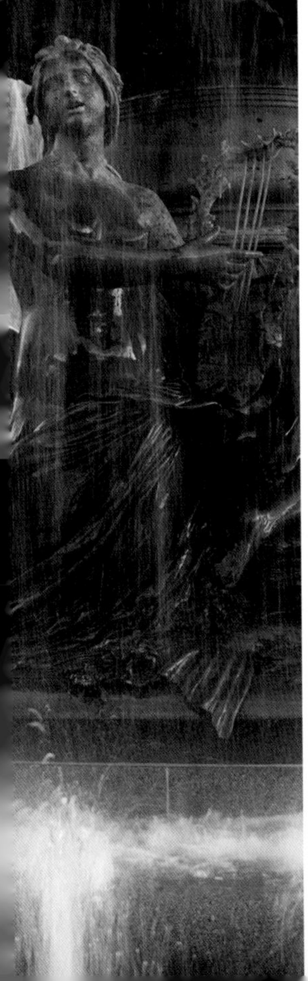

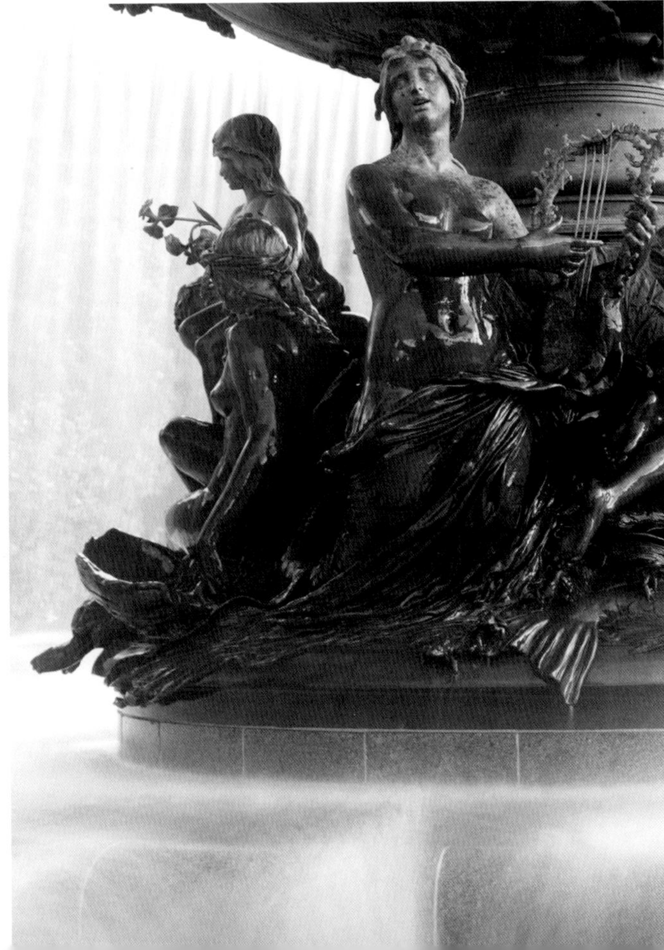

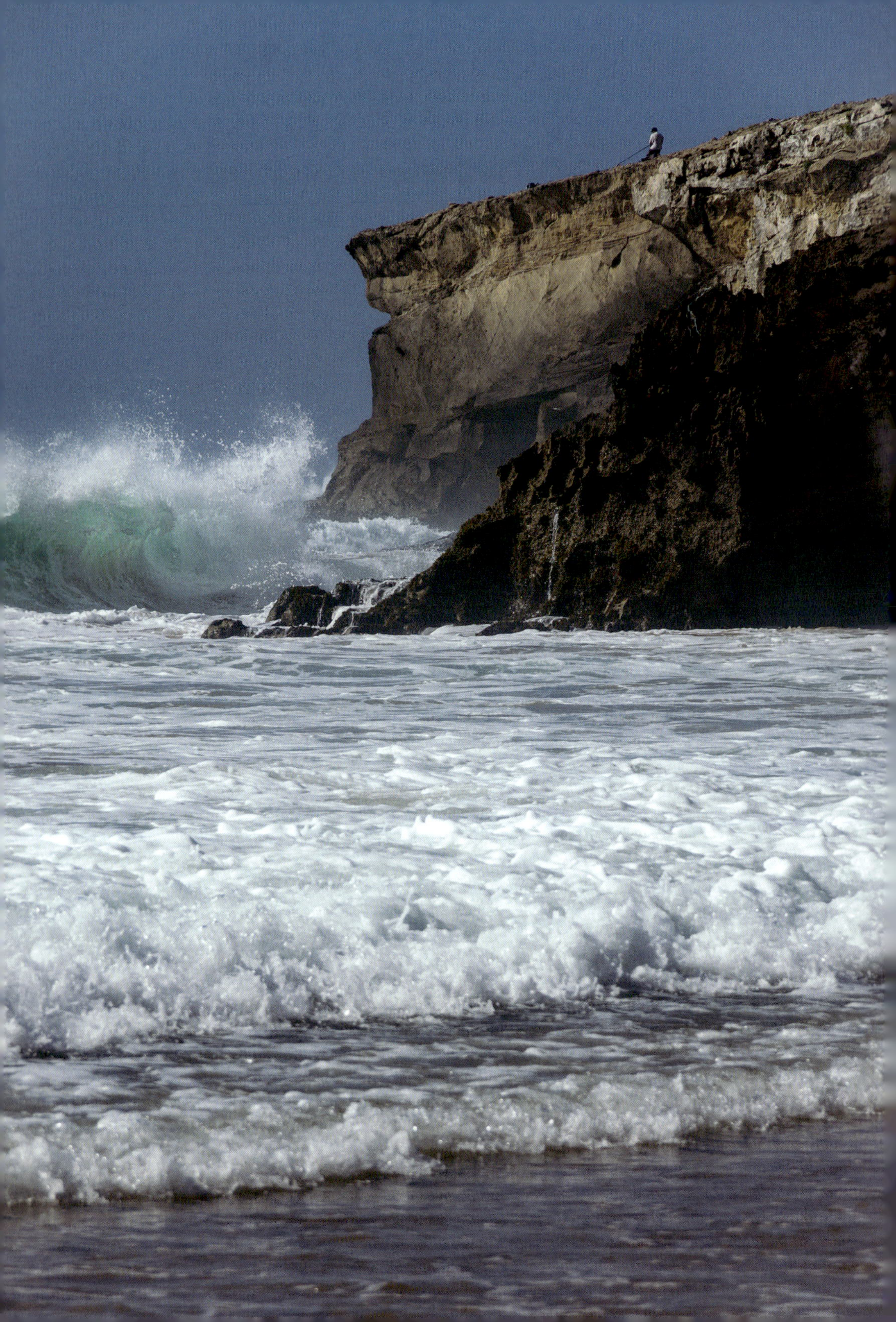

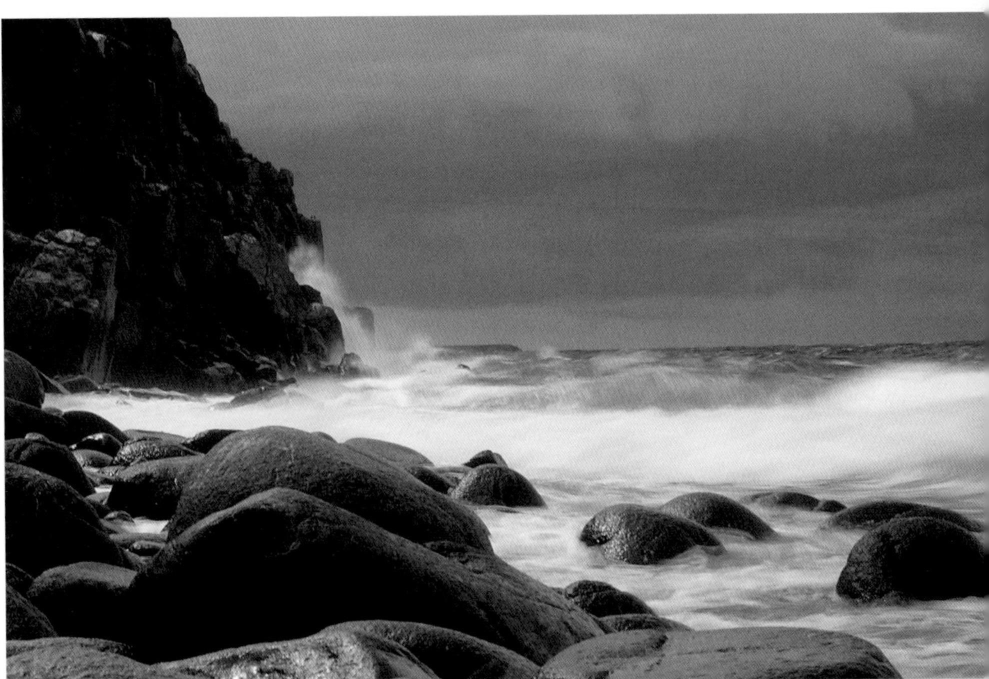

Noch erkennt man die Bewegung des Meeres, aber keine einzelnen Wassertropfen mehr – eine sehr dynamisch wirkende Belichtung. Blende unbekannt, 0,3 s, ISO 100, 100 mm, 0,9 ND-Filter von B + W

Links: Hier führt die Belichtung mit 1/400 Sekunde dazu, dass man die große Welle kurz vor dem Herabstürzen sehen kann, und die Gischt erscheint als Tropfen in der Luft. Blende 10, 1/400 s, ISO 100, 115 mm

Die Brandung verwischt bei einer Langzeitbelichtung zu einem Nebeleffekt – hier ein willkommener Kontrast zu den schroffen Steinen. Blende unbekannt, 13 s, ISO 200, 28 mm, 3,0 ND-Filter von B+W

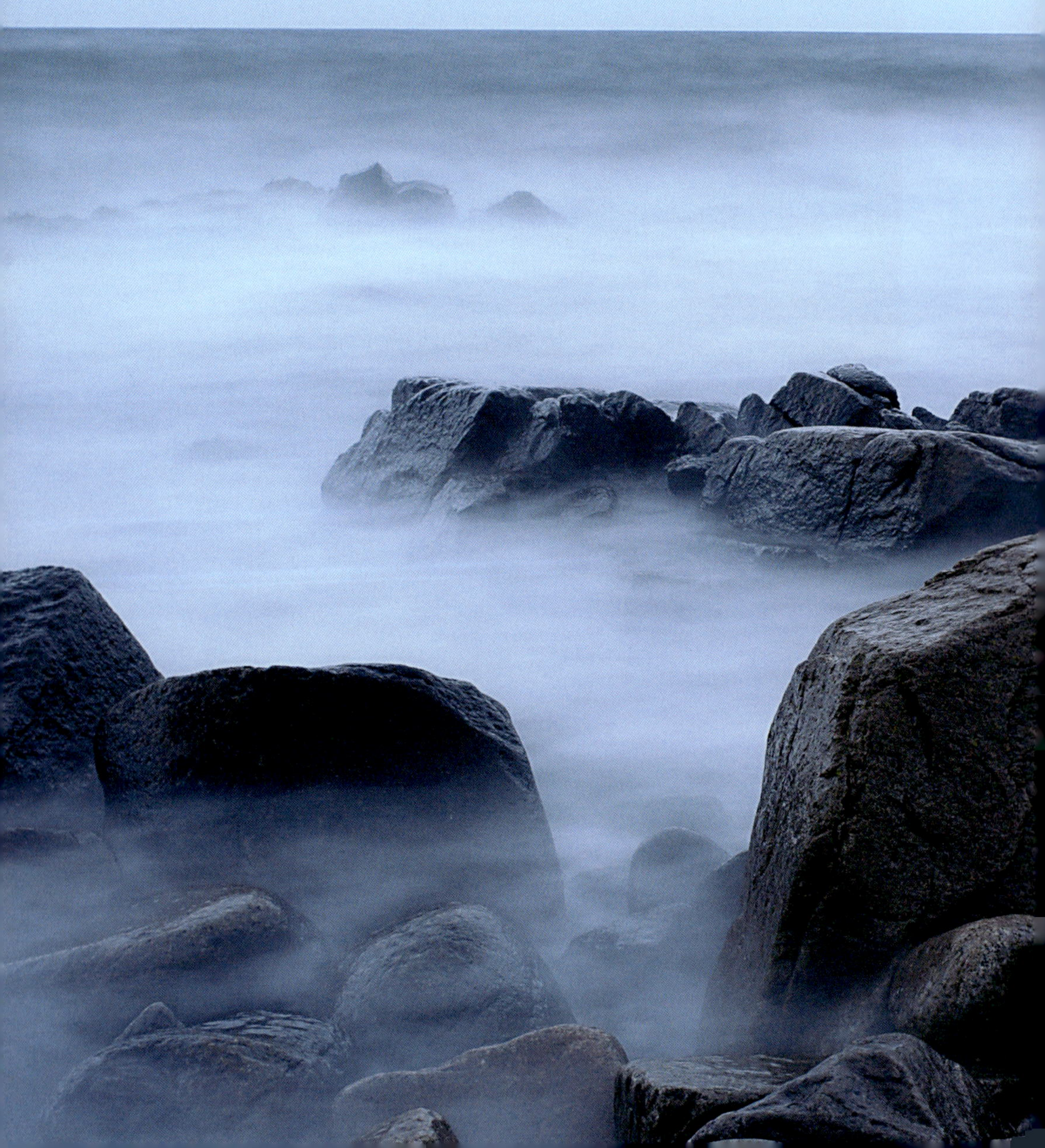

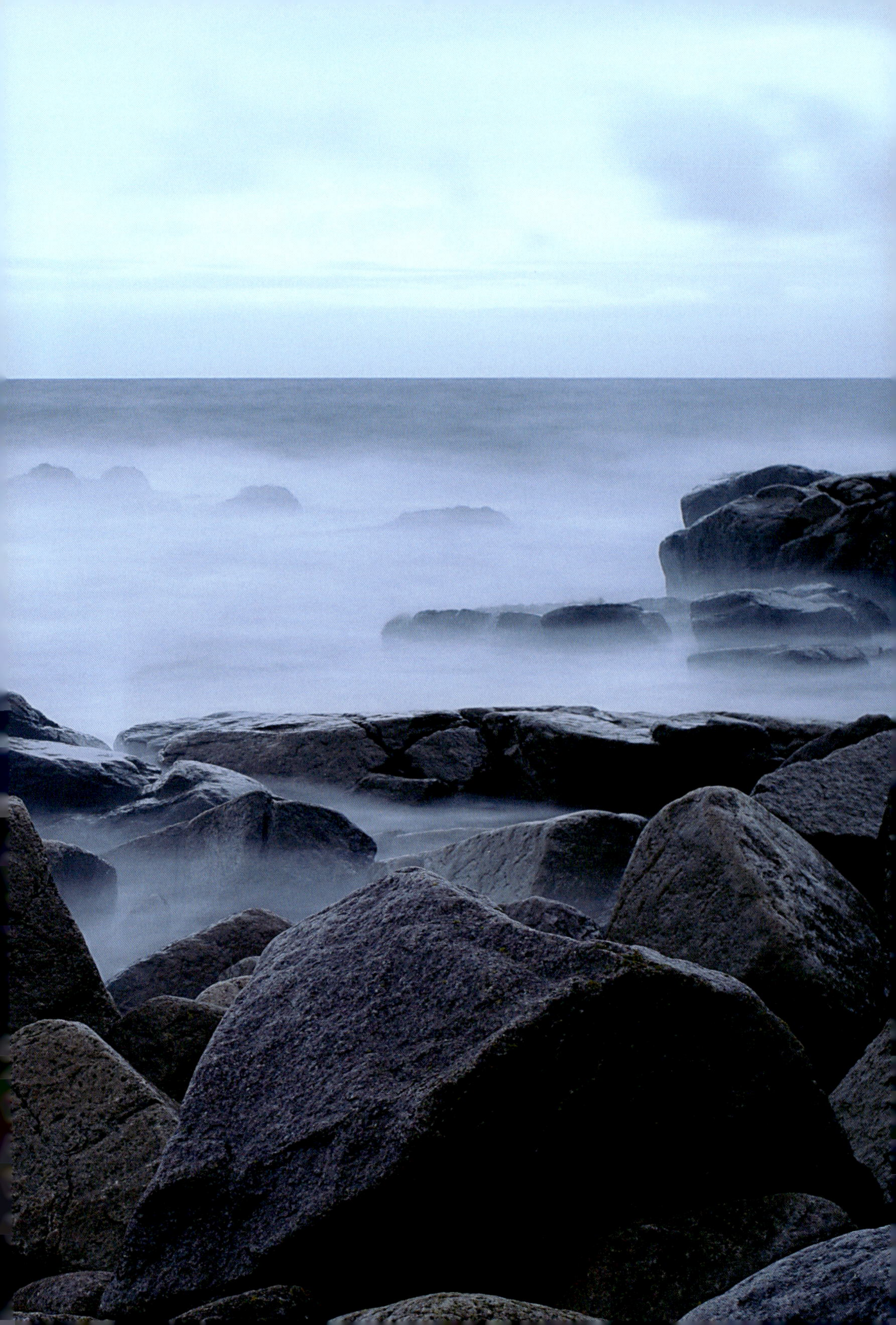

Motiv »Spiegelung im Wasser«

Sobald ein leichtes Lüftchen weht und Wasser sich ein wenig bewegt, wirken Spiegelungen schnell unruhig und wenig ansprechend. In einem solchen Fall kann der Einsatz eines ND-Filters die Wasseroberfläche glätten und damit für einen ruhigeren Bildeindruck sorgen. Achten Sie darauf, die Belichtungszeit nicht zu lang zu wählen, denn sonst erscheint die Wasserfläche wie tot – ist hingegen noch ein wenig Bewegung erkennbar, wirkt das Foto natürlich.

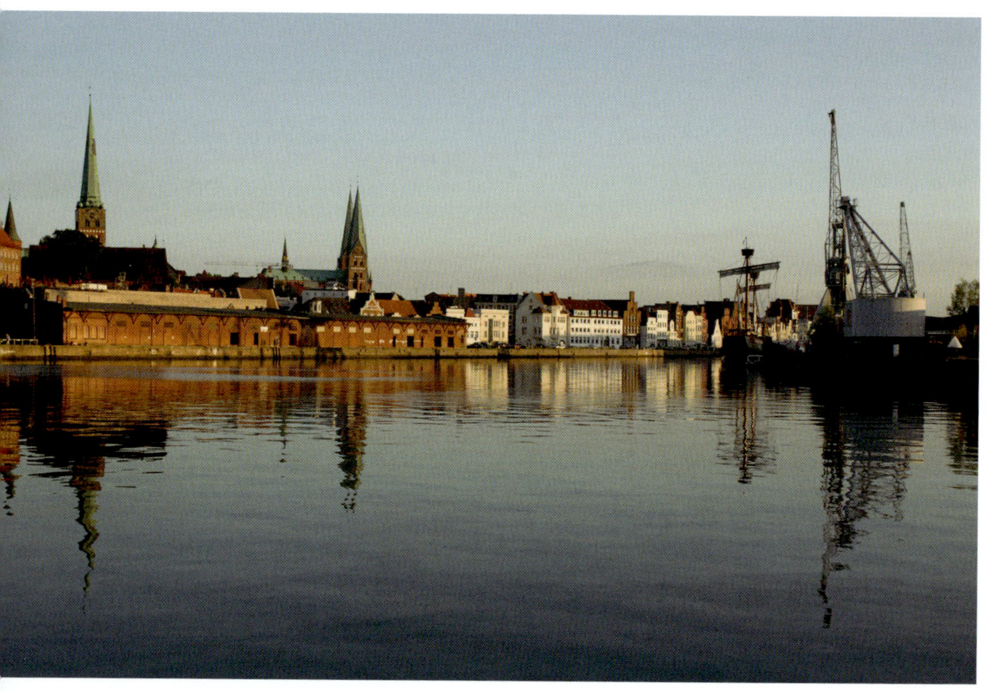

Die leichte Bewegung des Wassers lässt die Spiegelungen unruhig erscheinen. Blende 11, 1/50 s, ISO 100, 31 mm

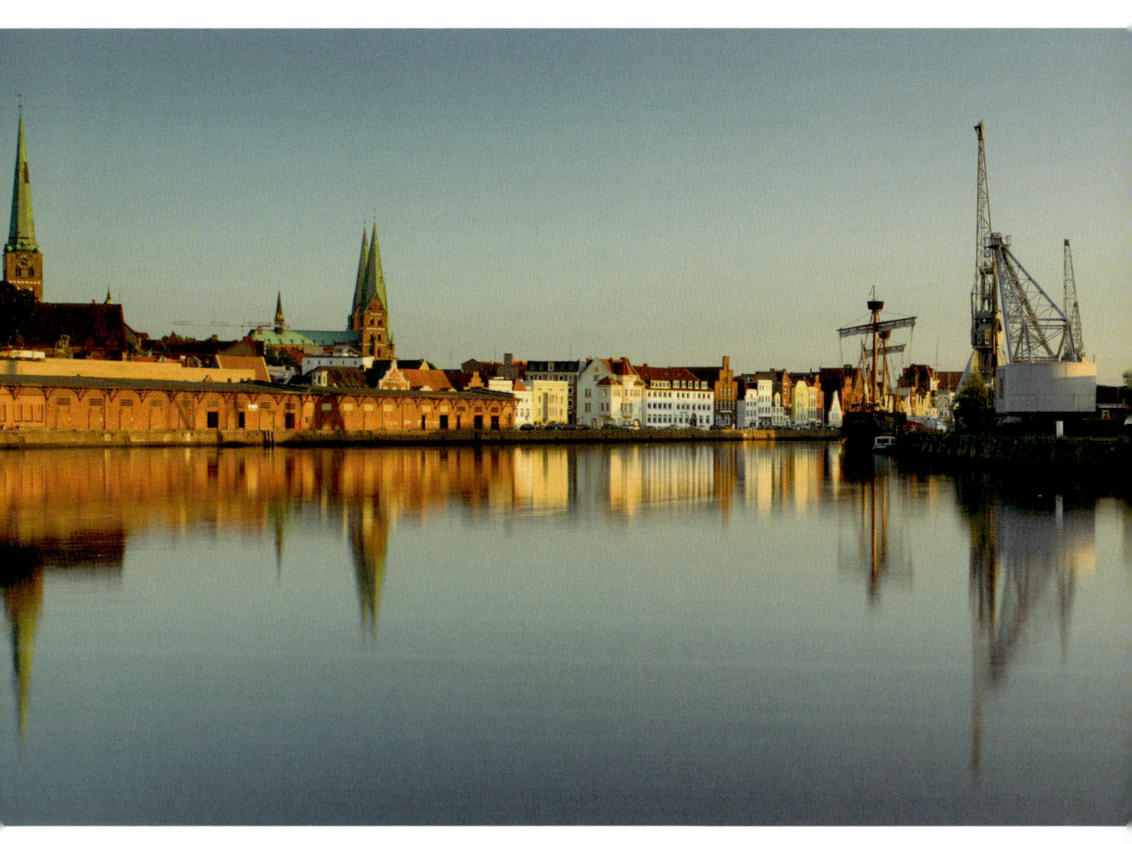

Die Spiegelungen bei der abendlichen Stadtansicht kommen besser zur Geltung, wenn man die Belichtungszeit mithilfe eines ND-Filters verlängert. Mit einem Verlaufsfilter habe ich die Helligkeit des Himmels und der Spiegelung einander angepasst. Blende 13, 8 s, ISO 100, 31 mm, 1,8 ND-Filter von B+W und 0,6 ND-Verlaufsfilter (soft) von Rollei

Motiv »Stürmischer Himmel«

Mit einer Langzeitbelichtung kann ein stürmischer Himmel eindrucksvoll dargestellt werden und ein ansonsten eher statisch wirkendes Motiv an Dynamik gewinnen. Das funktioniert am besten, wenn deutlich abgegrenzte Wolken am Himmel zu erkennen sind und diese quer zur Blickachse vorbeiziehen. Das passende Wetter finden Sie, wenn Sie z. B. auf *www.wetteronline.de* den Windwetterbericht ansehen. Dort erhalten Sie Informationen sowohl über die Windrichtung als auch über die Windstärke. Um den Wolkenzug eindrucksvoll einzufangen, können Belichtungszeiten bis zu mehreren Minuten nötig sein.

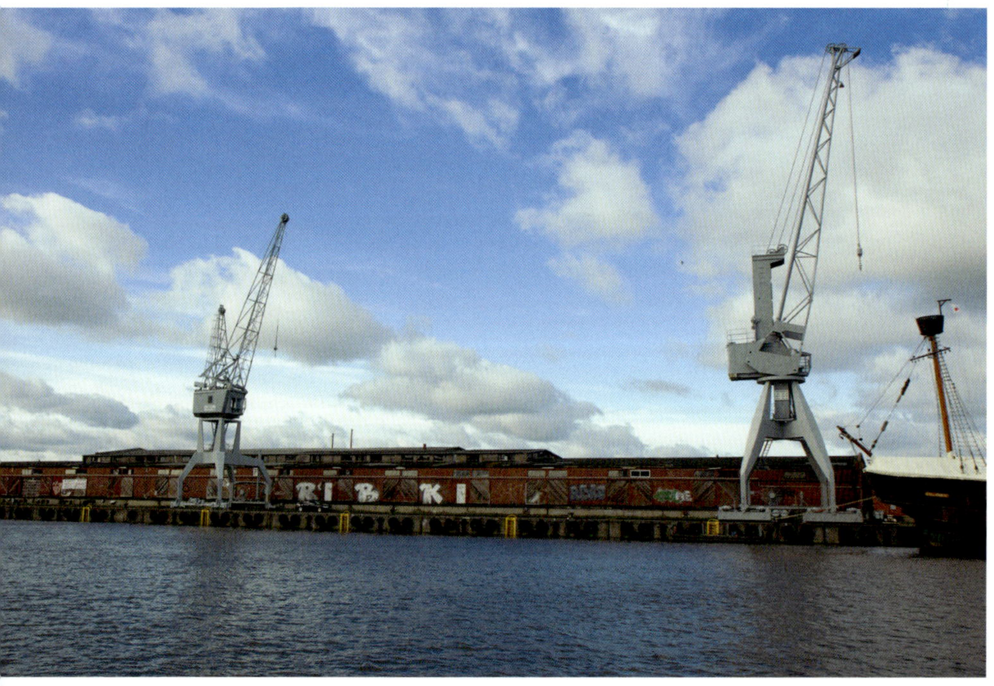

Das Motiv der alten Hafenschuppen und Kräne wirkt unbewegt und langweilig. Blende 11, 1/60 s, ISO 100, 21 mm

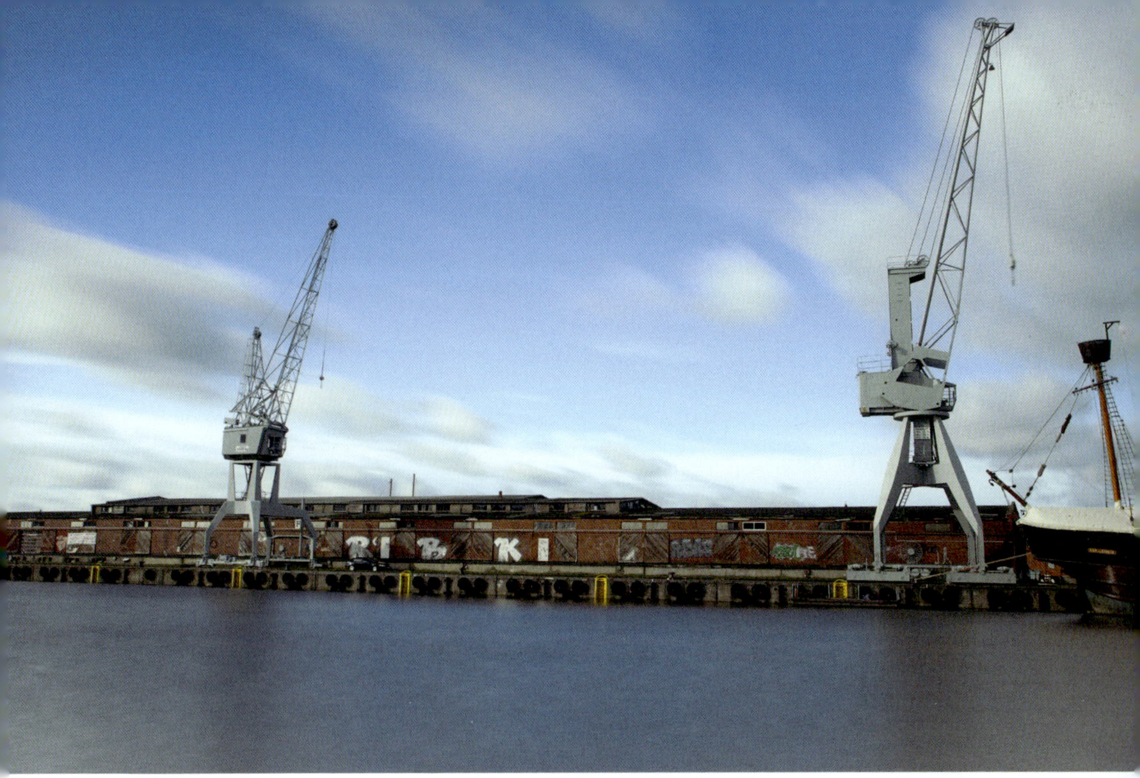

Die Bewegung der vorbeiziehenden Wolken ist durch die Unschärfe deutlich erkennbar und verstärkt bei dem Motiv der historischen Hafenanlagen den Eindruck von vorbeifließender Zeit und Vergänglichkeit. Blende 8, 30 s, ISO 200, 21 mm, 3,0 und 0,9 ND-Filter von Haida

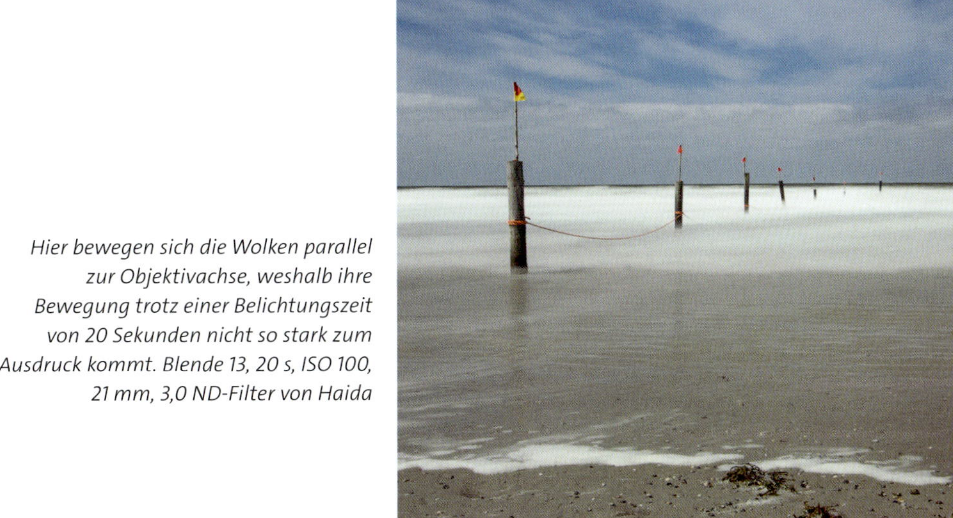

Hier bewegen sich die Wolken parallel zur Objektivachse, weshalb ihre Bewegung trotz einer Belichtungszeit von 20 Sekunden nicht so stark zum Ausdruck kommt. Blende 13, 20 s, ISO 100, 21 mm, 3,0 ND-Filter von Haida

Langzeitbelichtung am Leuchtturm. Die ND-Filter »Big Stopper« und »Little Stopper« von LEE ermöglichen eine Verschlusszeit von fast sechs Minuten, sodass auch bei einer langsamen Bewegung der Wolken ein dynamischer Effekt am Himmel entsteht. Blende 10, 359 s, ISO 100, 21 mm, Stativ (Foto: Corry DeLaan, aus ihrem Buch »Die Kunst der Wetterfotografie«, dpunkt.verlag, 2018)

Motiv »Pflanzen im Wind«

Ein herbstlicher Sturm kann auf vielerlei Weise in einem Foto dargestellt werden. Eine Möglichkeit ist es, die Bewegung der Zweige eines Baumes zu zeigen. Auch ein wogendes Kornfeld kann ein interessantes Motiv sein. Bewegte Pflanzen wirken dann am eindrucksvollsten, wenn die Bewegungsunschärfe mit klaren festen Bildelementen kontrastiert – beim Baum sorgt z. B. ein mächtiger Stamm für das optische Gegengewicht.

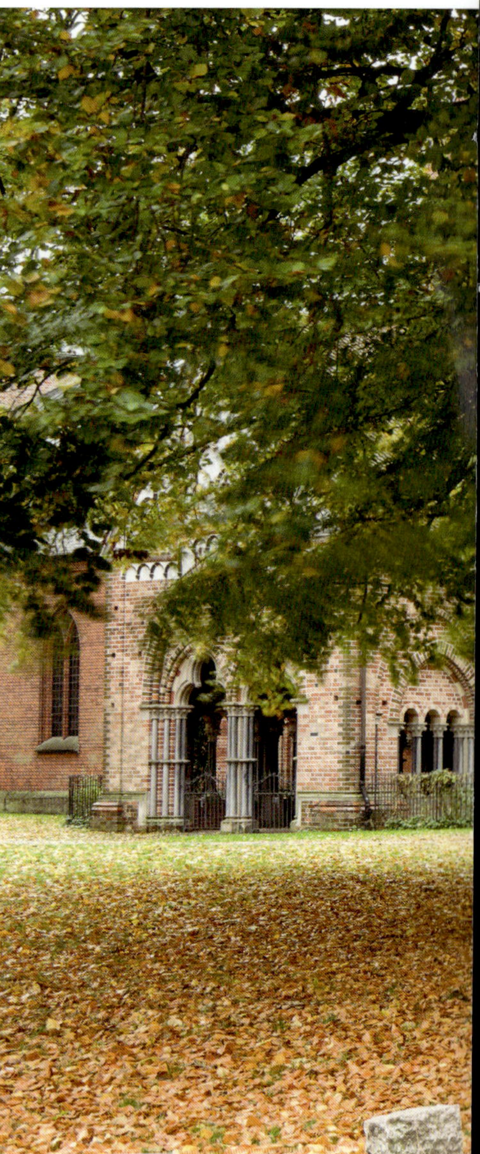

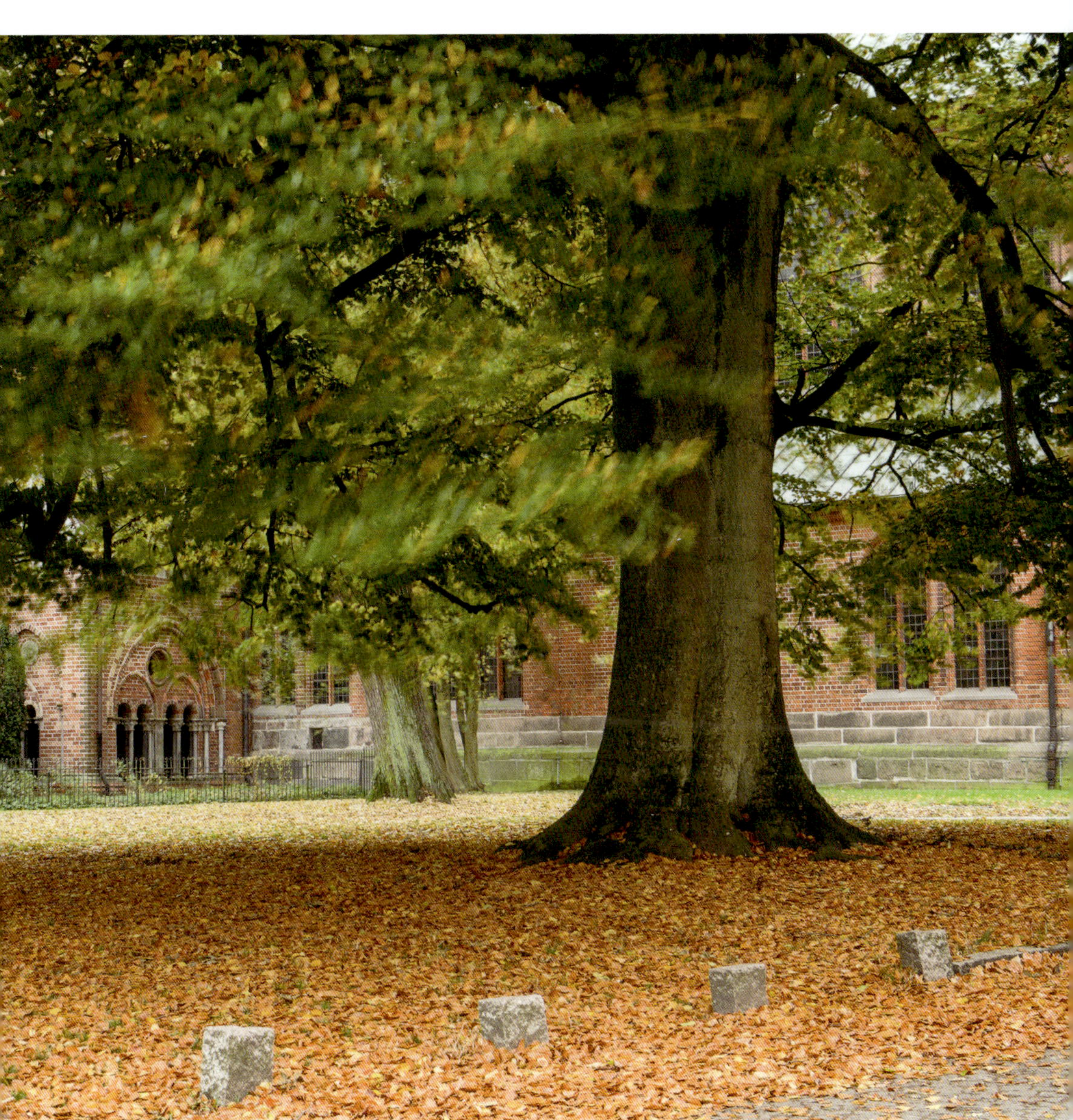

Ein tanzender Baum? Die unscharfen Zweige lassen diesen Eindruck entstehen. Hier wurde mit einem moderaten ND-Filter die Belichtungszeit verlängert. Zugleich sorgt ein Verlaufsfilter dafür, dass der Helligkeitsunterschied zwischen dem ursprünglich sehr verschatteten Boden und dem Laub ausgeglichen wird. Blende 13, 2,5 s, ISO 100, 31 mm, 0,9 ND-Filter von Haida und 0,6 ND-Verlaufsfilter (soft) von B+W

Motiv »Menschen in Bewegung«

Langzeitbelichtungen können menschliche Bewegungen sehr dynamisch, ja geradezu rasant erscheinen lassen. Diese Wirkung tritt vor allem bei leicht verlängerten Belichtungszeiten von weniger als einer Sekunde ein.

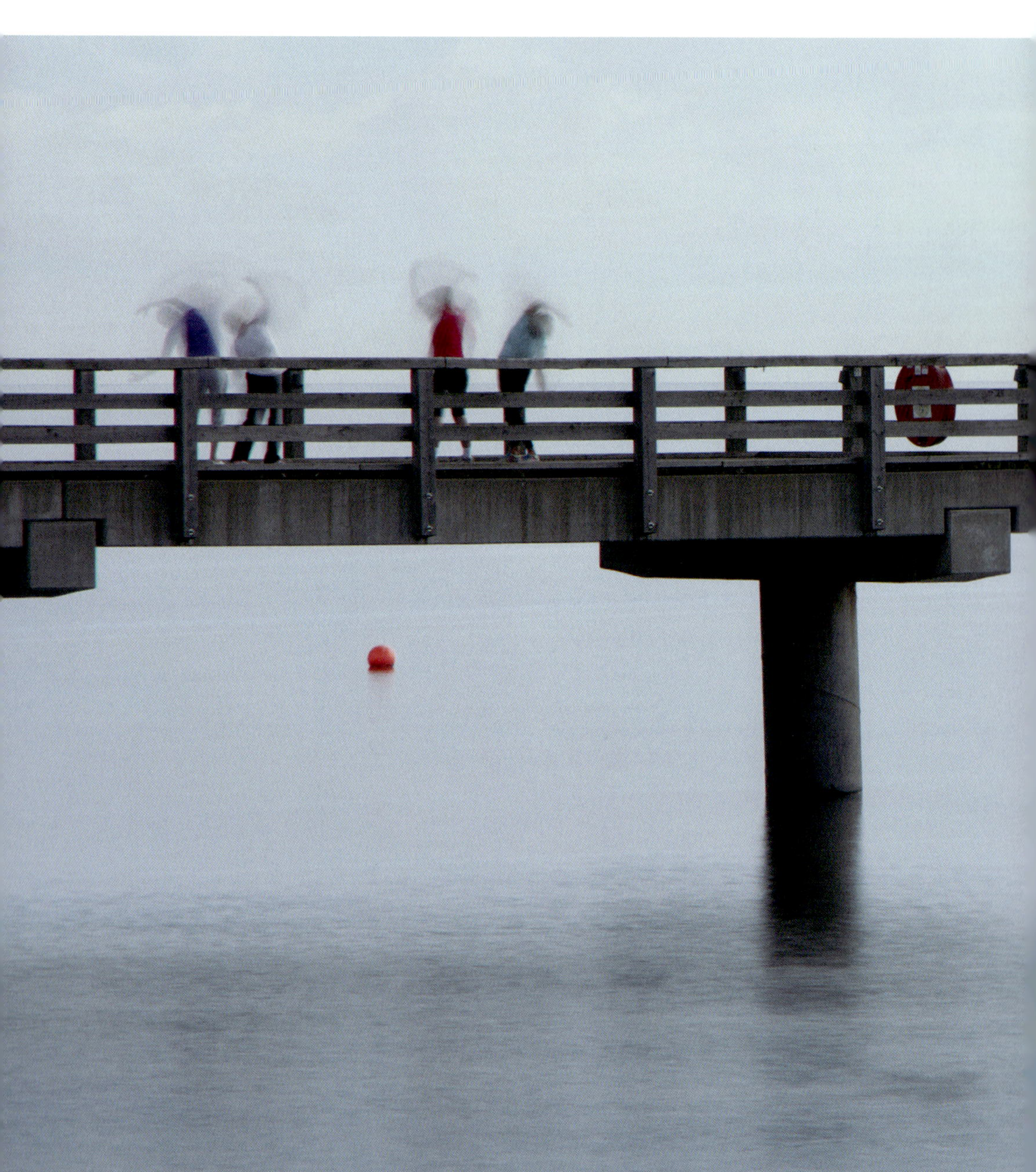

Wird die Belichtung darüber hinaus ausgedehnt, entsteht eher der Eindruck einer ausgewogenen fließenden Bewegung.

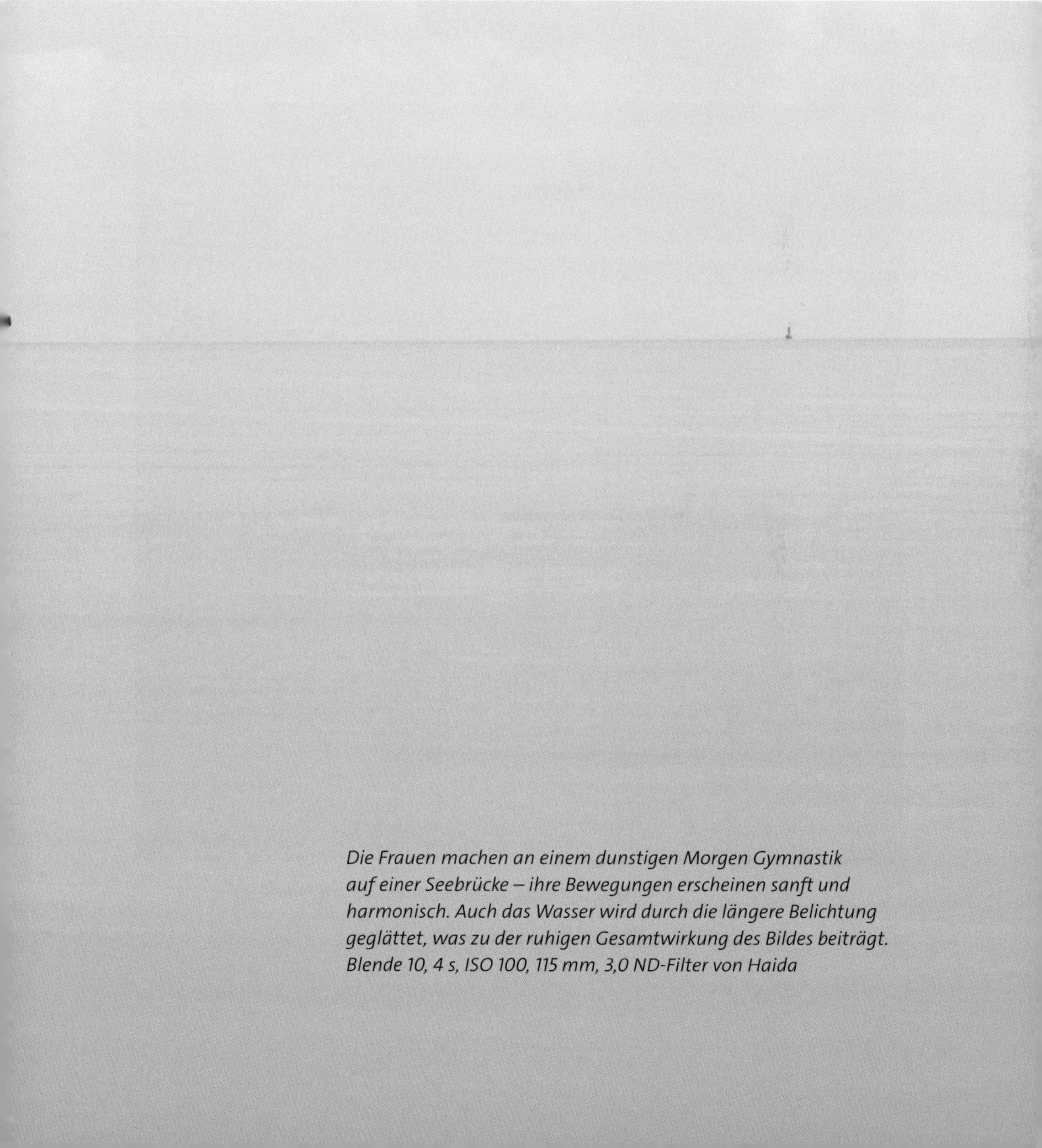

Die Frauen machen an einem dunstigen Morgen Gymnastik auf einer Seebrücke – ihre Bewegungen erscheinen sanft und harmonisch. Auch das Wasser wird durch die längere Belichtung geglättet, was zu der ruhigen Gesamtwirkung des Bildes beiträgt. Blende 10, 4 s, ISO 100, 115 mm, 3,0 ND-Filter von Haida

Motiv »Erotik«

Erotische Fotografie lebt von Andeutungen. Nicht alles sollte offensichtlich sein, damit die Fantasie Raum erhält. Langzeitbelichtungen können hier sehr schöne Ergebnisse bringen: Bewegungen werden schemenhaft angedeutet, die Unschärfe verwischt Bildelemente und lässt das Motiv verträumter und zarter erscheinen. So entsteht der Eindruck von Intimität.

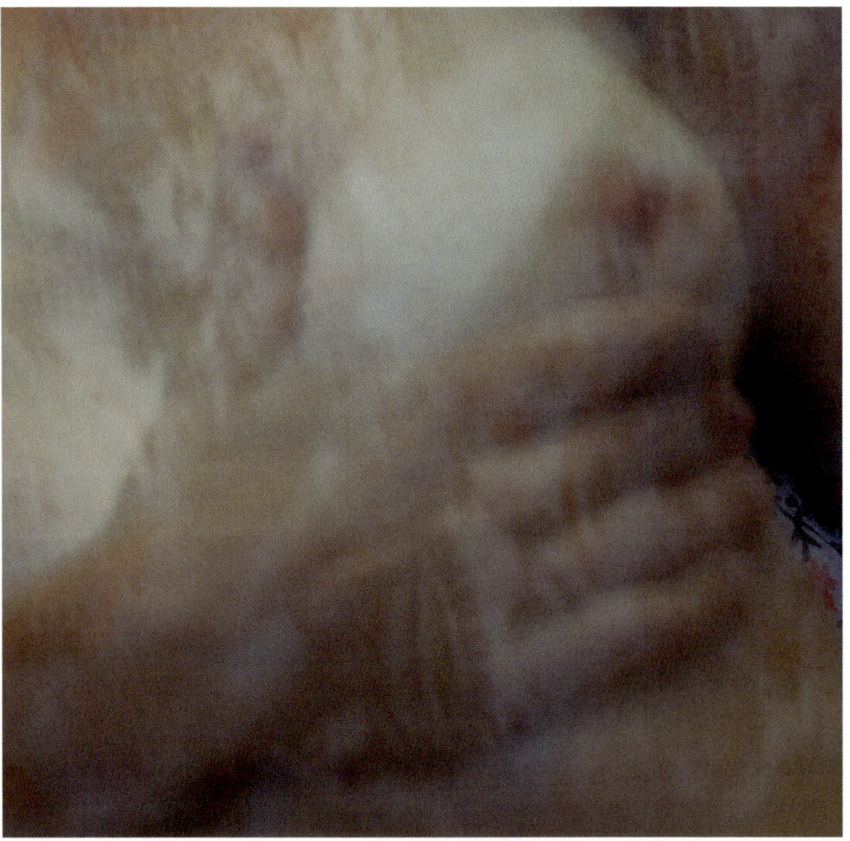

Hier lag zunächst ein Tuch über der Hand und der Brust. Nach etwa der Hälfte der Belichtungszeit wurde es weggezogen, sodass sich das Muster schemenhaft erhalten hat. Blende 5,6, 20 s, ISO 200, 85 mm, 1,8 ND-Filter von Haida

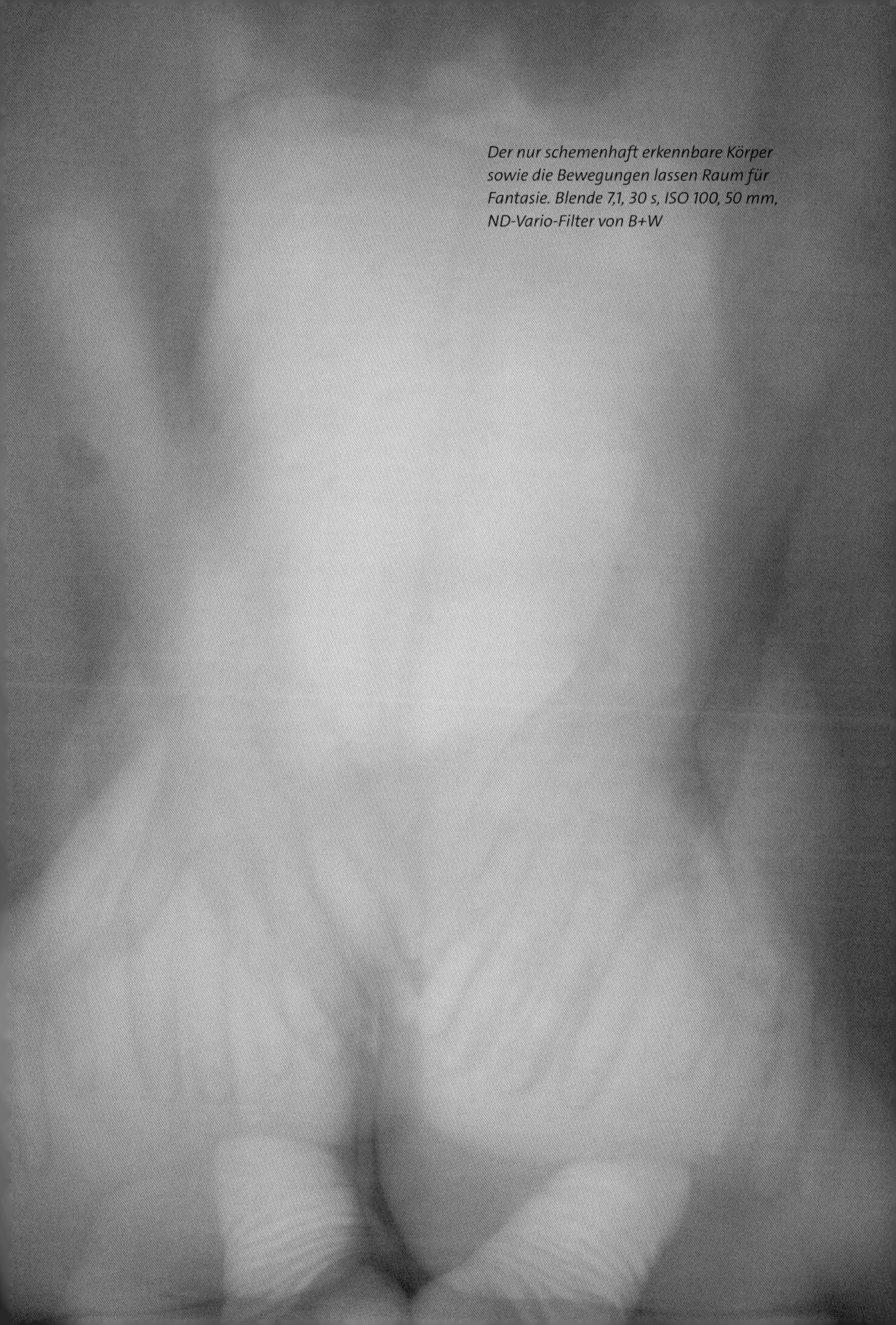

Der nur schemenhaft erkennbare Körper sowie die Bewegungen lassen Raum für Fantasie. Blende 7,1, 30 s, ISO 100, 50 mm, ND-Vario-Filter von B+W

Kreative Spielereien

Üblicherweise fängt eine Langzeitbelichtung eine Bewegung des Motivs ein. Interessante Effekte erreichen Sie aber auch, wenn Sie es einmal umgekehrt probieren: Das Motiv ist statisch, aber die Kamera bewegt sich auf die eine oder andere Weise. Das kann freihändig passieren, ist dann aber schwer berechenbar. Kalkulierbarer werden die Ergebnisse, wenn Sie die Kamera auf dem Stativ bewegen – das geht am einfachsten, wenn Sie einen Dreiwege-Neiger als Stativkopf haben. Damit können Sie die Bewegung auf eine Richtung beschränken. Mit einem Kugelkopf ist das nicht so einfach, da alle Richtungen gleichzeitig frei sind, wenn Sie die Fixierung lösen.

Blick von der Brücke auf ein Gleisbett, Blende 11, 1/100 s, ISO 200, 48 mm

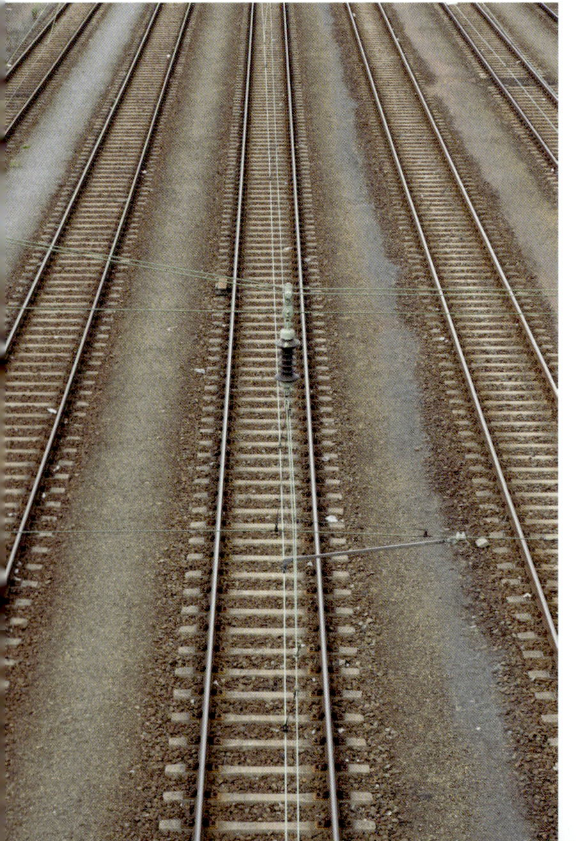

Derselbe Blick, aber die Kamera rutscht auf dem Stativ ein Stück nach unten und dadurch wird eine Bewegungsunschärfe erzeugt. Blende 11, 0,4 s, ISO 100, 48 mm, 0,9 ND-Filter von Haida

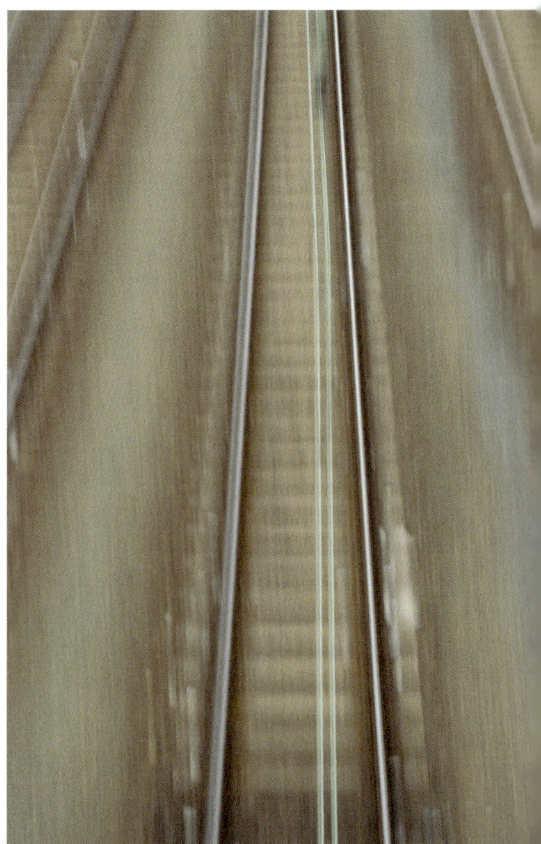

Eine andere Möglichkeit ist es, den Zoomring am Objektiv während der Belichtungszeit zu drehen. Solche Bilder profitieren in der Regel von einem einheitlichen ruhigen Hintergrund. Oder aber Sie stellen Ihr Motiv zunächst scharf und defokussieren während der Belichtung. Experimentieren Sie, machen Sie verschiedene Versuche und lassen Sie sich überraschen, was passiert. Das macht Spaß und Sie bekommen ein Gefühl dafür, was mit Langzeitbelichtungen noch alles möglich ist.

Etwa nach Ablauf der Hälfte der Belichtungszeit habe ich damit begonnen, zu defokussieren. Dadurch entsteht der weichgezeichnete Eindruck. Blende 5,6, 30 s, ISO 200, 85 mm, 1,8 ND-Filter von B+W

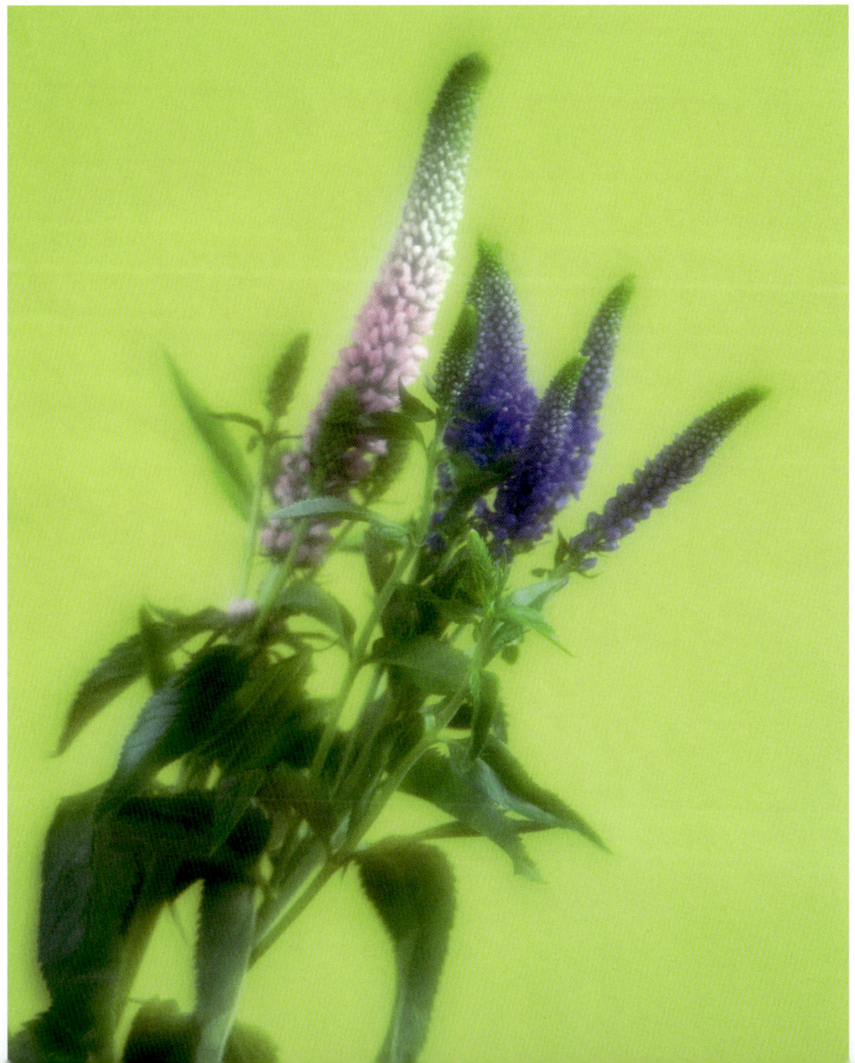

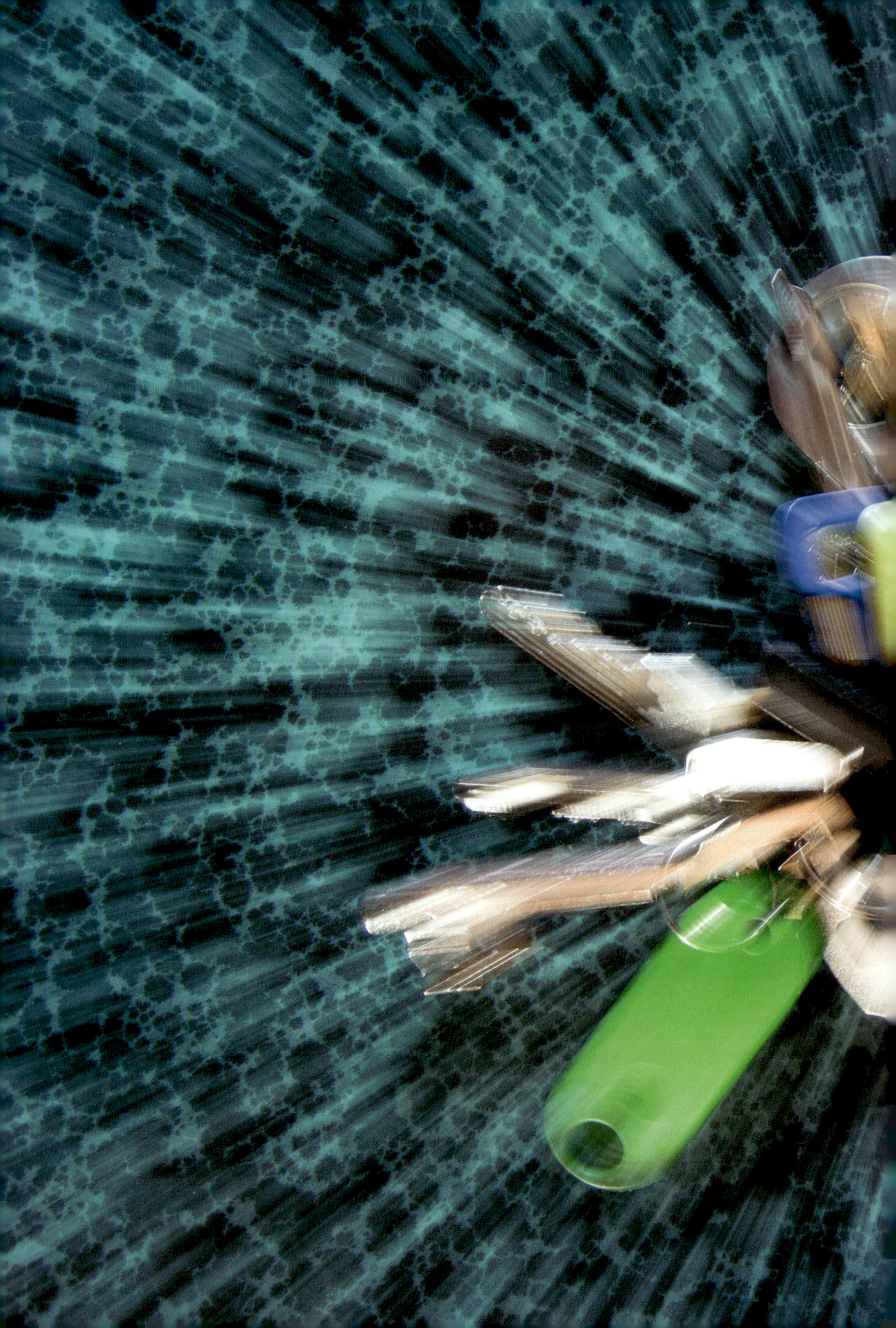

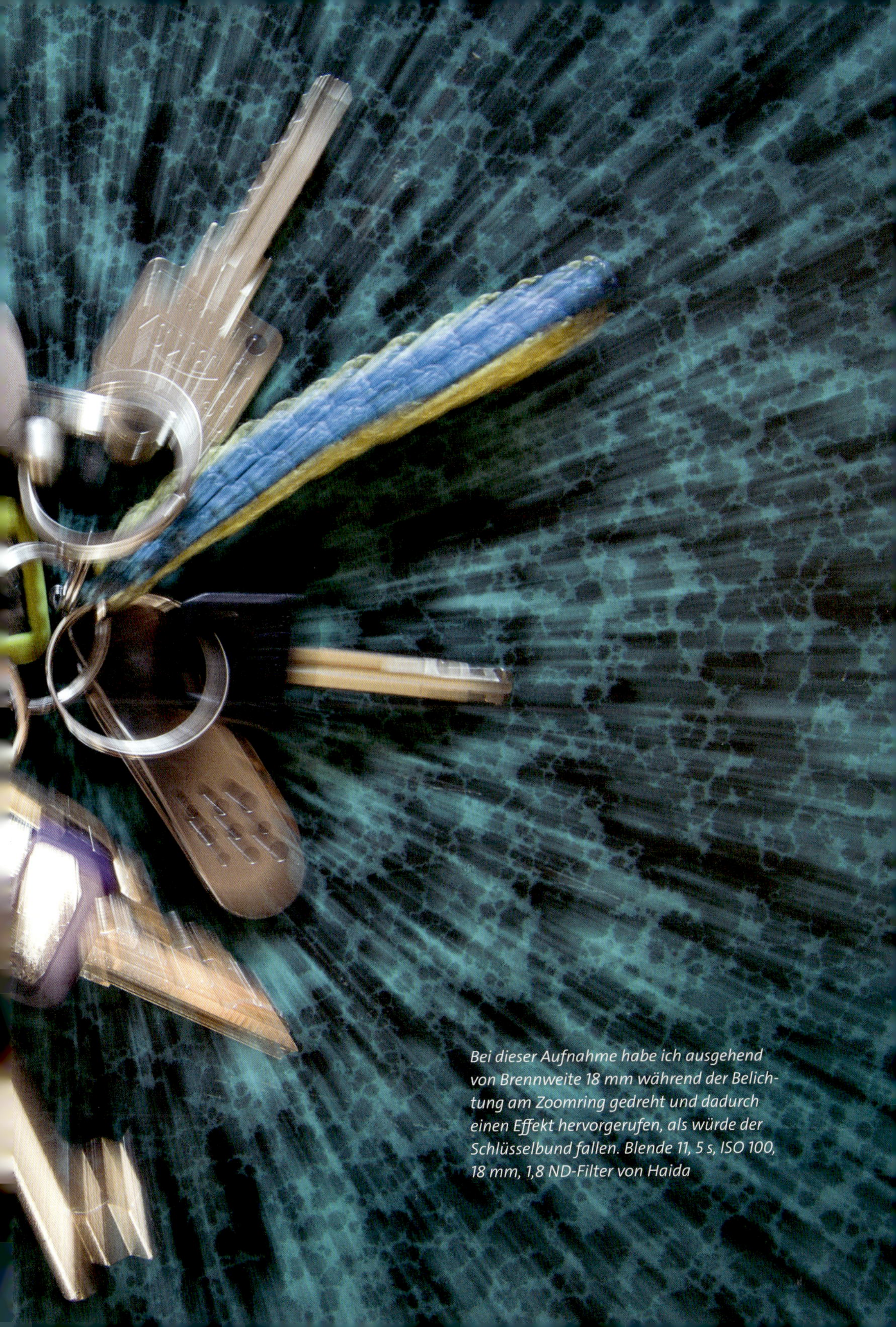

Bei dieser Aufnahme habe ich ausgehend von Brennweite 18 mm während der Belichtung am Zoomring gedreht und dadurch einen Effekt hervorgerufen, als würde der Schlüsselbund fallen. Blende 11, 5 s, ISO 100, 18 mm, 1,8 ND-Filter von Haida

ND-Filter bei großer Helligkeit

Wenn starke Sonneneinstrahlung auf reflektierende Umgebungen trifft, wie es z. B. am Wasser, im Schnee oder an einem hellen Sandstrand der Fall sein kann, dann kommt es vor, dass die kürzeste wählbare Belichtungszeit der Kamera nicht ausreicht, um eine Überbelichtung zu verhindern. Dies kann passieren, wenn Sie in einer solchen Situation mit einer offenen Blende fotografieren möchten, z. B. um Ihr Motiv freizustellen, also den Hintergrund unscharf werden zu lassen. In diesem Fall besteht eine Lösung darin, die Belichtungszeit mithilfe eines moderaten ND-Filters zu verlängern.

Das ist übrigens auch die Methode der Wahl, wenn Sie bei starker Helligkeit einen Aufhellblitz verwenden möchten – z. B. bei einer Gegenlichtaufnahme – und Ihr Blitzgerät keine Highspeed-Synchronisation erlaubt. Auch hier hilft ein Filter, die auf den Sensor fallende Lichtmenge so weit zu reduzieren, bis eine übliche Blitzsynchronisationszeit von 1/200 oder 1/160 Sekunde erreicht ist.

Rechts: Die korrekte Belichtung dieses Bildes hätte theoretisch bei etwa 1/10.000 Sekunde gelegen – einem Wert, den meine Kamera nicht erreicht. Um eine Überbelichtung zu verhindern, habe ich mit einem 0,3 ND-Filter die Zeit auf 1/3200 Sekunde und damit auf einen von der Kamera realisierbaren Wert reduziert. Blende 2,8, 1/3200 s, ISO 200, 75 mm, 0,3 ND-Filter von B+W, Reflektor zur Aufhellung von Gesichtsabschattungen

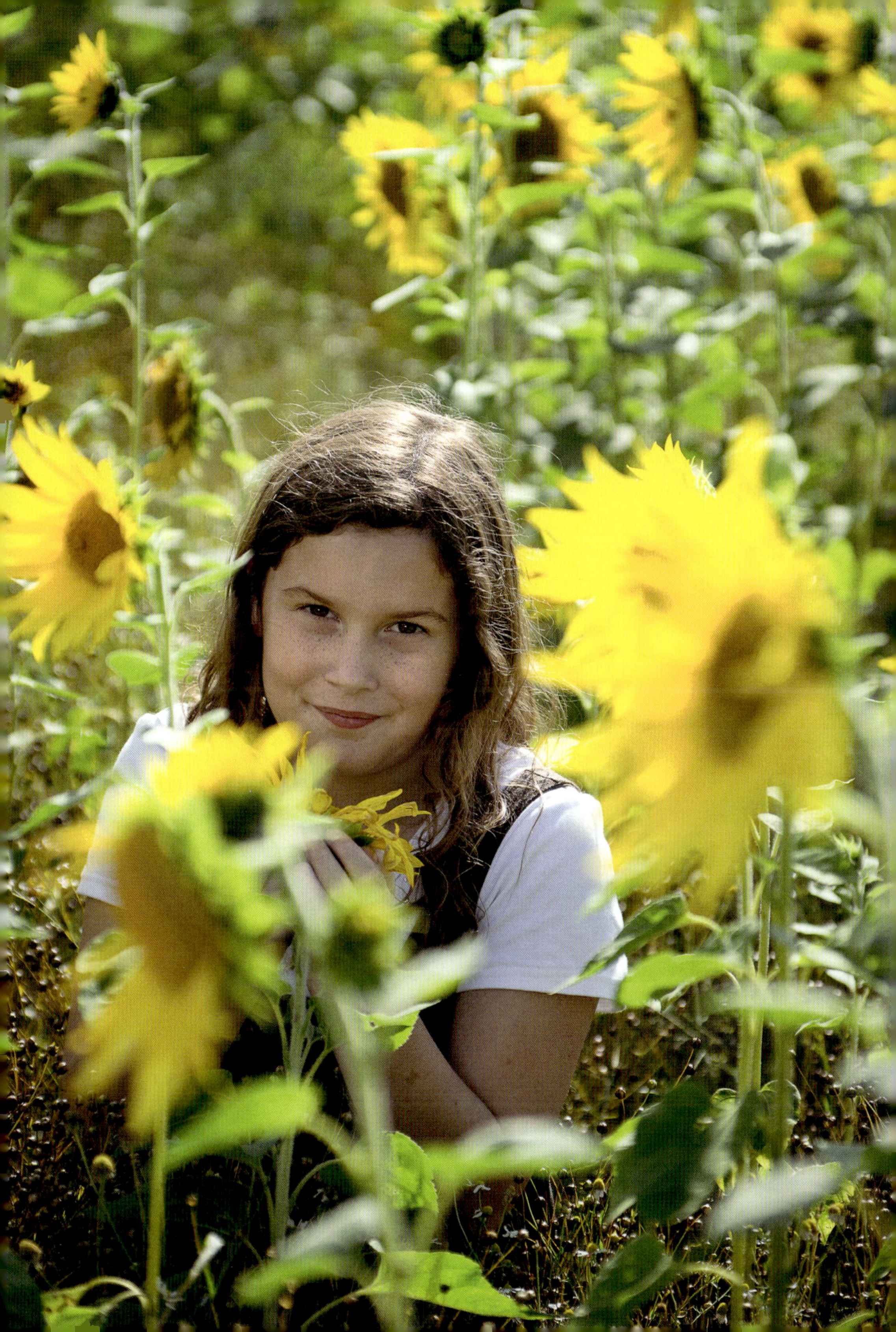

Exkurs: Den richtigen ND-Filter wählen

Die Auswahl an ND-Filtern wirkt schier grenzenlos. Zudem sind die Bezeichnungen von Hersteller zu Hersteller verschieden, was verwirren kann. Welcher Filter für Sie der richtige ist, hängt vom geplanten Einsatzzweck ab.

Schraubfilter oder Steckfilter: Wollen Sie mehrere Filter kombinieren, sind Steckfilter besser geeignet. Das gilt auch, wenn Sie gerne mit Weitwinkel fotografieren, da dort beim Aufschrauben mehrerer Filter Vignettierungen drohen. Möchten Sie das Gewicht der Fototasche gering halten und verwenden Sie in der Regel nur einen Filter auf einmal, sind Schraubfilter eine gute Wahl.

Dichtegrad: Mit »Dichtegrad« ist die Stärke des Filters gemeint. Einige Hersteller haben ND-Filter im Programm, die die Belichtung nur um eine (0,3) oder zwei (0,6) Blendenstufen verlängern. Diese sind vor allem dann sinnvoll, wenn Sie gerne bei starker Helligkeit mit offener Blende arbeiten wollen. Um deutliche Bewegungsunschärfen zu erreichen, benötigen Sie Filter mit höherer Dichte wie ND 1,8 oder ND 3,0. Da sich Filter miteinander kombinieren lassen, ist ein Set von ND 0,6, ND 1,8 und ND 3,0 für sehr viele Einsatzzwecke geeignet. Einzelne Hersteller bieten ND-Filter mit einem Wert bis zu ND 4,8 (Formatt Hitech) oder gar 6,0 (NiSi) an – da man solch extreme Werte aber in der Praxis nur sehr selten braucht, würde ich hier eher eine Kombination von ND 3,0 und ND 1,8 wählen.

Vario-ND-Filter (VLT-Filter): Diese Filter sind eine Besonderheit, denn sie bestehen aus zwei Elementen, die sich gegeneinander verdrehen lassen und dabei die Belichtungszeit um bis zu fünf Blendenstufen verlängern können. Es gibt sie nur als Schraubfilter. Der Vorteil ist, dass sie wenig Platz brauchen, am Objektiv nicht stören und dass kein seitliches Streulicht einfallen kann. Allerdings ist die Qualität sehr unterschiedlich. Einfache Ausführungen verursachen des Öfteren Artefakte wie Vignettierungen, X-Pattern oder Lensflares; teilweise sind die gewählten Einstellungen auch nicht am Filter ablesbar. Hochwertige Vario-Filter (z. B. der ND-Vario-Filter »XS-Pro« von B+W) hingegen sind zwar teuer, aber wirklich empfehlenswert. Sehr flexibel werden Sie, wenn Sie einen Vario-ND-Filter mit einem ND 1,8 kombinieren. Beim B+W-Vario-Filter hat das äußere Filtergewinde einen größeren Durchmesser als das Gewinde, mit dem Sie den Filter auf dem Objektiv aufschrauben. Das beugt Vignettierungen vor – auch dann, wenn Sie einen weiteren Filter aufschrauben.

Marke oder No-Name: No-Name-Filter bekommen Sie für wenige Euro im Internet. Meist sind diese aber minderwertig gefertigt, sodass Sie mit Farbverfälschungen, Artefakten und Unschärfe rechnen müssen. Die Filter von Markenherstellern sind durchgehend besser, allerdings haben unabhängige Tests auch hier Qualitätsunterschiede innerhalb der Produktlinie verschiedener Anbieter festgestellt.

Bezeichnungschaos und Berechnung: Die Hersteller bezeichnen die Dichte (Stärke) der Filter nach unterschiedlichen Gesichtspunkten. Gebräuchlich und in diesem Buch verwendet wird die Neutraldichte (ND) beginnend mit 0,3. Diese entspricht einer Blendenstufe von 1 bzw. einer Verlängerung der Belichtungszeit von 2×, also einer Verdoppelung.

Konzentration ist erforderlich, wenn man die Wirkung von kombinierten Filtern berechnen möchte: Der ND-Wert addiert sich dabei. Das bedeutet, aus einer Kombination von ND 0,6 und ND 3,0 wird ND 3,6. Auch die Blendenstufen werden addiert, d. h. 2 + 10 = 12.

Die Belichtungszeit hingegen wird multipliziert: Bei der eben genannten Kombination kommt man damit auf 4 × 1024, also auf eine um den Faktor 4096 verlängerte Belichtungszeit.

ND	Blendenstufen	Zeit
0,3	1	2×
0,6	2	4×
0,9	3	8×
1,2	4	16×
1,5	5	32×
1,8	6	64×
2,1	7	128×
2,4	8	256×
2,7	9	512×
3,0	10	1024×

Umrechnungsfaktoren bei der Verwendung von ND-Filtern

Praxis »Langzeitbelichtung«

Langzeitbelichtungen – ganz gleich ob bei der Restlicht- oder Nachtfotografie oder beim Einsatz von ND-Filtern bei Tageslicht – erfordern eine umsichtige Herangehensweise. An erster Stelle steht die Vermeidung von ungewollten Bewegungsunschärfen, in diesem Fall Verwackelungen. Zudem muss vermieden werden, dass Streulicht auf den Sensor fällt. Reflexionen auf dem Filter müssen verhindert werden. Schließlich ist die korrekte Fokussierung nicht immer ganz einfach.

Arbeiten mit Stativ

Sobald Sie mit ND-Filtern arbeiten, brauchen Sie ein Stativ. Auch hier müssen Sie die Vor- und Nachteile verschiedener Möglichkeiten abwägen: Ein schweres Stativ hat in der Regel eine höhere Stabilität und ist weniger schwingungsanfällig als eine leichtere Ausführung. Bei Langzeitbelichtungen an windigen Tagen ist das ein wichtiges Argument. Andererseits müssen Sie Ihr Stativ auch über weitere Strecken tragen können.

Ein gangbarer Kompromiss ist es, ein leichtes Karbonstativ zu wählen. Neben dem Gewicht spielt auch das Packmaß eine Rolle: Je mehr Auszüge ein Stativ hat, desto kleiner lässt es sich zusammenstecken – aber es wird auch schwingungsanfälliger. Ungünstig ist deshalb auch, wenn man die Mittelsäule ganz ausziehen muss, um eine akzeptable Arbeitshöhe zu erreichen. Achten Sie darauf, dass es am unteren Ende der Mittelsäule einen Haken gibt, an den man die Fototasche oder einen Sandsack hängen kann, um den Aufbau zu stabilisieren.

Lange Belichtungszeiten realisieren

Wollen Sie Belichtungszeiten von mehr als 30 Sekunden erreichen (mit einem 3,0 ND-Filter geht das schnell), benötigen Sie zudem einen Fernauslöser. Die einfachste Variante ist ein Kabelauslöser für wenige Euro. Diesen können Sie arretieren, während Sie auf einer Uhr mit Sekundenanzeige oder dem Smartphone die Belichtungszeit kontrollieren. Komfortabler, aber teurer, ist ein Fernauslöser mit eingebautem Timer. Schließlich gibt es auch funkgesteuerte Timer und Fernauslöser auf Infrarotbasis.

Ich persönlich ziehe die simple Variante vor, damit ich nicht noch weitere Akkus oder Batterien benötige.

Schutz vor Streulicht und Reflexionen

Bei langen Belichtungszeiten können »undichte Stellen«, die man normalerweise nicht wahrnimmt, zu unerwünschtem Lichteinfall führen. Verwenden Sie deshalb immer die Okularabdeckung, die vom Hersteller zusammen mit der Kamera geliefert wird, oder decken Sie den Sucher anderweitig ab – z. B. mit einem Stückchen Alufolie. Außerdem sollten Sie bei der Verwendung von einem Steckfiltersystem verhindern, dass Sonnenstrahlen zwischen die einzelnen Einschubfilter gelangen. Auch direktes Sonnenlicht auf dem vordersten Filter kann zu Blendenflecken oder anderen Lichtartefakten führen. Normalerweise hilft die Gegenlichtblende, dies zu verhindern. Da diese in Kombination mit Steckfiltern nicht verwendbar ist, sollten Sie versuchen, Ihre Filter anderweitig abzuschatten: mittels eines Schirms oder einer Pappe oder was auch immer Sie zur Hand haben.

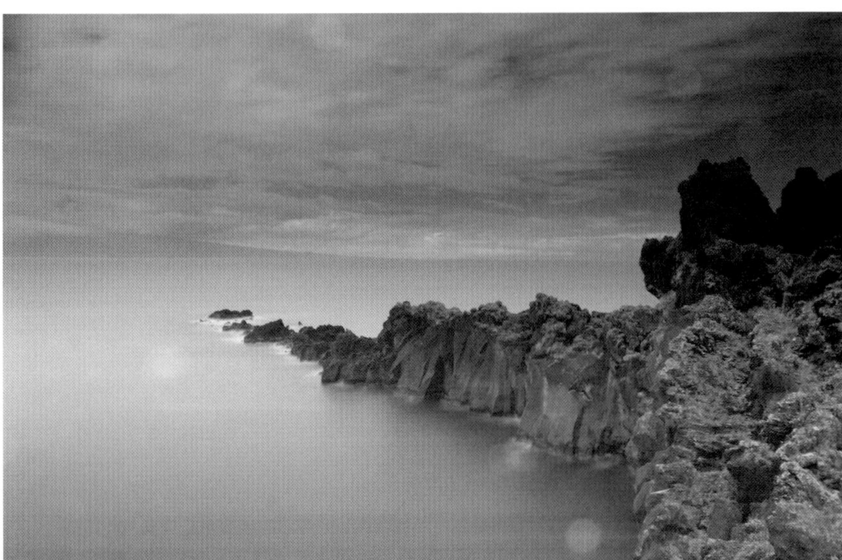

Die auf die Filterscheibe treffenden Sonnenstrahlen haben hier Blendenflecke und eine Farbverschiebung bewirkt. Blende 11, 30 s, ISO 100, 28 mm

Schärfe richtig einstellen

Wenn Sie einen starken ND-Filter verwenden, können Sie beim Blick durch den Sucher nicht mehr erkennen, ob Ihr Motiv richtig scharf gestellt ist, und auch die kamerainterne Fokusautomatik ist überfordert. Deshalb sollten Sie zuerst alle Einstellungen vornehmen (und vielleicht sogar ein Probebild schießen), bevor Sie den ND-Filter vorsetzen.

Filter kombinieren

Wenn Sie ND-Filter mit weiteren Filtern kombinieren wollen, sollten Sie den ND-Filter immer als letzten aufstecken oder -schrauben, damit Sie den Effekt eines Polfilters oder Verlaufsfilters noch kontrollieren können, bevor das Sucherbild zu dunkel dafür wird.

Auf die Umgebung achten

Bei Langzeitbelichtungen müssen Sie vorausschauend sein. Beobachten Sie die Umgebung genau, bevor Sie auslösen. Denn es könnte sonst passieren, dass während der Belichtung Menschen, Autos oder andere Objekte in Ihr Bild eindringen und dort schemenhaft zu erkennen sind. Prüfen Sie auch, ob mit Erschütterungen durch vorbeifahrende Autos während der Belichtungszeit zu rechnen ist, die zu Verwackelungen führen könnten. Das ist insbesondere dann ein Problem, wenn Sie mit Ihrem Stativ auf einer Brücke stehen. Auch eine heftige Windböe kann die Aufnahme verderben. Mir ist es auch schon passiert, dass mich bei einer Langzeitbelichtung am Meer eine Welle erwischt hat, die ich nicht vorausgesehen habe.

Rechts: Bei dieser Langzeitbelichtung haben sich Passanten ins Bild bewegt, was Sie an den Schemen links erkennen. Das hätte ich voraussehen können, wenn ich die Umgebung besser beobachtet hätte. Blende 11, 49 s, ISO 100, 48 mm, 3,0 + 0,9 ND-Filter von B+W

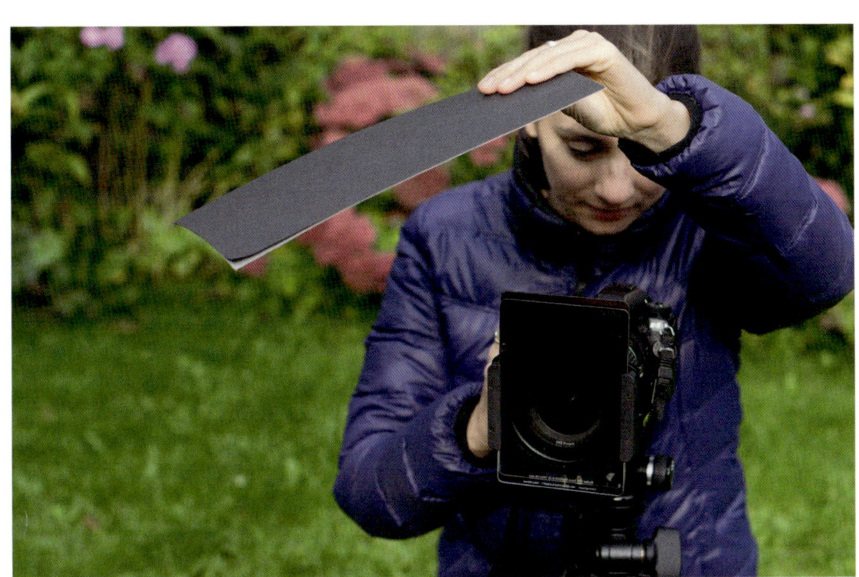

Hier schirmt die Fotografin unerwünschte Sonneneinstrahlung mit zwei leichten Pappen ab.

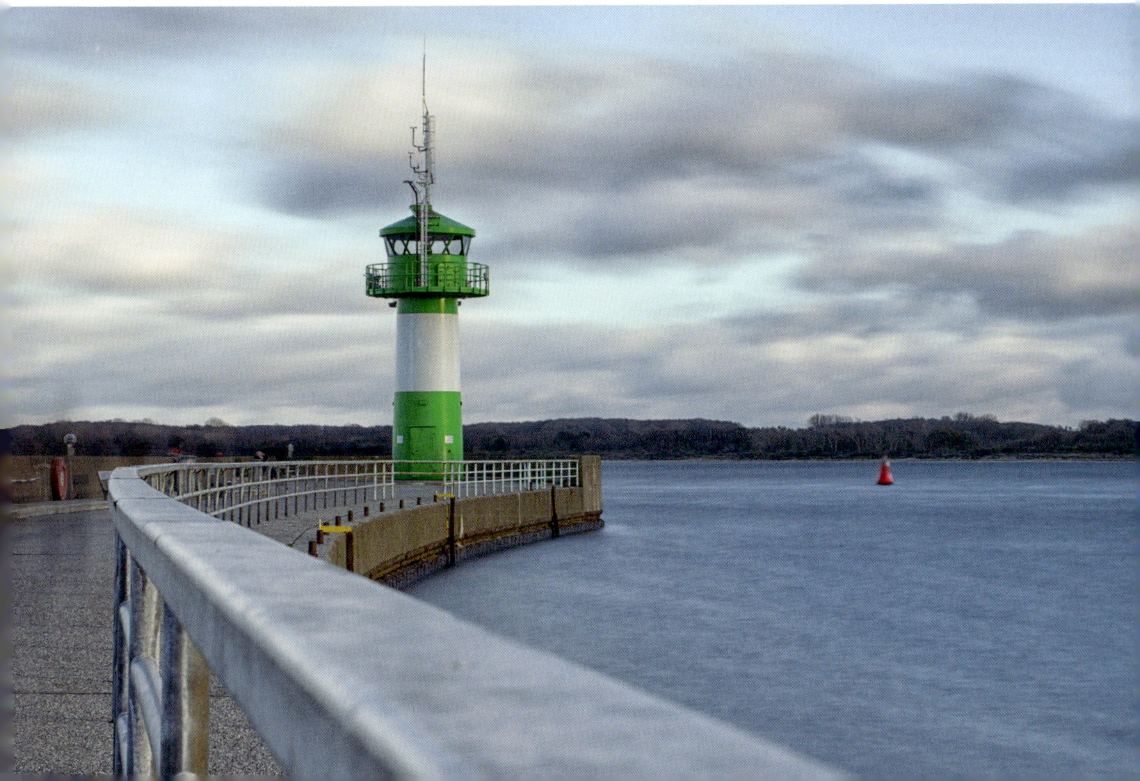

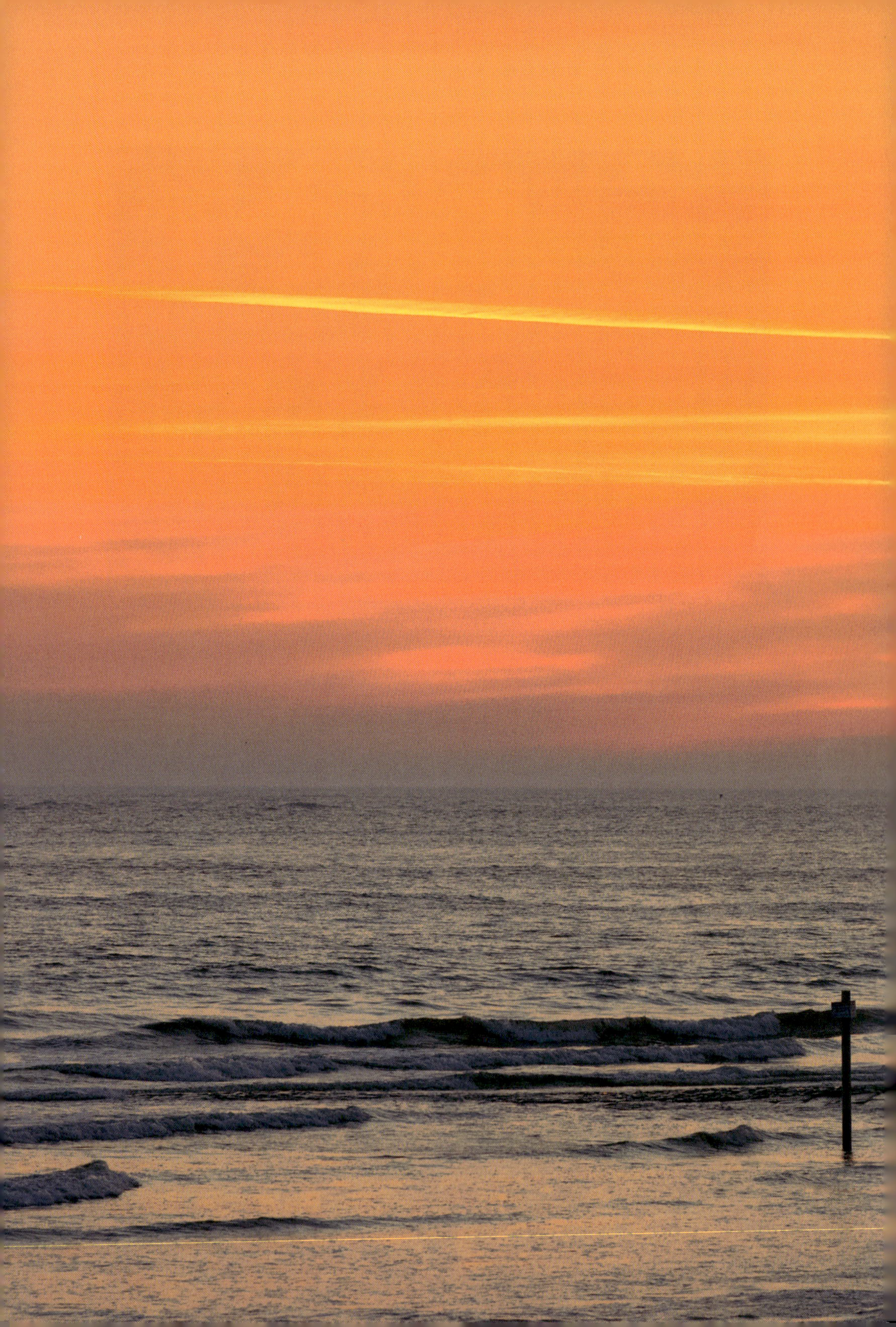

Kapitel 4

Grauverlaufsfilter

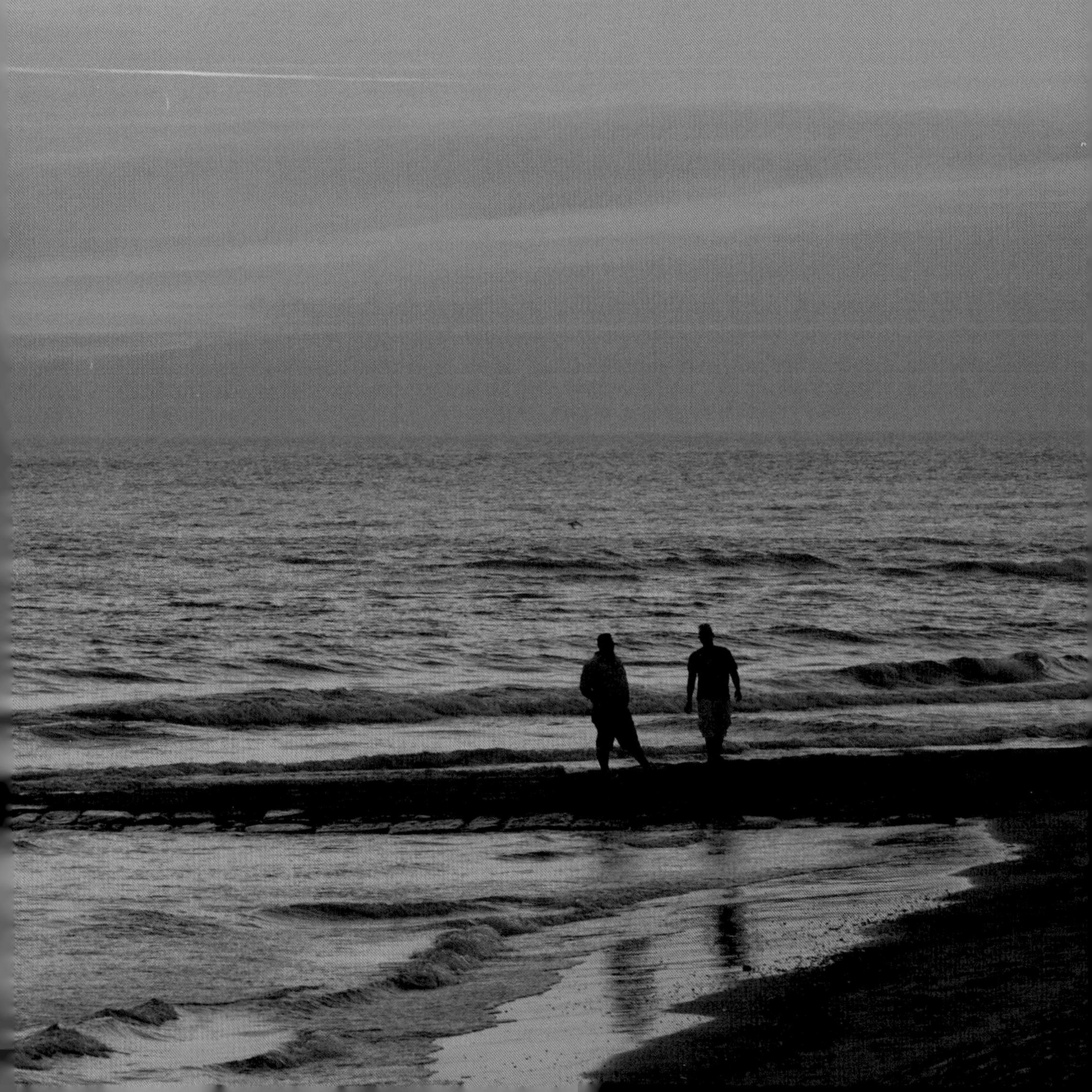

Warum Grauverlaufsfilter verwenden?

Ein Grauverlaufsfilter (auch GND-Filter oder kurz Verlaufsfilter genannt) dient dazu, die Helligkeit in bestimmten Bildbereichen zu regulieren. Besonders oft kommt dieser Filtertyp bei Landschaftsfotos zum Einsatz. Ist beispielsweise der Himmel sehr hell und der Vordergrund eher dunkel, lassen sich die Helligkeitswerte mithilfe des Filters angleichen. So können Sie verhindern, dass der helle Himmel »ausfrisst« oder dunkle Partien im Bild »absaufen«.

Anders als Polfilter und ND-Filter lässt sich der Verlaufsfilter jedoch später noch bei der Bildbearbeitung simulieren. Digitale Verlaufsfilter können bedarfsgerecht und präzise eingesetzt werden und verursachen zudem keine verlängerten Belichtungszeiten. Warum also überhaupt in teure Glasscheiben investieren?

Ein guter Kamerasensor bewältigt einen Dynamikumfang von etwa 12 bis 14 Blendenstufen. Manch ein Motiv hat einen noch höheren Kontrast. Dann bleibt Ihnen nur die Wahl, die hellen Bildbereiche so zu belichten, dass noch Zeichnung erhalten bleibt. Die dunklen Bereiche sind dann aber zwangsläufig stark unterbelichtet. Bei der Bildbearbeitung können Sie zwar die »Tiefen« hochziehen – das geht aber zulasten der Bildqualität: Die Farben erscheinen weniger brillant und es kann zu einem Rauschen kommen. Bei der Verwendung eines optischen Verlaufsfilters reduzieren Sie den Kontrastumfang bereits während der Aufnahme, belichten also alle Bildbereiche korrekt, und können auch schon vor Ort das Ergebnis kontrollieren. Bei der späteren Nachbearbeitung bleiben Ihnen dann mehr »Reserven« und Sie vermeiden die Entstehung von Artefakten.

Allerdings funktioniert das nur, wenn das Motiv einen nachvollziehbaren Helligkeitsverlauf aufweist. Dort, wo sehr helle und sehr dunkle Bereiche über das ganze Bild verteilt sind, kommt man mit einem analogen Filter nicht weiter. Hier bleibt die partielle Nachbearbeitung mit dem »Pinsel« oder einem anderen digitalen Werkszeug das Mittel der Wahl.

Vorige Doppelseite: Um den Sonnenuntergang ins rechte Licht zu rücken, kam hier ein Hard-Verlaufsfilter ins Spiel, der die Himmelsfärbung kräftiger erscheinen lässt. Die Aufnahme wurde zudem leicht unterbelichtet.
Blende 7,1, 1/100 s, ISO 800, 95 mm, 0,9 ND-Verlaufsfilter (hard) von Hitech

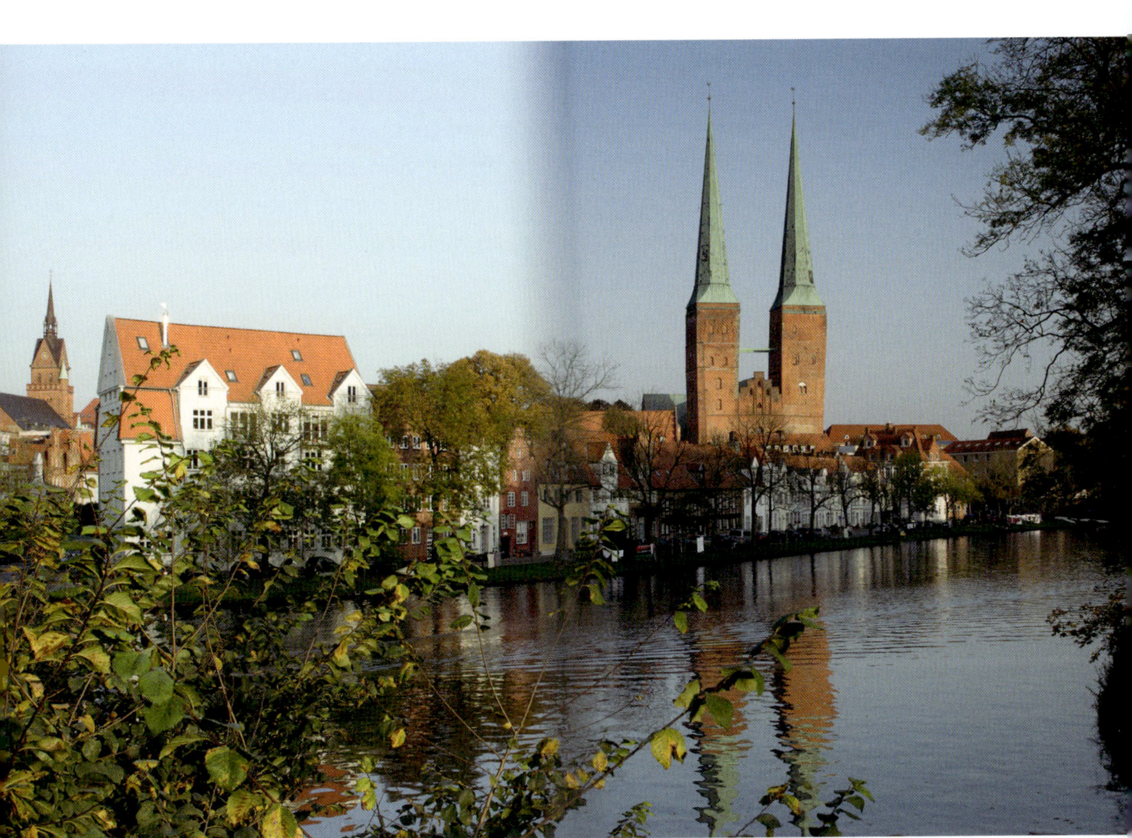

Hier erkennt man deutlich, dass der Verlaufsfilter im Himmel für eine kräftige Abdunkelung sorgt. Im unteren Bereich des Bildes aber ist seine Wirkung kaum zu erkennen. Blende 9, 1/50 s, ISO 200, 23 mm, 0,9 ND-Verlaufsfilter (soft) von Rollei

Der helle Himmel

Ein klassisches Einsatzgebiet für Verlaufsfilter ist ein Himmel, der im Vergleich zum sonstigen Motiv sehr hell erscheint. Insbesondere wenn es diesig ist, wirkt der Himmel oft langweilig und trist.

Aber auch ein bewölkter Himmel profitiert vom Einsatz eines Verlaufsfilters, der die Wolkenstrukturen dramatischer hervortreten lässt. In einem solchen Fall wird der Filter parallel zum Horizont eingeschoben.

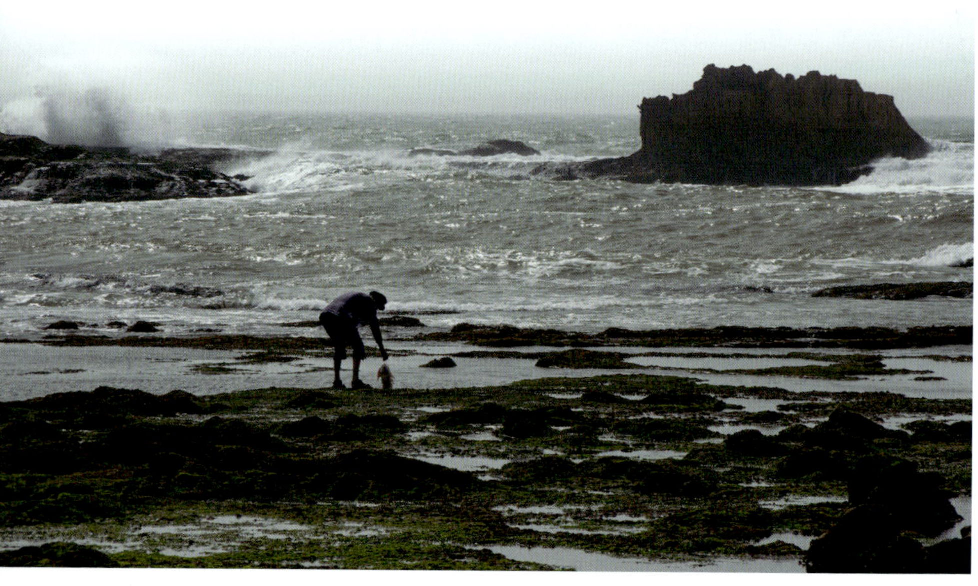

Ein typischer leicht dunstiger Himmel am Meer. Das Bild wirkt kraftlos.
Blende 9, 1/500 s, ISO 200, 135 mm

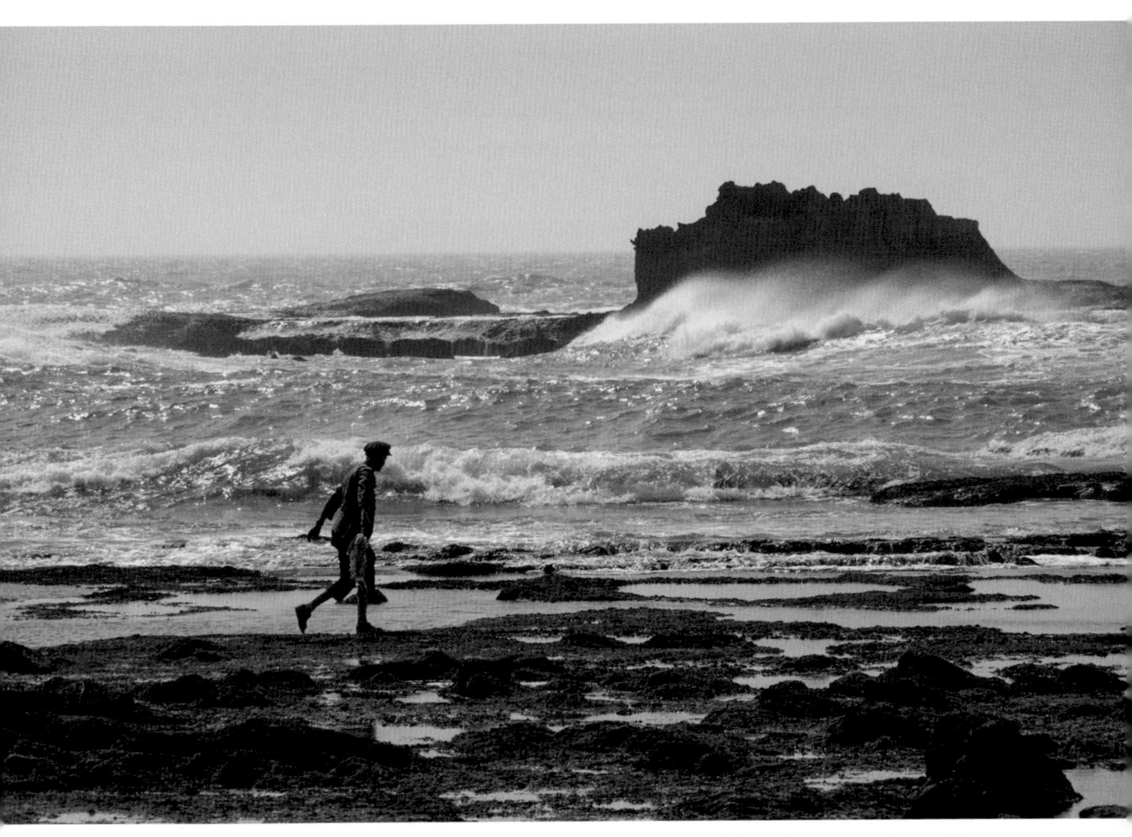

Durch den Einsatz eines Verlaufsfilters läuft der Himmel jetzt nicht weiß aus, sondern sieht so aus, wie das Auge ihn in der Situation auch empfunden hat: leicht grau und diffus-diesig. Blende 9, 1/500 s, ISO 200, 135 mm, 0,6 ND-Verlaufsfilter (soft) von Rollei

Schräg oder vertikal filtern

In der Landschaftsfotografie kommt der Verlaufsfilter sehr häufig horizontal zum Einsatz, da oft ein zu heller Himmel abgedunkelt werden soll. Aber das ist keinesfalls ein Gesetz; und es gibt nicht wenige Situationen, in denen ein schräg oder gar vertikal in den Halter gesetzter Filter gute Effekte bringt. Deshalb sollten Sie immer die vorgefundene Situation analysieren, bevor Sie einen Verlaufsfilter verwenden.

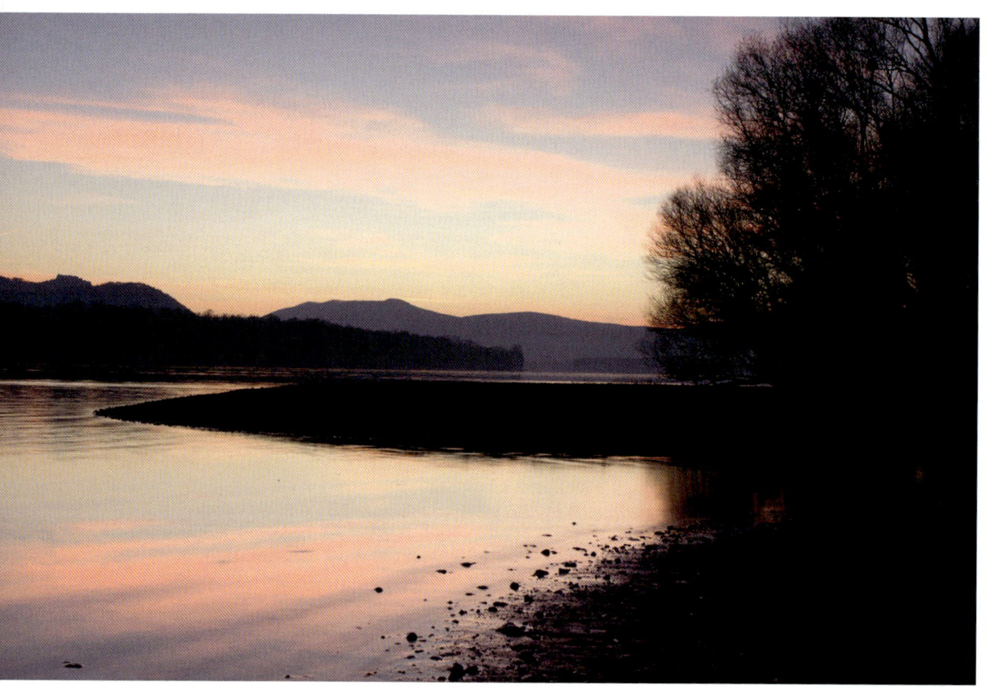

Sonnenuntergang an der Donau. Wenn die kräftigen Himmelsfarben einigermaßen zum Ausdruck kommen sollen, wird die rechte Bildhälfte ziemlich dunkel, sodass kaum noch Zeichnung erkennbar ist. Blende 8, 0,5 s, ISO 100, 31 mm

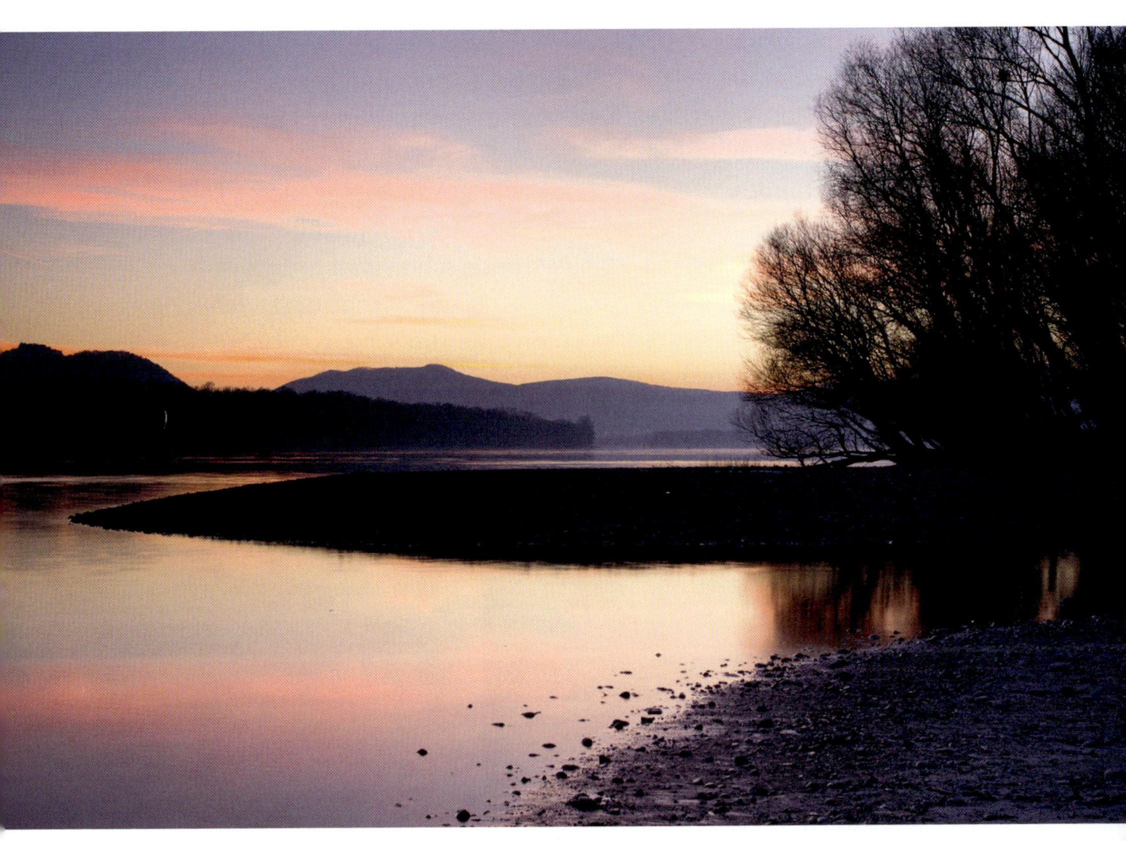

Hier wurde ein Verlaufsfilter vertikal bzw. leicht schräg entlang dem Baumbewuchs und dem vorderen Uferbereich eingesetzt, sodass die linke Bildhälfte dunkler geraten ist und die Uferpartie im rechten Bildbereich noch erkennbare Zeichnung aufweist. Blende 8, 2,5 s, ISO 100, 31 mm, 0,6 ND-Verlaufsfilter (soft) von Lensinghouse

In der Stadt

Stadtansichten mit hellem oder gar weißem Himmel können schnell unattraktiv wirken. Der Verlaufsfilter kann dazu beitragen, Ihre Stadtfotos eindrucksvoller wirken zu lassen, indem Sie den Himmel um zwei bis drei Blendenstufen abdunkeln. Der Einsatz des Verlaufsfilters kann auch in der blauen Stunde vorteilhaft sein. Vor allem zu Beginn dieses kurzen Zeitraums sorgt ein über den Himmel gelegter Verlaufsfilter für einen brillanteren Bildeindruck. Ist die Blaue Stunde schon weit fortgeschritten und drohen Lichter auszubrennen, kann die umgekehrte Verwendung helfen: Probieren Sie es einmal aus, den Filter über die von Lichtern erhellten unteren Bildbereiche laufen zu lassen.

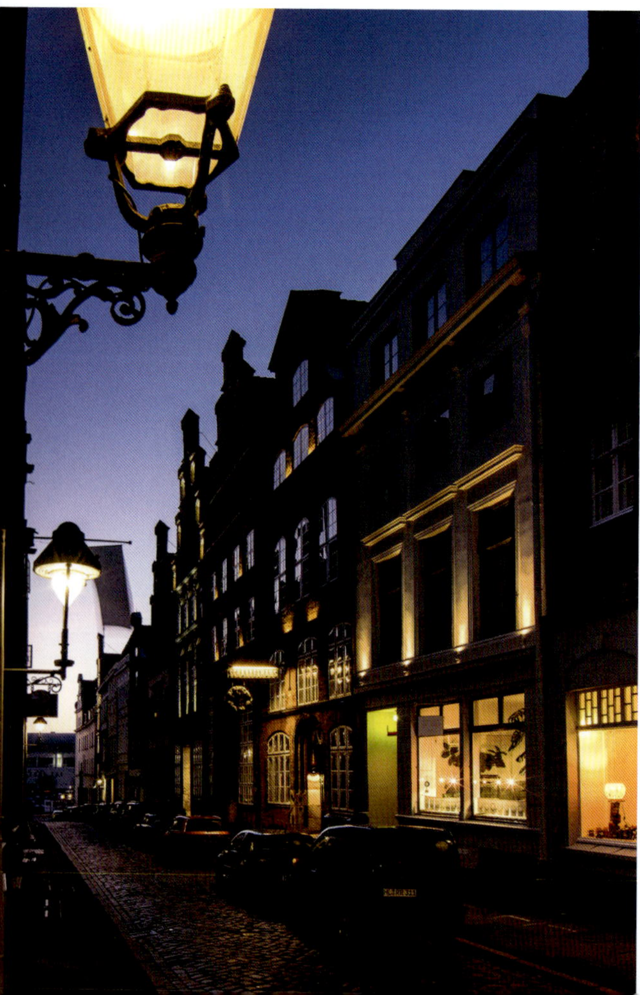

Bei diesem Foto drohte die Laterne oben links zu überstrahlen. Andererseits wirkte der Himmel immer noch recht hell. Die Lösung: Ich habe einen Verlaufsfilter diagonal von links oben angesetzt über das Bild gezogen. Zwar erscheinen so auch die oberen Etagen der Häuserfronten dunkler, dies wirkt aber natürlich, da die Straßenbeleuchtung ja weiter unten angebracht ist. Blende 11, 5 s, ISO 100, 18 mm, 0,9 ND-Verlaufsfilter (soft) von Hitech

Auch starke Kontrastunterschiede zwischen Motiven in einer Straßenflucht, die teils in der Sonne und teils im Schatten liegen, können manchmal gut mithilfe eines Verlaufsfilters ausgeglichen werden. Auch hier wird der Filter eher schräg oder vertikal vorgesetzt.

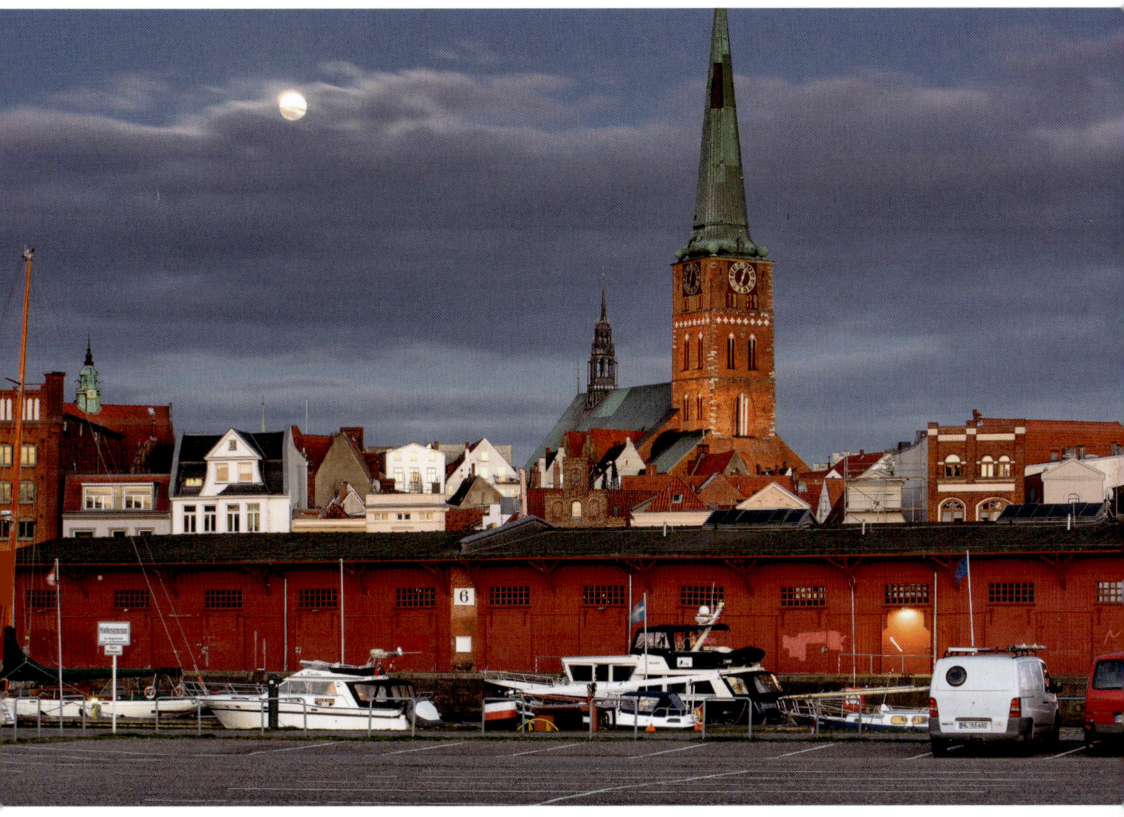

Mit einem leichten Grauverlaufsfilter wirkt der Himmel dramatischer. Blende 10, 6 s, ISO 100, 58 mm, 0,9 ND-Verlaufsfilter (soft) von Hitech

Motiv »Wasser und Himmel«

Ein klassischer Einsatzbereich für einen Verlaufsfilter mit ND 0,6 oder 0,9 sind Fotos, auf denen Wasser und Himmel zu sehen sind. Denn fast immer erscheint der Himmel heller. Dabei handelt es sich meist nur um wenige Blendenstufen, die mit einem leichten Verlaufsfilter angeglichen werden können. Achten Sie dabei darauf, dass die Wasserfläche nicht zu hell wird: Wenn sie heller erscheint als der sich darin spiegelnde Himmel, wirkt das Bild schnell unnatürlich – Meeresgischt ausgenommen.

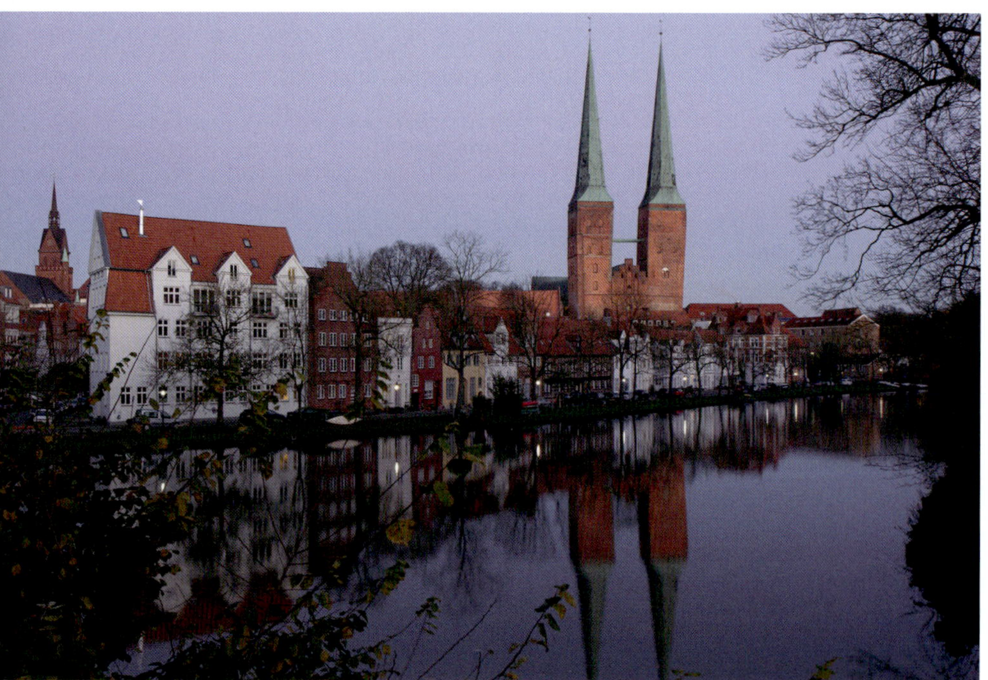

Blaue Stunde in Lübeck. Die Trave erscheint ziemlich düster. Blende 10, 2 s, ISO 100, 26 mm

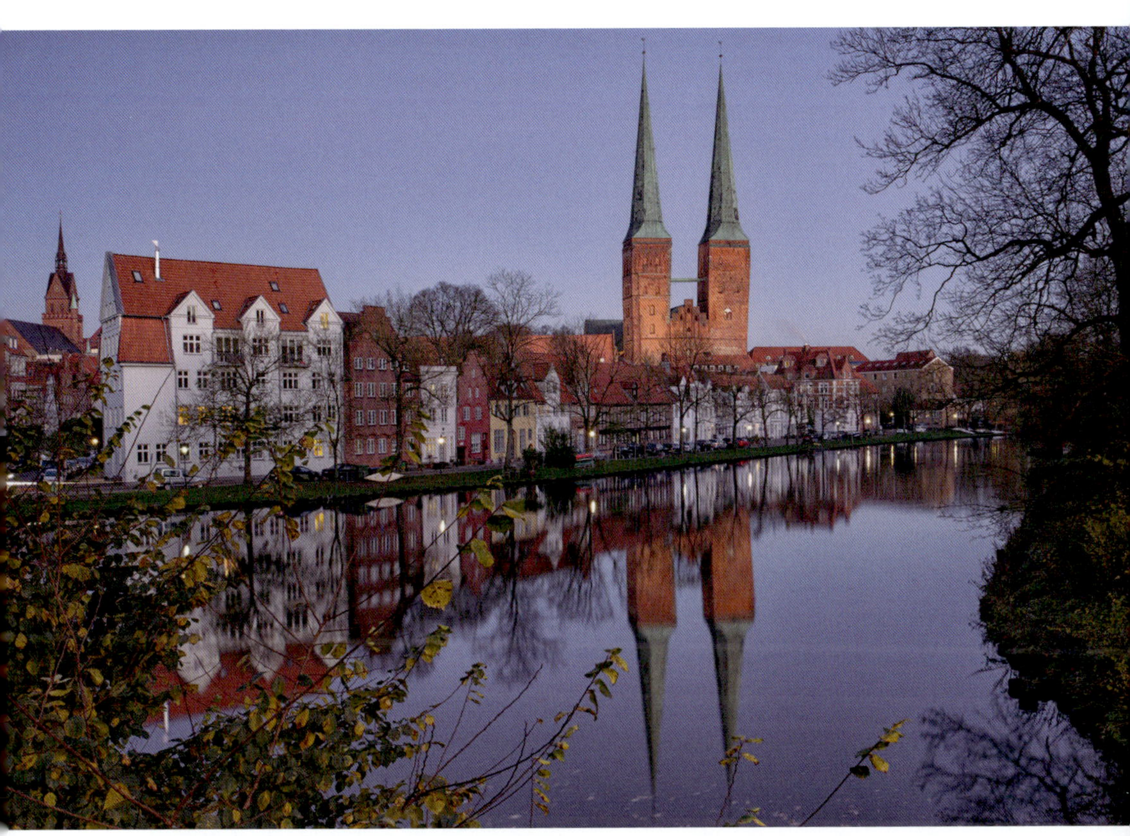

Hier wurde ein Verlaufsfilter eingesetzt. So hat die Spiegelung auf dem Wasser fast dieselbe Farbigkeit und Helligkeit wie die Häuserreihe und der Dom. Das Bild wirkt dadurch harmonischer und brillanter. Blende 10, 10 s, ISO 100, 23 mm, 0,9 ND-Verlaufsfilter (soft) von Rollei

Tiefstehende Sonne

Wenn die Sonne untergeht, befindet sich der hellste Bildbereich in der Regel nicht am oberen Bildrand Ihres Fotos, sondern verläuft oft im oberen Drittel oder in der Mitte. Der Himmel wird dann nach oben hin oft schon wieder dunkler. In einer solchen Situation kann ein Reverse-Verlaufsfilter optimal zum Einsatz kommen. Reverse-Verlaufsfilter sind deshalb in der Landschaftsfotografie beliebt, machen aber auch in der Stadt einen guten Job.

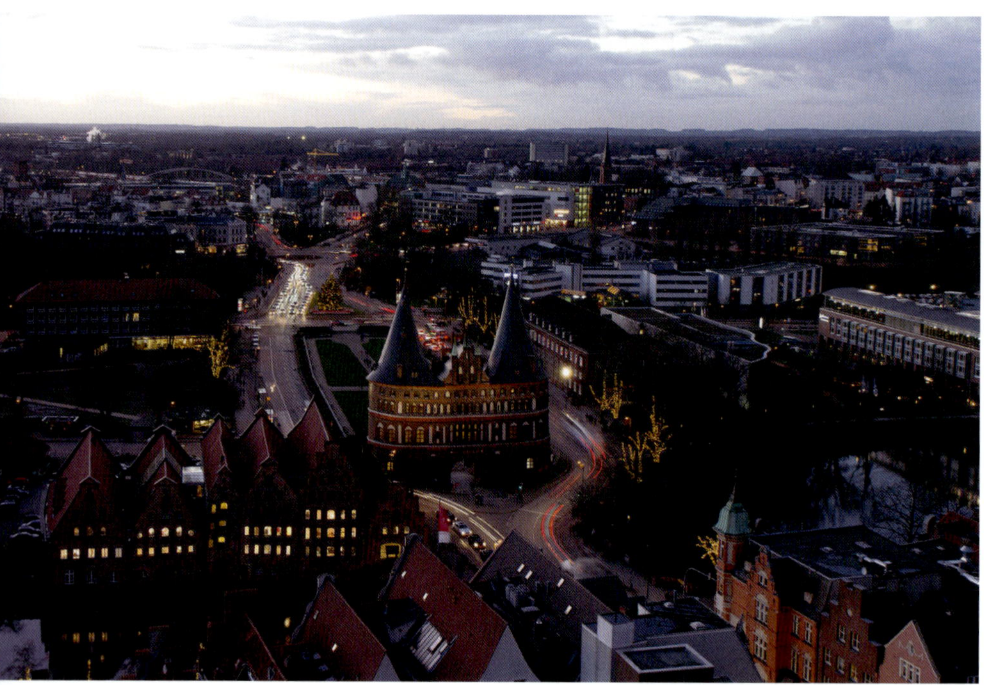

Spätnachmittag in der vorweihnachtlichen Hansestadt Lübeck. Der Blick geht Richtung Westen, und so ist der Himmel ziemlich hell und entsprechend farblos – für die erwünschte Dämmerlicht-Stimmung des Bildes ist das ungünstig. Hätte ich abgeblendet, wäre der Vordergrund zu dunkel. Außerdem wäre der Bereich über der Horizontlinie immer noch zu hell gewesen. Blende 10, 2 s, ISO 100, 28 mm

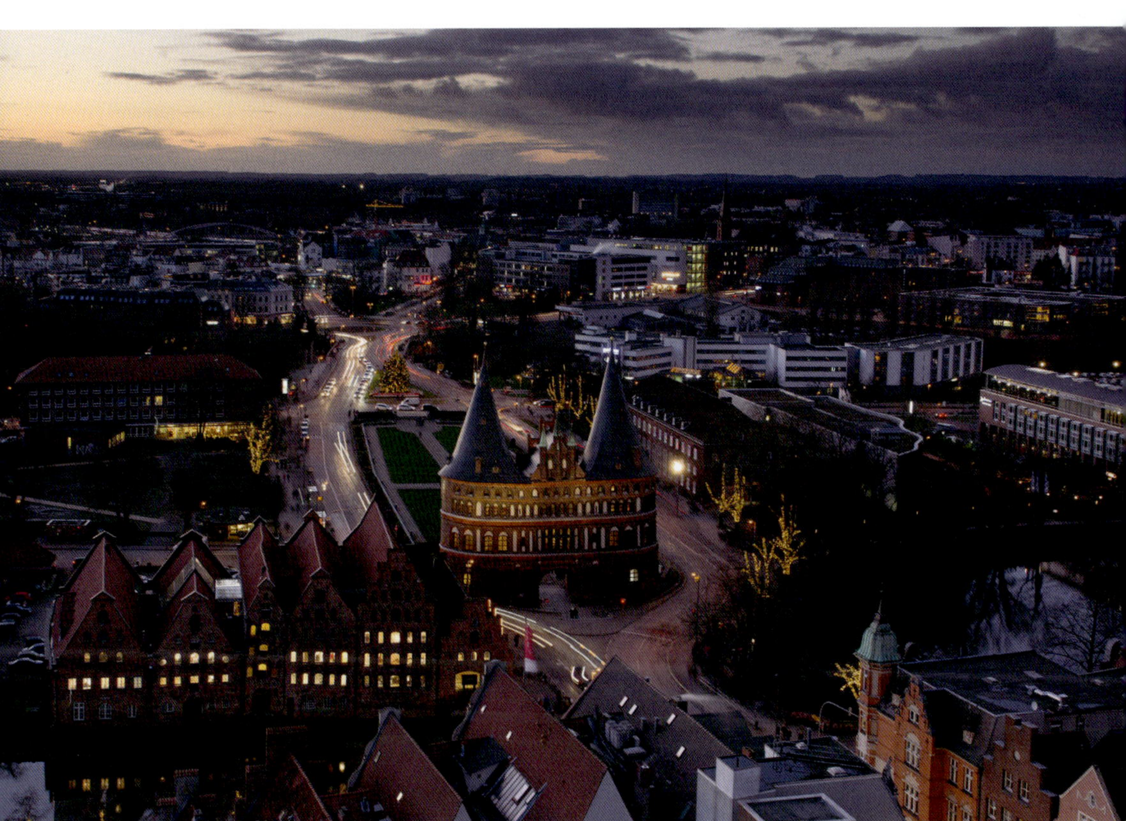

Ein Reverse-Verlaufsfilter dunkelt den Himmel an der Horizontlinie ab, wo er am hellsten erscheint. Das Bild ist stimmungsvoller, da die Himmelsfärbung nun kräftiger wirkt. Bei diesem Motiv hätte auch ein Hard-Verlaufsfilter ein gutes Ergebnis gebracht, da nur ein kleiner Teil des Himmels zu sehen ist. Blende 10, 2,5 s, ISO 100, 28 mm, 0,9 ND-Verlaufsfilter (reverse) von Rollei

Exkurs: Welche Grauverlaufsfilter eignen sich in der Praxis

Steck- oder Schraubfilter? Während bei Polfiltern und ND-Filtern Schraub- und Stecksysteme gleichermaßen sinnvoll zum Einsatz kommen können, ist die Verwendung von Verlaufsfiltern zum Einschrauben unbefriedigend, denn diese erlauben keinen flexiblen Einsatz des Verlaufs. Vielmehr ist dieser bei Schraubfiltern immer mittig angeordnet. Hier bietet ein Steckfiltersystem viel mehr Variationsmöglichkeiten. In etlichen Situationen können Sie auch einen losen Filter einfach so vor das Objektiv halten. Für den Anfang kann dies eine kostensparende Lösung sein.

Filtermaße? Schraubfilter müssen immer passend zum Filtergewinde am Objektiv gekauft bzw. mit einem Adapter passend gemacht werden. Bei den modernen Steckfiltersystemen konkurrieren seit Kurzem mehrere Markenhersteller hart um die Gunst der engagierten Fotografenschaft. Immerhin gibt es Standardmaße, sodass Steckfilter und Halter von verschiedenen Herstellern miteinander kombiniert genutzt werden können. Gängige Maße sind Filterscheiben mit einer Breite von 84, 100 oder 150 mm. In den meisten Fällen sind 100 mm ausreichend.

Welcher Verlauf passt wann? Unterschieden werden Filter mit weichem oder harten Verlauf sowie Reverse-Verlaufsfilter. Als Faustregel kann man sagen: Gibt es im Motiv eine recht klare Linie, wie z. B. den Horizont, an der entlang man filtern möchte, ist ein Hard-Verlaufsfilter die richtige Wahl. Je ungleichmäßiger die Filterlinie ist bzw. je mehr Bildelemente sie durchschneidet, desto geeigneter ist ein Soft-Verlaufsfilter. Der Reverse-Verlaufsfilter kommt zum Einsatz, wenn der hellste Bereich sich in der Bildmitte befindet, z. B. bei einem Sonnenuntergang. Verlaufsfilter kann man miteinander kombinieren und so z. B. eine horizontale und eine diagonale Filterlinie in einem Motiv gleichzeitig anlegen.

Blende und Brennweite? Unterschätzen Sie aber auch nicht den Effekt der gewählten Blende bzw. Brennweite auf den Filterverlauf. Ist die Blende weit geöffnet bzw. die Brennweite lang oder ist sogar beides zusammen gegeben, wirkt ein harter Verlaufsfilter weicher. Ein weicher Verlauf ist in einem solchen Fall kaum noch als Effekt zu erkennen. Am besten probieren Sie das einmal aus, indem Sie mit aufgesetztem Filter und verschiedenen Brennweiten bzw. Blendeneinstellungen eine einfarbige Fläche fotografieren (z. B. eine Wand).

Welcher Dichtegrad? Die meisten Hersteller bieten Verlaufsfilter mit einer Neutraldichte von 0,3, 0,6, 0,9 und 1,2 an. Noch stärkere Filter werden selten gebraucht, denn Sie können deren Effekt durch eine Kombination mehrerer Filterscheiben erreichen. Ich verwende ND 0,6 und ND 0,9 am häufigsten; die damit zu erreichenden Effekte wirken immer sehr natürlich. Gerade in der Landschaftsfotografie sind aber auch extremere Filter beliebt.

Verlaufsfilter (soft) mit einem weichen Verlauf von der Mitte zum Rand

Verlaufsfilter (hard) mit hartem Verlauf

Verlaufsfilter (reverse): Hier ist die Horizontlinie am stärksten abgedunkelt und das Bild wird zum Rand hin wieder heller.

Grafiken: Rollei

Bei diesem Motiv wurde ein Soft-Verlaufsfilter eingesetzt, damit der Mond nicht »ausbrennt« und noch Zeichnung hat. Blende 11, 2,5 s, ISO 100, 123 mm, 0,9 ND-Verlaufsfilter (soft) von Hitech

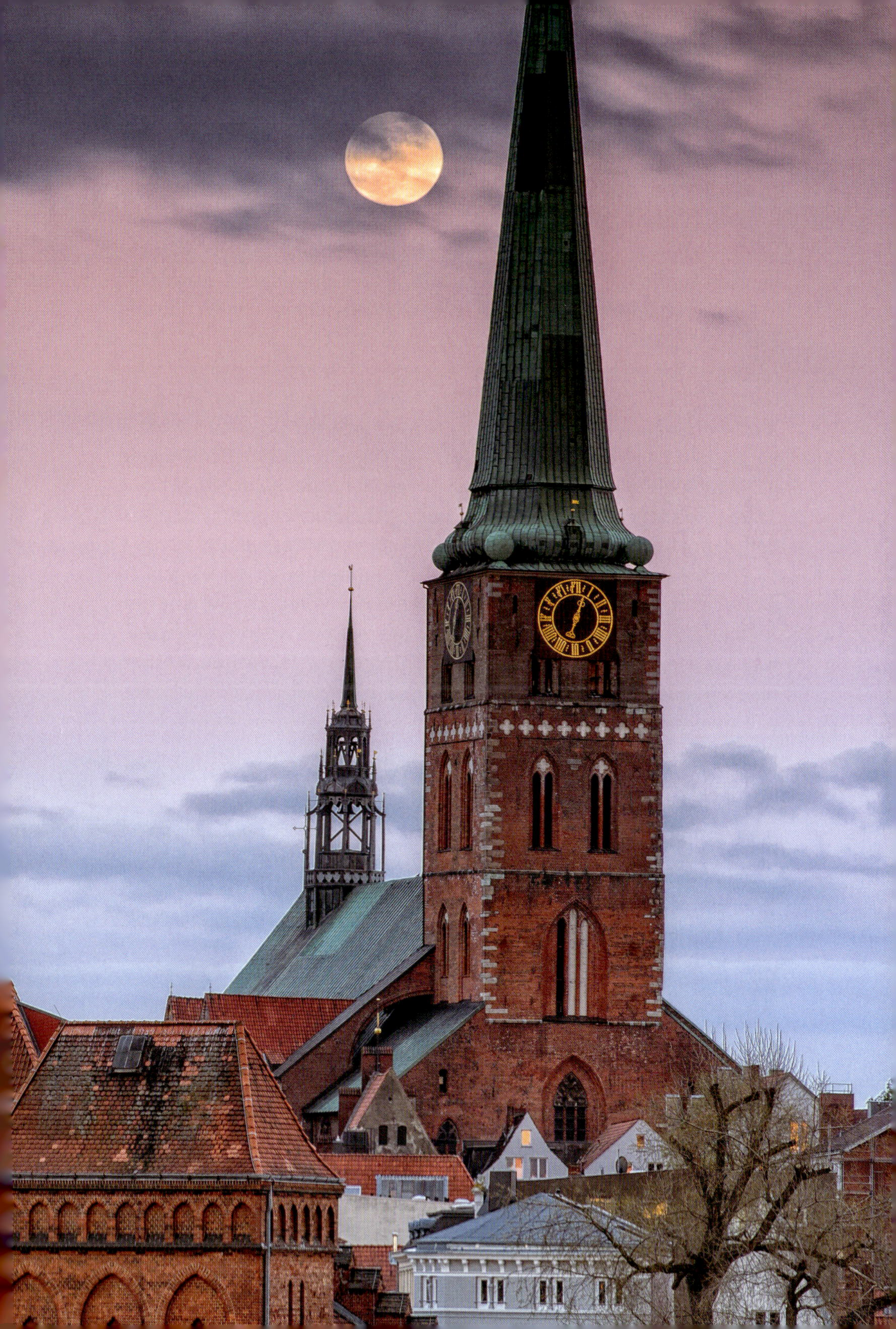

Grauverlaufsfilter ohne Stativ oder freihändig verwenden

Wenn Sie die Zeit und die Geduld haben, dann empfehle ich bei Aufnahmen mit Filtern, die Kamera aufs Stativ zu setzen. So können Sie sich ganz in Ruhe auf das Motiv konzentrieren, den Bildausschnitt wählen und den Filter ausrichten.

Aber zugegeben, manchmal ist es ganz schön nervig, auch noch Filterhalter und Filter zu montieren – vor allem, wenn Sie nur ein einzelnes Motiv fotografieren möchten. Die gute Nachricht ist: Es geht auch ohne. Sie können den Verlaufsfilter frei vor das Objektiv halten. Bei längeren Belichtungszeiten brauchen Sie eine ruhige Hand, denn die Filterscheibe sollte so dicht wie möglich vor der Linse stehen, aber auch nicht anstoßen, damit es keine Verwackelung gibt. Probieren Sie es einfach aus.

Ebenso ist es auch möglich, Filterhalter und Filter an die Kamera zu montieren und dann aber freihändig zu arbeiten, sofern die Belichtungszeiten das erlauben. Sinnvoll ist das vor allem dann, wenn Sie beispielsweise auf einem Spaziergang mehrfach Fotos mit ähnlichen Motiven machen möchten (z. B. Himmel und Meer), bei denen auch die Lichtverhältnisse gleichbleibend sind.

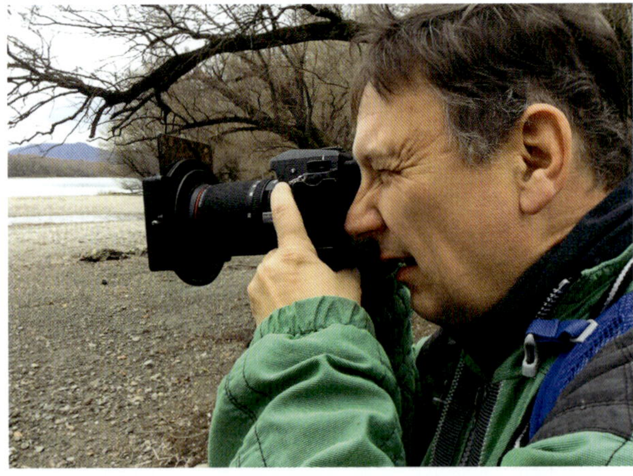

Der Fotograf hält die Kamera frei in der Hand. Auf seine Kamera hat er einen Filterhalter und einen Verlaufsfilter montiert. Solange die Belichtungszeiten es erlauben, ist dies eine angenehme Option.

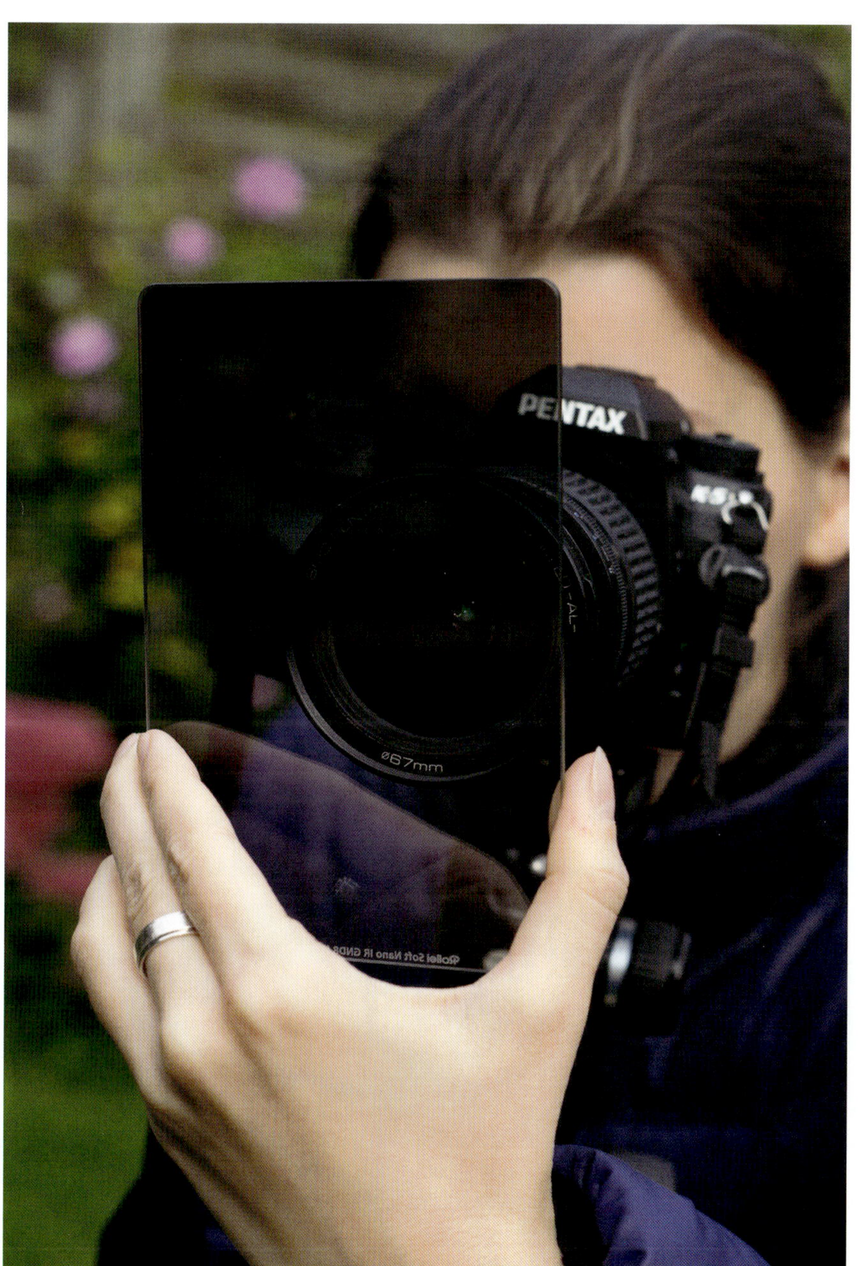

Hier wird die Filterscheibe frei vor das Objektiv gehalten; die Kamera sitzt auf einem Stativ.

Filter mit weichem Verlauf

Ein Soft-Verlaufsfilter erzeugt eine gegenüber dem Hard-Verlaufsfilter abgeschwächtere Wirkung. Der Verlauf von Hell zu Dunkel ist allmählicher. Einen weichen Verlauf brauchen Sie dann, wenn ein harter Verlauf auf Ihrem Foto deutlich erkennbar wäre, z. B. weil es keine klare Horizontlinie gibt. Außerdem ist der Soft-Verlaufsfilter besser geeignet, wenn Sie mit einer weitgehend geschlossenen Blende oder einer kurzen Brennweite arbeiten. Hier würde ein harter Filterverlauf eine unnatürliche Bildwirkung hervorrufen.

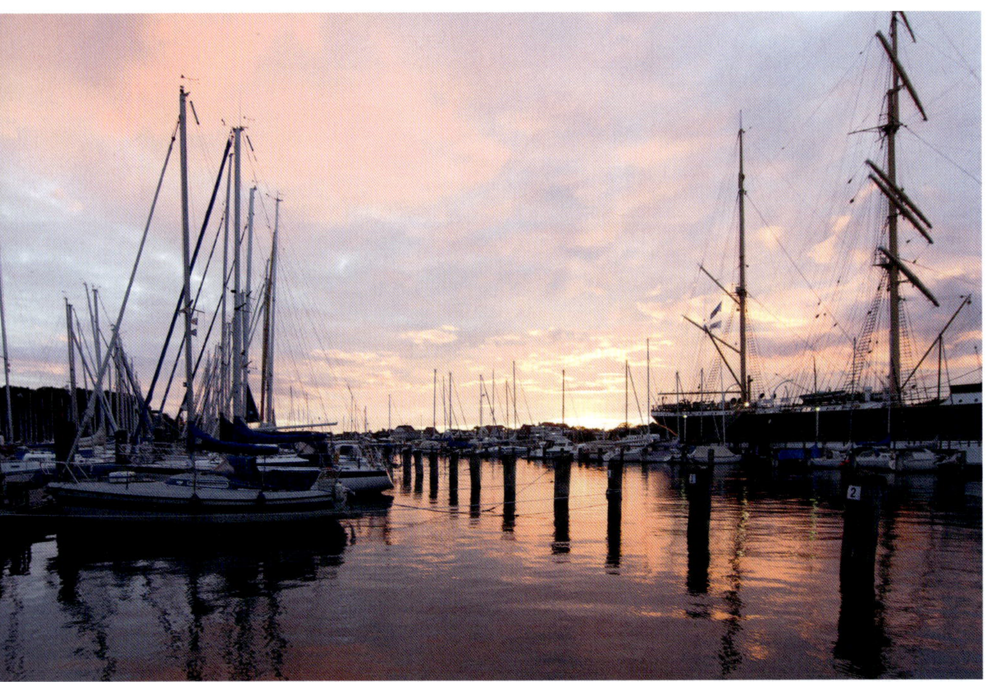

Ein schöner Sonnenuntergang über dem Jachthafen. Allerdings wirkt der Himmel im Vergleich zur Spiegelung im Wasser recht hell. Blende 9, 1/25 s, ISO 400, 14 mm

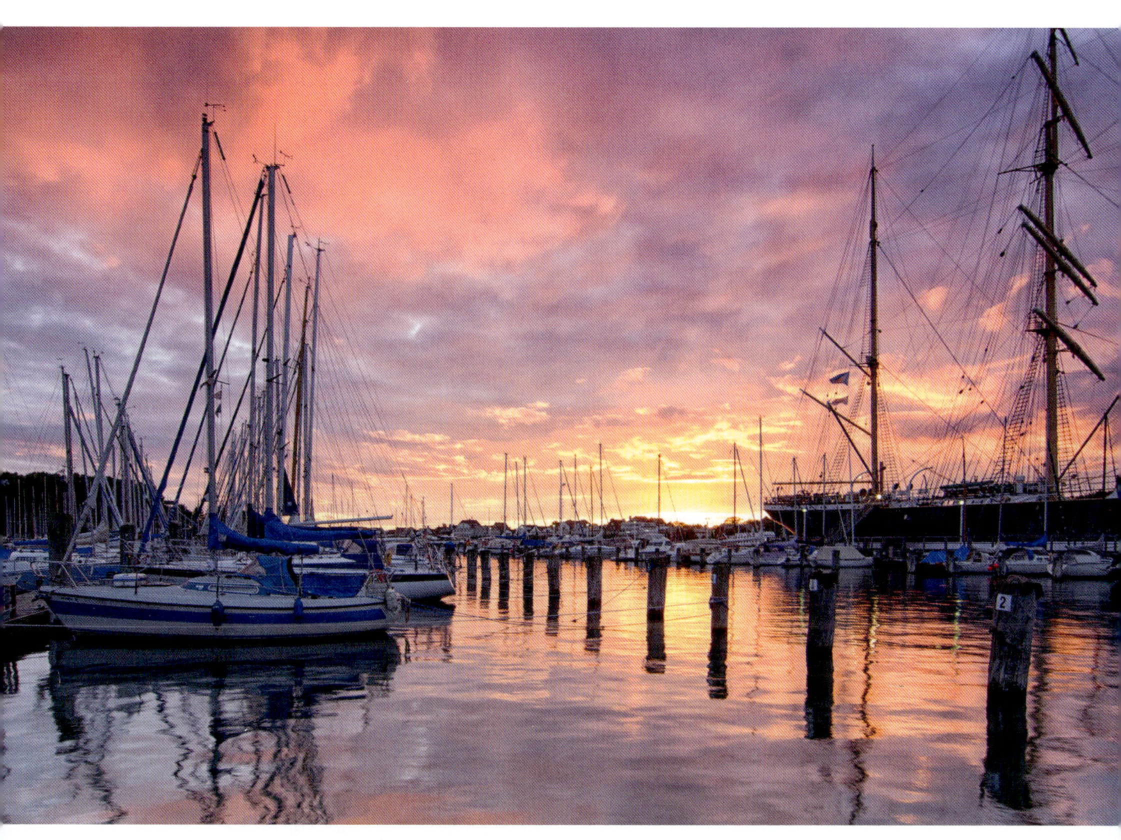

Die beeindruckende Färbung des Himmels kommt besser zur Geltung, wenn ein Verlaufsfilter eingesetzt wird. Wer genau hinsieht, erkennt die Verwendung des Filters daran, dass die Masten nach oben hin dunkler werden. Blende 9, 1/6 s, ISO 400, 14 mm, 0,6 ND-Verlaufsfilter (soft) von Hitech

Filter mit hartem Verlauf

Ein Hard-Verlaufsfilter ist dann die beste Wahl, wenn es eine wenig durchbrochene Filterlinie gibt, wie z. B. den Horizont über dem Meer oder über einer weiten Ebene. Dieser Filter eignet sich besser für Aufnahmen mit langer Brennweite oder offener Blende, da diese Faktoren ohnehin für einen weicheren Übergangseffekt sorgen.

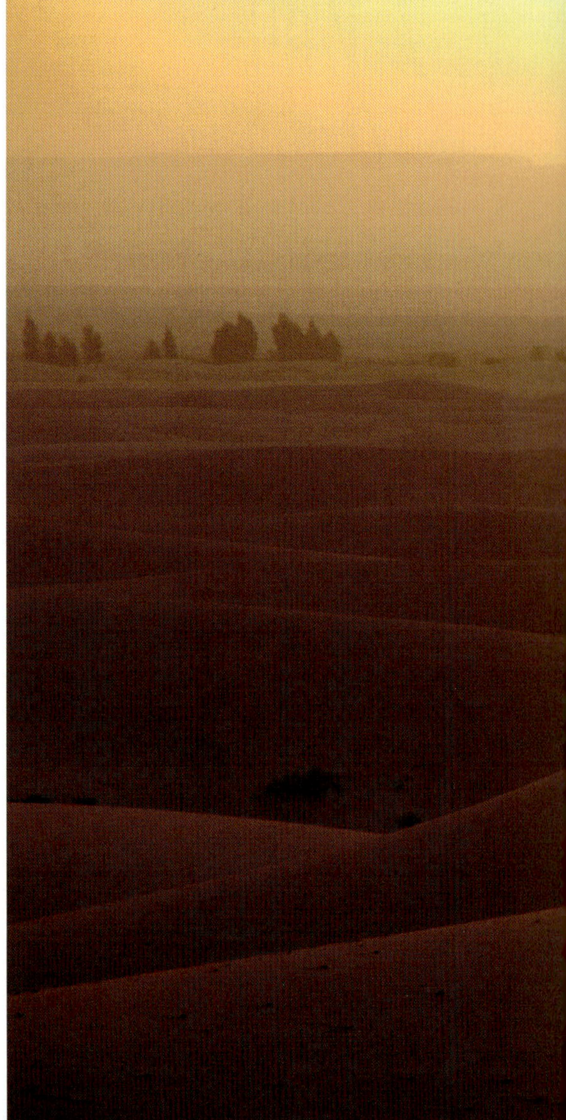

Bei diesem Bild mit geradem Horizont, in den kaum etwas hineinragt, lässt sich problemlos ein Hard-Verlaufsfilter anwenden. Er verhindert hier, dass der Himmel bei der Gegenlichtaufnahme mit Sonnenaufgang ausfrisst. Blende 9, 1/125 s, ISO 800, 135 mm, 0,6 ND-Verlaufsfilter (hard) von Lensinghouse

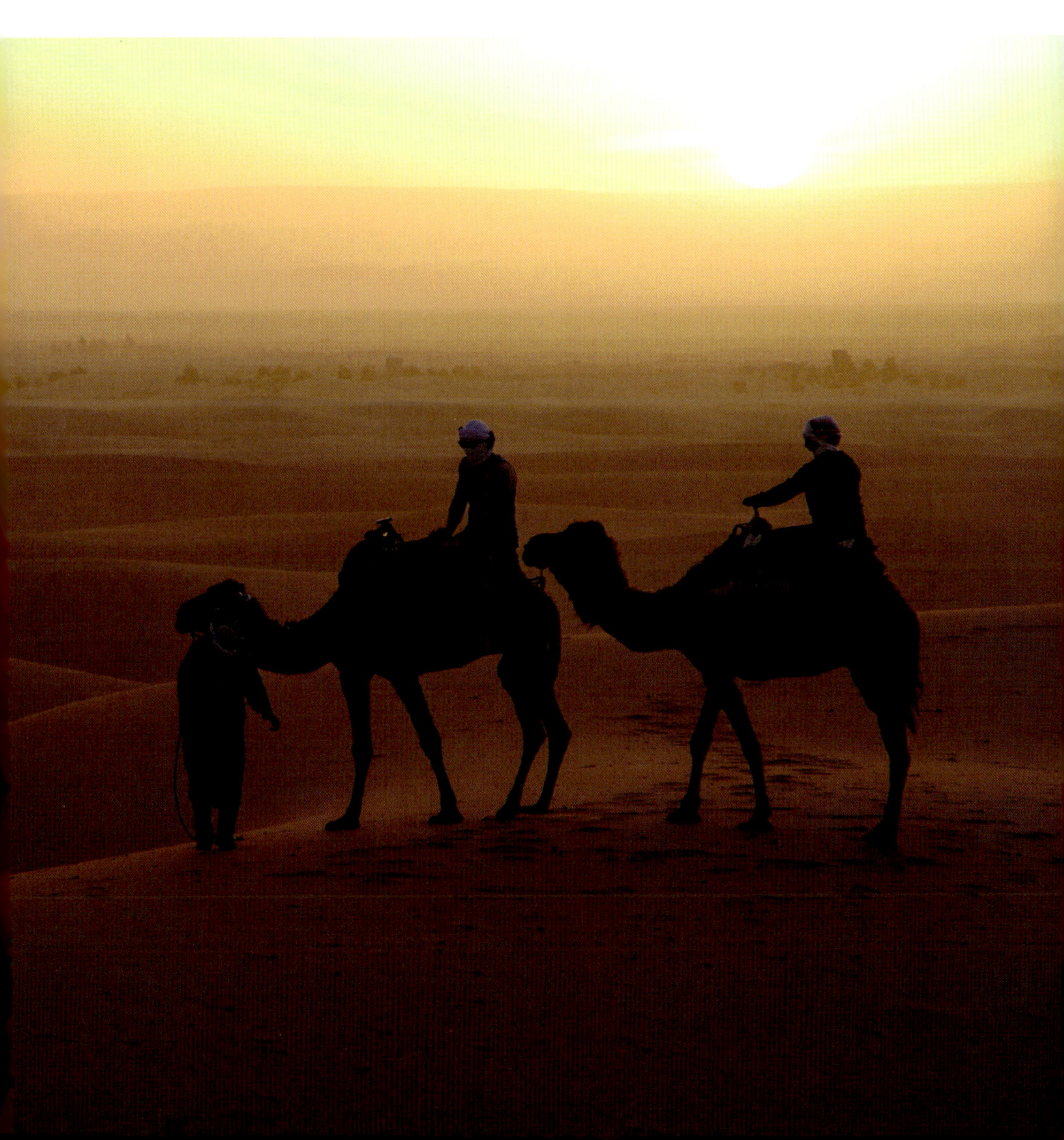

Filter mit Reverse-Verlauf

Reverse-Verlaufsfilter bzw. Horizontfilter weisen den dunkelsten Bereich in der Mitte auf. Damit sind sie besonders gut geeignet für die Fotografie der aufgehenden oder untergehenden Sonne.

Ein Reverse-Verlaufsfilter wird von einem Rand hin zur Mitte allmählich dunkler und stellt damit einen umgekehrten Verlauf dar. Ein Horizontfilter hingegen weist nur in der Mitte einen mehr oder weniger soft verlaufenden dunklen Streifen auf. Da bei Sonnenuntergängen bzw. Aufgängen in der Regel der Himmel heller ist als der Vordergrund, wird häufiger ein Reverse-Verlaufsfilter als ein Horizontfilter benötigt.

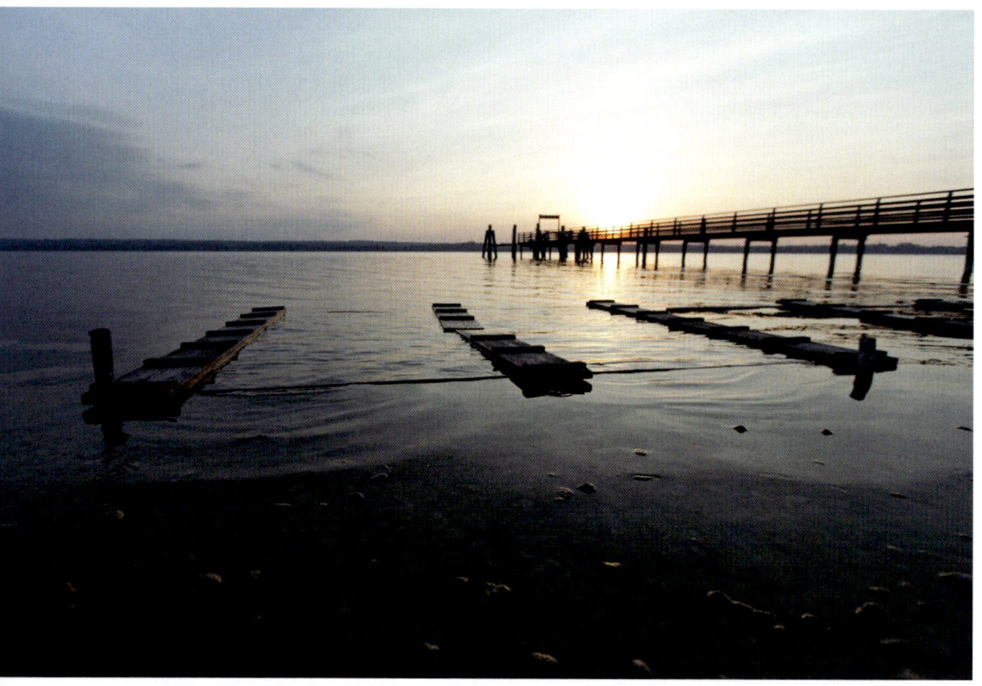

Ohne Filter bleibt der Himmel insbesondere auf Höhe des Horizonts blass und die Sonne frisst aus. Eine negative Belichtungskorrektur ist in einem solchen Fall keine Option, da dann der Vordergrund zu sehr an Details verliert. Blende 2,8, 1/1600 s, ISO 400, 17 mm, Stativ

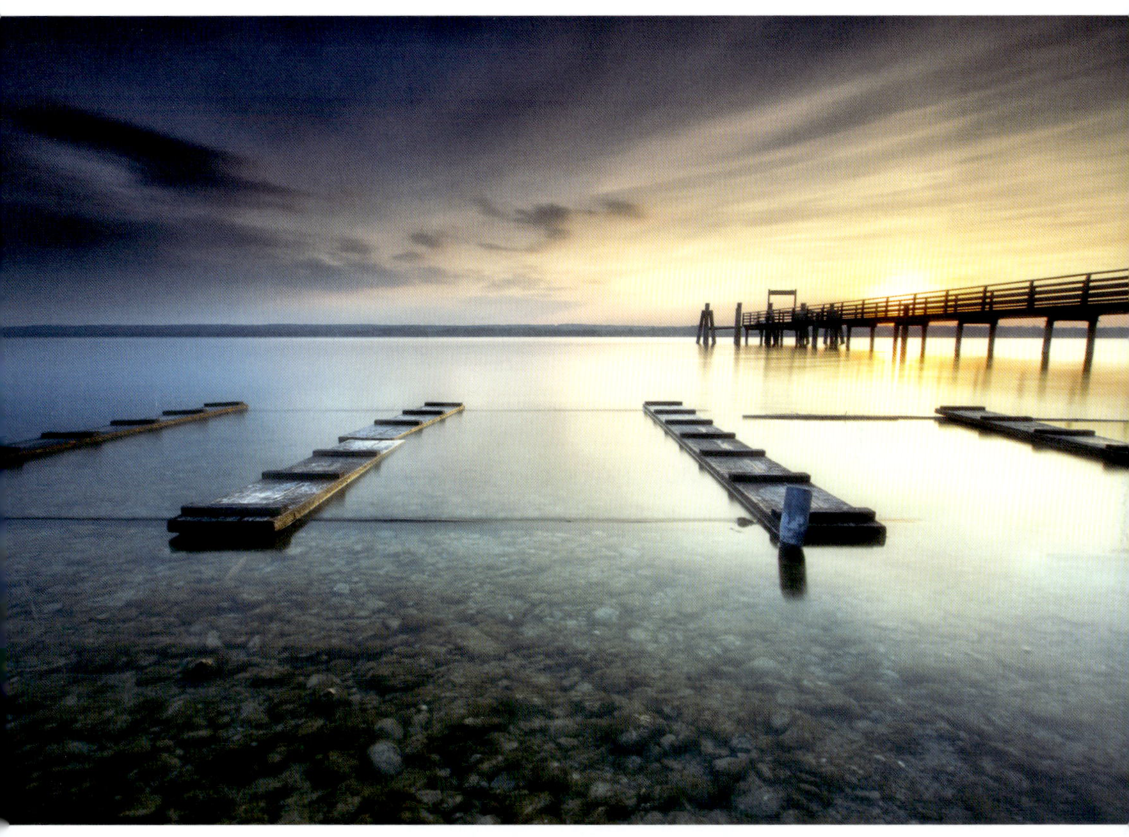

Mit dem Reverse-Verlaufsfilter »NiSi Horizon« wird der Kontrastumfang besonders am Horizont gemildert, sodass die Sonne nicht ausbrennt und warme Farben eine abendliche Stimmung erzeugen. In Kombination mit dem 1,8 ND-Filter »Little Stopper« von LEE wird die Wasseroberfläche geglättet und das Ziehen der Wolken betont. Blende 10, 4 s, ISO 50, 17 mm, Stativ
(Beide Fotos: Corry DeLaan, aus ihrem Buch »Die Kunst der Wetterfotografie«, dpunkt.verlag, 2018)

Verlaufsfilter kombinieren

Ebenso wie ND-Filter und Polfilter können Verlaufsfilter mit weiteren Filtern kombiniert werden. Es ist sogar möglich, mehrere Verlaufsfilter in den Halter zu stecken und ihre Wirkung so zu verstärken. Sinnvoll kann aber auch eine Kombination mit anderen Filtern sein. Verwenden Sie einen Polfilter, so sollten Sie diesen zunächst in die richtige Position drehen. Dann kommt der Verlaufsfilter hinzu, da Sie bei der Festlegung der Filterlinie gute Sicht auf das Gesamtbild benötigen. Ein verdunkelnder ND-Filter wird als letzter angebracht.

Bedenken Sie: Je mehr Glas Sie vor Ihr Objektiv setzen, desto größer wird auch die Anfälligkeit für störende Effekte. Beugen Sie dem vor, indem Sie den Einfall direkten Sonnenlichts auf die Filter unterbinden. Manchmal reicht es dazu, mit der Hand ein wenig Schatten zu geben; besser geeignet sind ein Stück Pappe oder ein Schirm. Vielleicht können Sie auch eine weitere Person bitten, Schatten zu spenden.

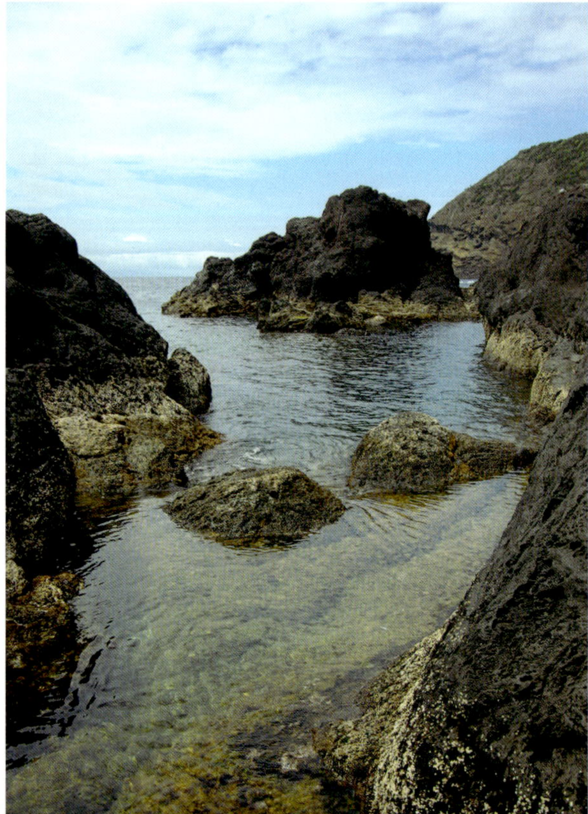

Dieses Motiv wurde ohne Filter aufgenommen. Blende 8, 1/125 s, ISO 100, 18 mm

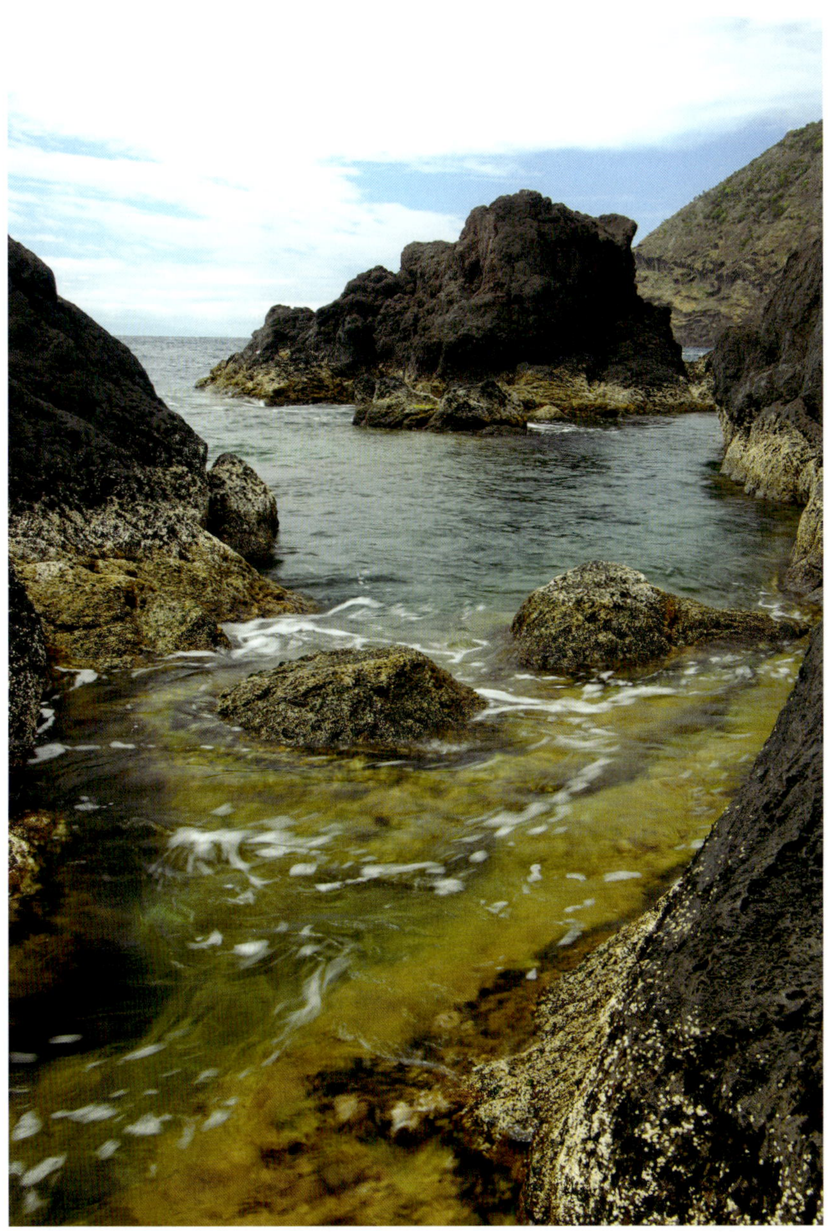

Ein Polfilter minimiert Spiegelungen; hinzu kommt ein leichter ND-Filter, sodass die Belichtungszeit sich leicht verlängert. Die Bewegung des Wassers wird nun erkennbar und das Foto wirkt dadurch dynamischer. Der Himmel ist aber recht blass. Blende 11, 1/6 s, ISO 100, 21 mm, Polfilter von Rollei und 0,9 ND-Filter von B+W

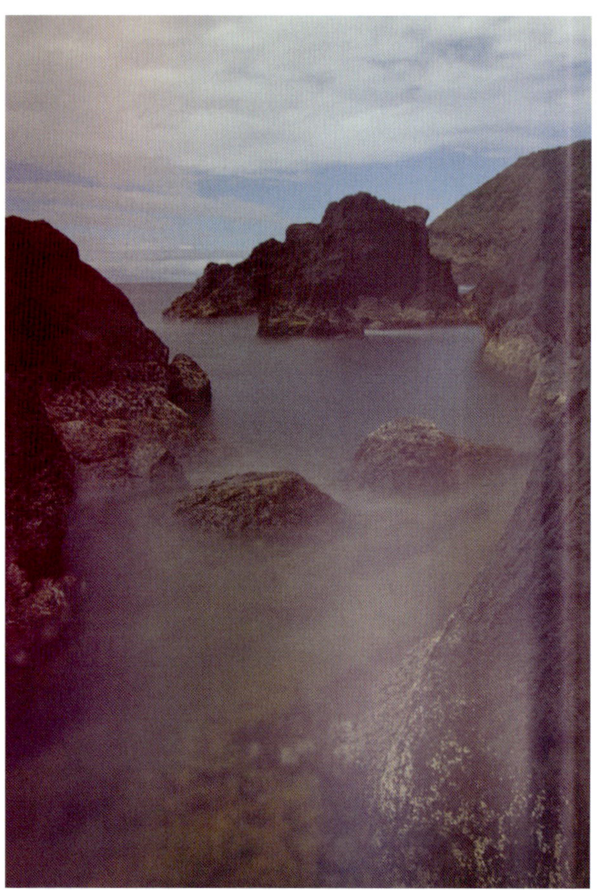

Hier kommt es zu sehr starken Bildstörungen durch ungewollten Lichteinfall zwischen den Filterscheiben, nachdem ein dritter Filter eingesteckt worden ist. Blende 11, 20 s, ISO 200, 18 mm, Polfilter von Rollei, 3,0 ND-Filter von B+W und 0,6 ND-Verlaufsfilter (soft) von Lensinghouse

Rechts: Die störenden Artefakte können vermieden werden, wenn Sie eine Pappe so über das Objektiv halten, dass kein direktes Sonnenlicht auf die Filter fällt. Hier sorgt noch ein Verlaufsfilter für etwas mehr Zeichnung in den Wolken. Das durch die lange Belichtungszeit weich und ruhig wirkende Wasser bildet nun einen starken Kontrast zu den harten Felsen – ob das gefällt, ist letztlich Geschmacksache. Blende 11, 30 s, ISO 200, 18 mm, mit Polfilter von Rollei, 3,0 ND-Filter von B+W und 0,6 ND-Verlaufsfilter (soft) von Lensinghouse

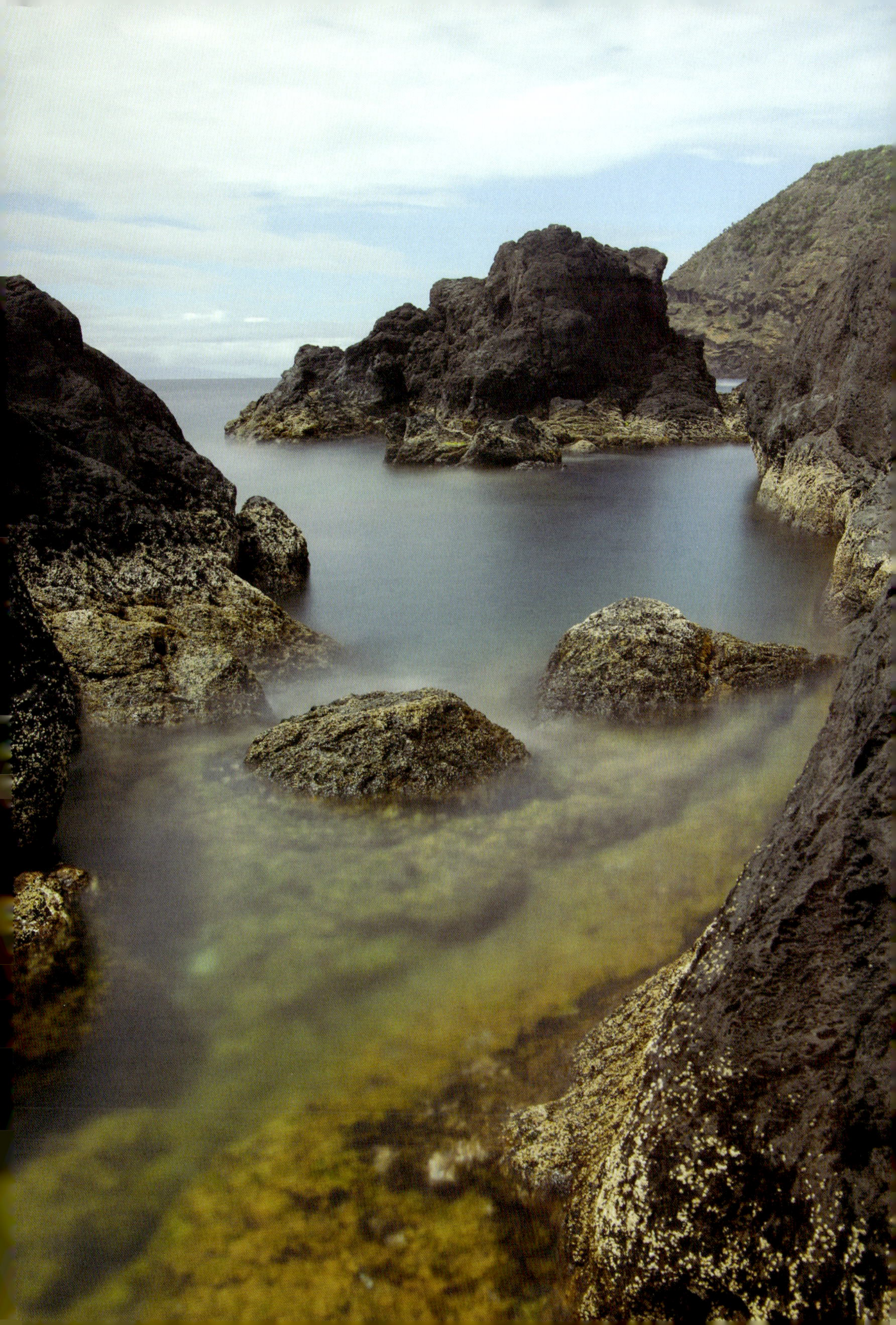

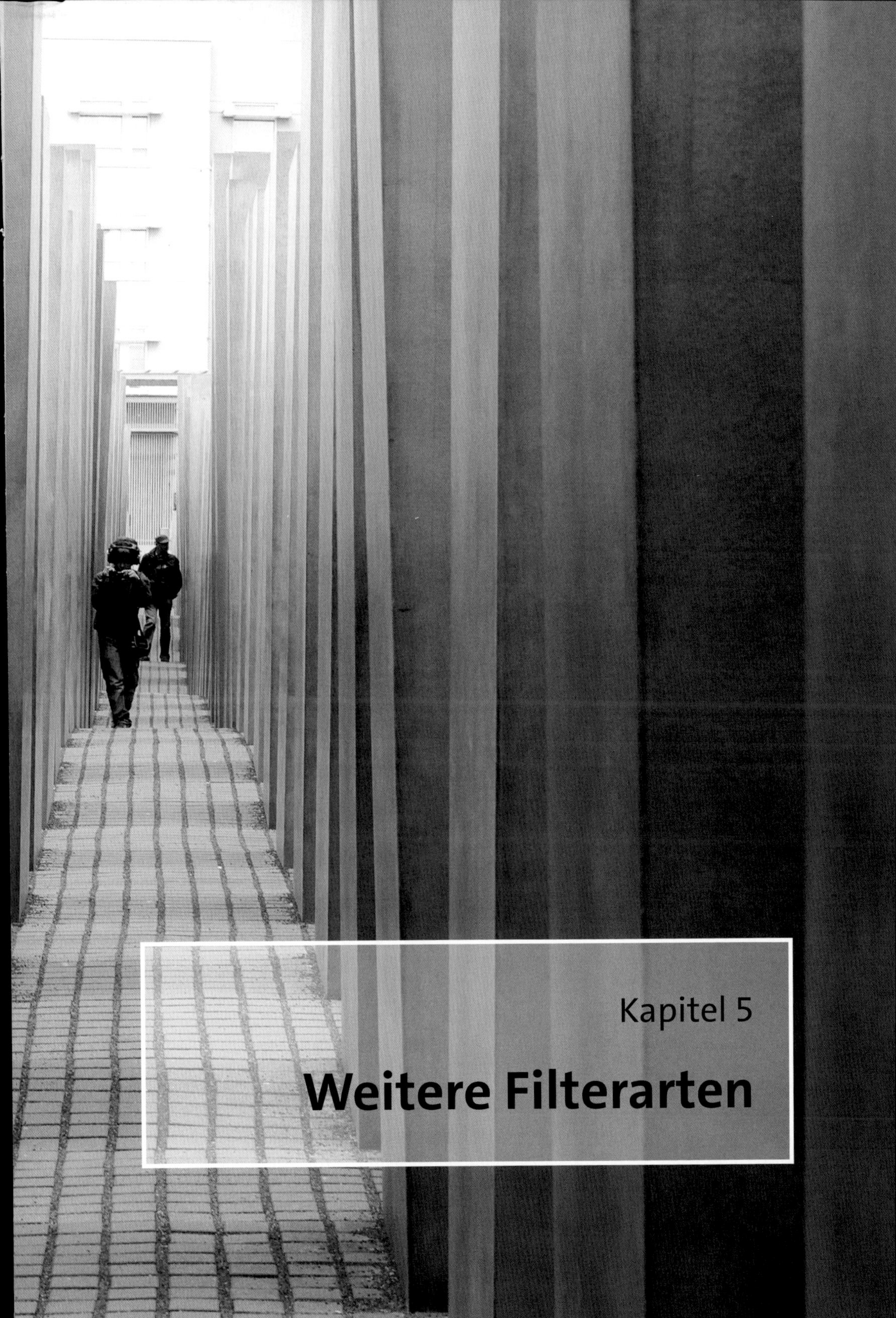

Kapitel 5

Weitere Filterarten

Weitere analoge Filter: Braucht man die noch?

Wer in der analogen Fotografie mehr als nur durchschnittliche Ergebnisse erzielen wollte, kam nicht umhin, sich diverse Filter zuzulegen, um damit unterschiedliche (Licht-)Bedingungen während des Fotografierens zu meistern.

Die meisten dieser Filter lassen sich heute bei der Bildbearbeitung digital simulieren bzw. sind durch verbesserte Herstellungsweisen von Objektiven verzichtbar geworden. An dieser Stelle gibt es deshalb nur einen kleinen Überblick.

UV-Filter – Ultraviolettes Licht kann bei der Fotografie zu leichten Unschärfen und zu einem Blaustich führen. UV-Filter helfen, dies zu vermeiden. Moderne Objektive sind aber mittlerweile so vergütet, dass sie diese Aufgabe ebenso gut erledigen. Verwenden Sie gern alte analoge Optiken, kann der Einsatz eines UV-Filters jedoch sinnvoll sein.

Konversionsfilter sind leicht getönt und dienen dazu, einen Film an das vorhandene Licht anzupassen. Sie funktionieren also wie eine Art analoger Weißabgleich. Da bei der digitalen Fotografie entweder bereits in der Kamera oder später bei der Bildbearbeitung der Weißabgleich vorgenommen wird, sind diese Filter nicht mehr sinnvoll.

Skylightfilter sind leicht warmtonige Konversionsfilter, die besonders gern in der Landschaftsfotografie zum Einsatz kamen, da entfernte Objekte durch Lichtbrechung in der Atmosphäre bläulich wirken können. Dies kann heute durch die Bildbearbeitung bequem ausgeglichen werden.

Vorige Doppelseite: Blende 8, 1/50 s, ISO 200, 45 mm, digitaler SW-Filter »Blaufilter«

Farbfilter gehören auch in die Gruppe der Konversionsfilter. Gemeint sind hier speziell solche Farbfilter, die in der analogen Schwarzweiß-Fotografie verwendet werden. Sie dienen dazu, bestimmte Farben in der Grauton-Umsetzung – also im Schwarzweiß-Bild – kräftiger erscheinen zu lassen. Das betrifft immer den komplementären Farbton des gewählten Filters: Ein Gelbfilter lässt Blau intensiver erscheinen, ein Grünfilter lässt Rot kräftiger wirken etc. Dieser Effekt lässt sich digital simulieren.

Infrarotfilter werden vor allem in der Landschaftsfotografie verwendet und sorgen dort für märchenhaft mystische Bildeindrücke, unter anderem, da Blätter und Pflanzenteile fast wie beschneit wirken. Um ernsthafte Infrarotfotografie zu betreiben, sollte man den Infrarot-Sperrfilter der Kamera ausbauen. Die Verwendung von Filtern ist eine Kompromisslösung, ebenso wie die Verwendung von digitalen Filtern, die ein Infrarotfoto simulieren.

Blitzfolien sind eigentlich keine Filter. Sie sollen hier trotzdem genannt werden, denn ihr Einsatz ist auch in der digitalen Fotografie nicht zu simulieren. Eine Blitzfolie verwendet man, um die Farbe des Blitzlichts dem Umgebungslicht anzupassen. Stellen Sie sich eine gemütliche Wohnstube bei Kerzenlicht vor – das viel weißere Licht eines Blitzes würde die Stimmung verderben. Verwendet man aber eine gelblich getönte Blitzfolie, hellt der Blitz nur auf, ohne die Lichtfarbe und damit die Atmosphäre zu verändern.

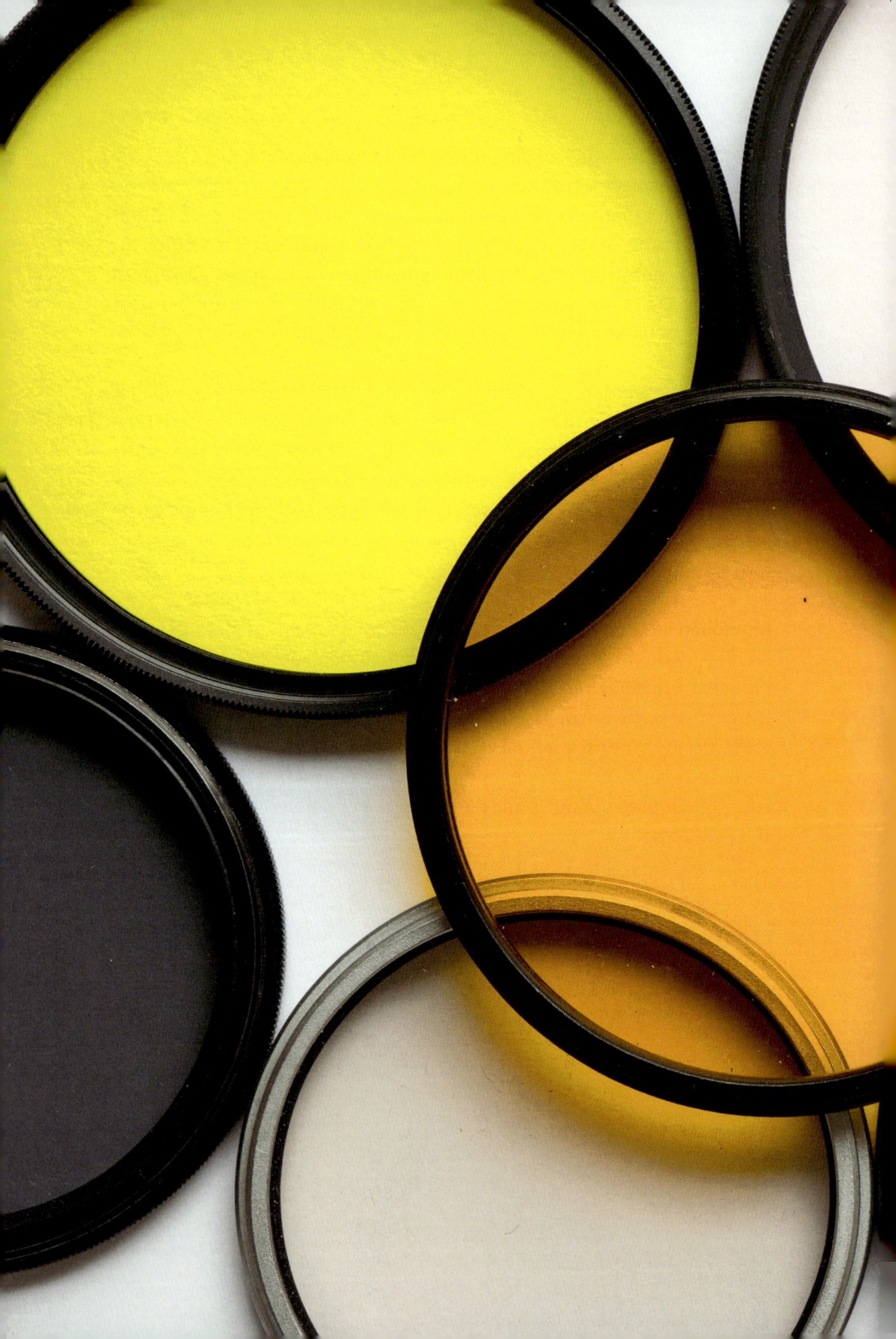

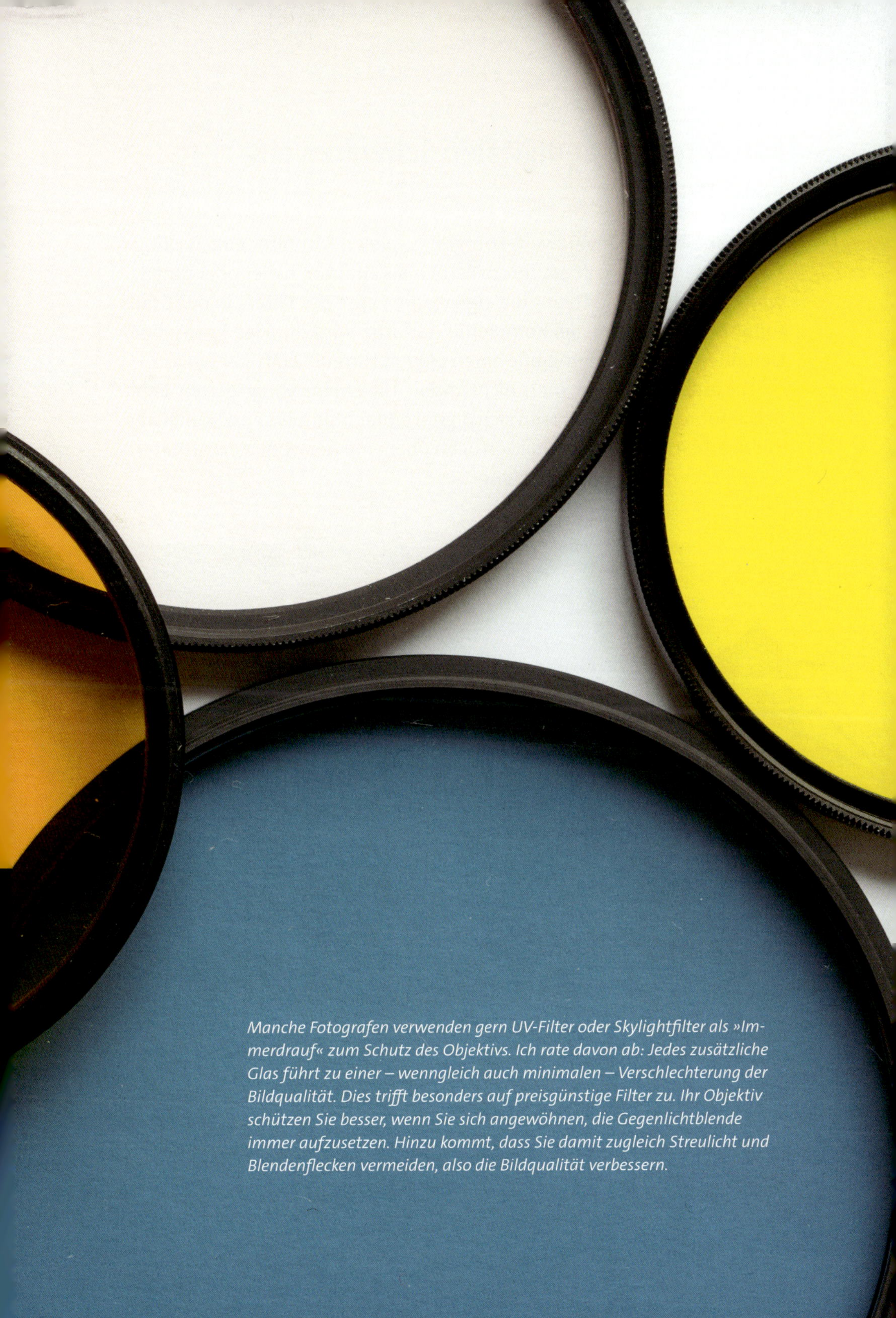

Manche Fotografen verwenden gern UV-Filter oder Skylightfilter als »Immerdrauf« zum Schutz des Objektivs. Ich rate davon ab: Jedes zusätzliche Glas führt zu einer – wenngleich auch minimalen – Verschlechterung der Bildqualität. Dies trifft besonders auf preisgünstige Filter zu. Ihr Objektiv schützen Sie besser, wenn Sie sich angewöhnen, die Gegenlichtblende immer aufzusetzen. Hinzu kommt, dass Sie damit zugleich Streulicht und Blendenflecken vermeiden, also die Bildqualität verbessern.

Farbfilter in der digitalen Schwarzweiß-Fotografie

In der analogen Schwarzweiß-Fotografie spielen Farbfilter eine wichtige Rolle. Ihr Einsatz lässt bestimmte Farben als Grauton heller oder dunkler wirken. Und zwar erscheint die eigentliche Farbe des Filters in der Grautonumsetzung heller, die Komplementärfarbe wird dunkler. So lässt ein Gelbfilter in der SW-Fotografie einen blauen Himmel kräftiger wirken.

Diese Effekte muss man nicht mehr mit einem vorgesetzten Filter herbeiführen, denn sie lassen sich digital einfach simulieren. Die meisten Bildbearbeitungsprogramme verfügen über eine Auswahl von Farbfiltern für die Schwarzweiß-Entwicklung.

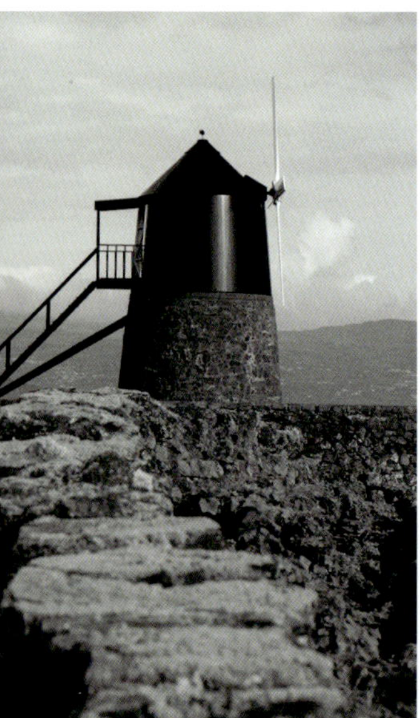

Blaufilter

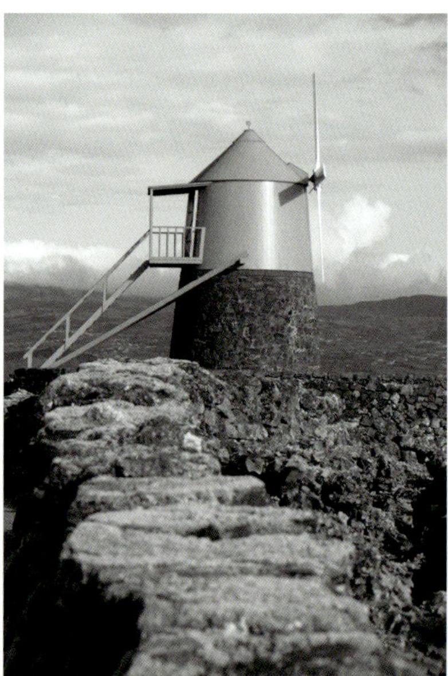

Rotfilter

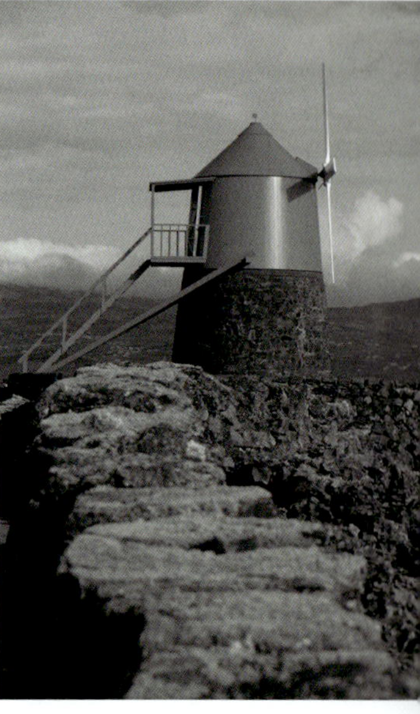

Orangefilter

Blende 8, 1/320 s, ISO 400, 78 mm
Deutlich ist der enorme Unterschied bei der Darstellung der roten Mühle. Etwas dezenter, aber auch gut erkennbar ist die Wirkung der verschiedenen Filter auf den Himmel und auf die Vegetation im rechten unteren Bildbereich.

Die Beispiele veranschaulichen die starke gestalterische Wirkung eines Farbfilters in der Schwarzweiß-Fotografie. Mein Rat: Nehmen Sie bei der digitalen Schwarzweiß-Fotografie die Umwandlung nicht gleich in der Kamera vor und auch nicht automatisch in Ihrem Bildbearbeitungsprogramm, sondern probieren Sie die verschiedenen digitalen Farbfilter und ihre Wirkung erst einmal aus.

Für Fotografen, die sich mit der Wirkung der jeweiligen Farbfilter bereits gut auskennen, kann es sinnvoll sein, mit analogen Filtern zu arbeiten. Denn wenn Sie nur das Licht eines bestimmten Farbspektrums einfallen lassen, reduzieren Sie automatisch die Wahrscheinlichkeit, dass Farbfehler des Objektivs auftreten. Die Bildqualität steigt also bei der Verwendung eines hochwertigen analogen Farbfilters.

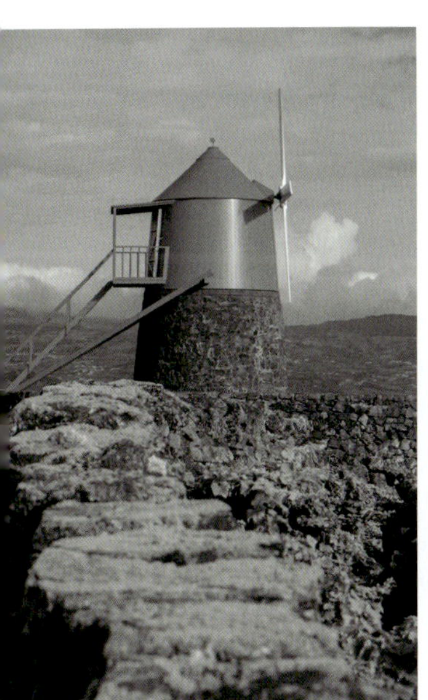

Grünfilter

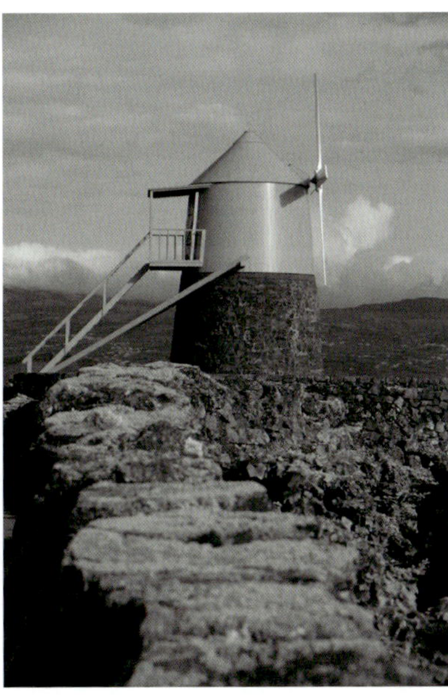

Gelbfilter

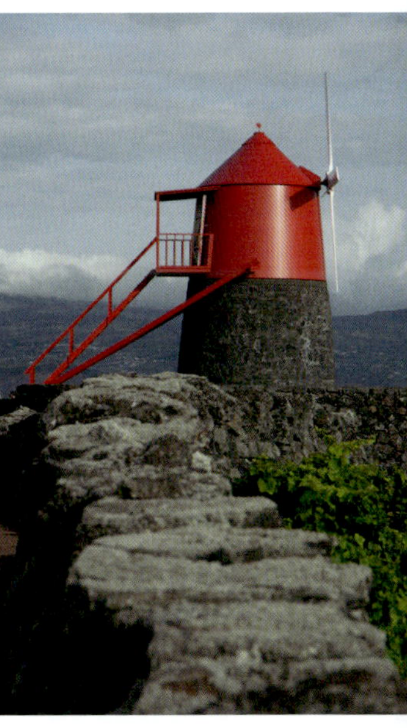

Ausgangsbild

Filter gegen Lichtverschmutzung

In bewohnten Gebieten wird der Nachthimmel durch diverse künstliche Lichtquellen aufgehellt, deren Licht in den Luftschichten der Erdatmosphäre gestreut wird. Dies führt dazu, dass der Sternenhimmel dort weniger gut sichtbar und schwerer zu fotografieren ist als in einsamen Gegenden, wie in den Gebirgen, in der Wüste oder auf dem Meer.

Auch bei der nächtlichen Landschafts- oder Stadtfotografie macht sich der gelbliche Farbton der üblichen Straßen- und Gebäudebeleuchtung unangenehm bemerkbar. Eine Lösung sind Filter, die speziell die Wellenlänge des Lichtes von Natriumdampflampen und anderen typischen öffentlichen Beleuchtungen sperren.

Als Restbestand sind noch einige sogenannte Neodymfilter aus dem analogen Zeitalter auf dem Markt. Sie erfüllen zwar diesen Zweck, dürfen aber wegen der Belastung mit Arsen-III-Oxid nicht mehr offiziell gehandelt werden. Mittlerweile haben erste Hersteller aber schadstofffreie Alternativen herausgebracht.

Einer dieser Anbieter ist der Astro- und Landschaftsfotograf Matt Aust, den eigene Erfahrungen mit der Lichtverschmutzung zu diesem Schritt gebracht haben:

»Anfang 2017 brachte ich den *°nachtlicht Filter* heraus, um Fotografen, die in lichtverschmutztem Gebiet wohnen, bessere Ergebnisse bei der nächtlichen Fotografie zu ermöglichen. Damals fotografierte ich selbst noch häufig in der Nähe von dicht bewohntem Gebiet und habe mich einfach zu oft über dieses zunehmende Problem geärgert. Natürlich lässt sich mit keinem Filter der Welt aus einem Stadthimmel ein Gebirgshimmel zaubern, sodass ich persönlich mittlerweile versuche, zu jeder Neumondphase in die Alpen zu fahren, um an Orten zu fotografieren, an denen gar keine Filter nötig sind. Nicht nur, um der Lichtverschmutzung zu entfliehen, sondern auch, um spektakuläre Landschaften aufs Bild zu bekommen, wandere ich auf Berge und verbringe die Nächte alleine im Freien. Einige Stunden bin ich schwer bepackt unterwegs, bis ich an meinen ausgewählten Spots ankomme, die den Aufwand meistens mit einer tollen Himmelsqualität und einem atemberaubenden Ausblick belohnen. Aktuell fotografiere ich mit einer astromodifizierten

Sony A7s und diversen Objektiven im Bereich von 15 mm 1:2, 20 mm 1:2 und 35 mm 1:1,4. Für eine größere Fülle an Details setze ich Bilder häufig aus mehreren Aufnahmen aneinander – bis hin zum vollständigen Panorama, das den kompletten Milchstraßenbogen zeigt. Ich fertige nur statische Einzelaufnahmen an und arbeite nicht mit einer Nachführung. Die Milchstraße ist übrigens nicht nur im Sommer, sondern das ganze Jahr über zu sehen. Anders als im Sommer ist die Milchstraße sonst nur anspruchsvoller zu fotografieren und zu bearbeiten.«

www.star-trails.de

www.darksitefinder.com/maps/world.html

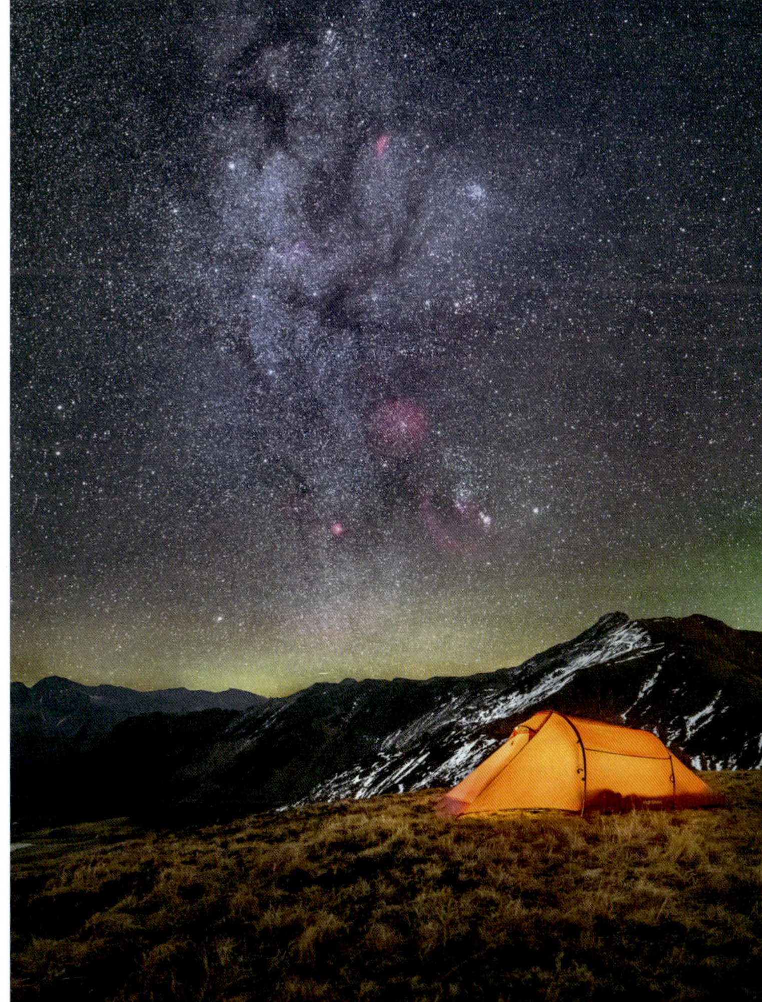

Panorama aus fünf vertikal zusammengesetzten Querformaten, Blende 2, 13 s, ISO 8000, 20 mm, Nachtlichtfilter

Digitale Filter

Bildbearbeitungsprogramme wie Photoshop oder Lightroom bieten eine Vielzahl von »Filtern«, die während der Bearbeitung auf das gesamte Bild oder auch nur auf Teile anwendbar sind. Der Begriff »Filter« bezeichnet in der Bildbearbeitung weitaus umfassendere Eingriffe, als sie mit analogen Filtern möglich sind. So können komplette Bildstile mittels eines »Filters«, »Vorgaben« oder auch »Presets« auf das eigene Bild angewendet werden. Mit einem Klick kann Ihr Bild auf diese Weise im Stil eines Diapositivs, einer Crossentwicklung, eines bestimmten Schwarzweiß-Films entwickelt werden oder aber wie ein impressionistisches Gemälde erscheinen. Für die gängigen Bildbearbeitungsprogramme gibt es darüber hinaus noch etliche Plug-ins, mit denen sich weitere Bildstile adaptieren lassen oder die besonders effektiv nachschärfen oder entrauschen können.

Mit der Anwendung optischer Filter, wie sie hier beschrieben werden, haben solche »Filter« nicht viel zu tun. Es würde den Rahmen dieses Buches sprengen, alle Möglichkeiten aufzuzählen, die der Einsatz digitaler Filter bietet. Doch möchte ich im Folgenden zumindest noch einmal die Möglichkeiten darstellen, die sich hinsichtlich der Simulation analoger Filter bei der Bildbearbeitung realisieren lassen:

So kann die Wirkung eines Polfilters zumindest teilweise nachempfunden werden, indem man die Kontraste verstärkt und die Sättigung der Blautöne anhebt. Es gibt auch Presets, wie z. B. bei dem Filterprogramm »Color Efex Pro« aus der Nik Collection, die einen Polfilter zu simulieren versuchen und dabei durchaus beeindruckende Ergebnisse im Sinne einer brillanteren Farbwiedergabe erreichen – Spiegelungen an sich lassen sich damit aber nicht entfernen.

Am überzeugendsten kann in der nachträglichen Bildbearbeitung ein Grauverlaufsfilter angewendet werden. Hier bietet die digitale Bildbearbeitung sogar noch mehr: Innerhalb eines Verlaufs lassen sich nicht nur die Belichtung, sondern auch Weißabgleich, Klarheit, Kontrast, Schärfe und noch mehr Effekte unterschiedlich einstellen. Diese Effekte können Sie zudem digital nicht nur entlang eines geraden Verlaufs anwenden, sondern mittels Pinsel oder anderer Werkzeuge auch partiell auf bestimmte Bildteile beschränken.

Keine Chance haben Sie bei der Bildbearbeitung am Rechner, wenn Sie den Effekt eines ND-Filters nachempfinden wollen. Denn dieser verändert ja die Belichtungszeit und damit den Eindruck, den bewegte Motivelemente auf Ihrem Bild hinterlassen.

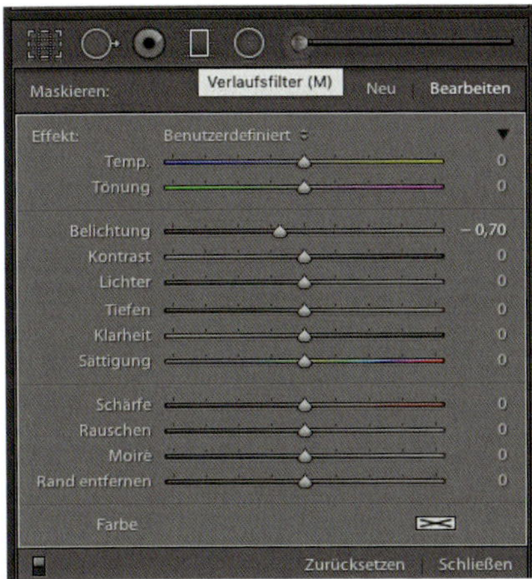

Der Verlaufsfilter bei Photoshop Lightroom lässt sich nicht nur in Hinblick auf die Belichtung, sondern auch auf weitere Parameter hin anwenden.

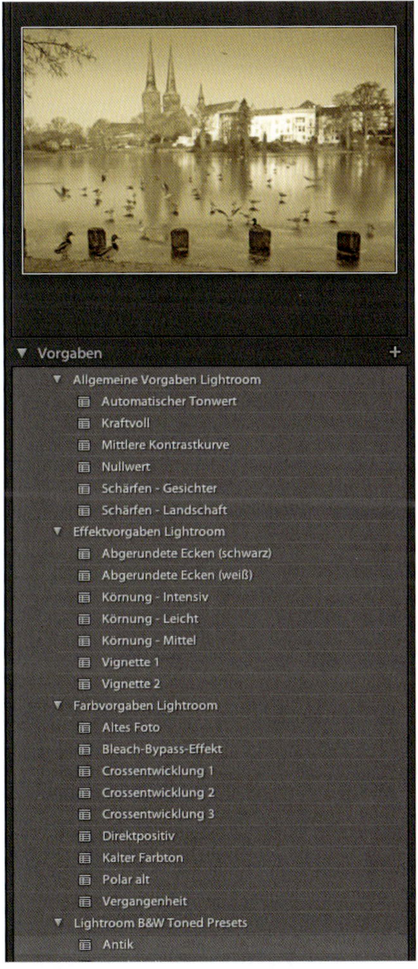

Photoshop Lightroom bietet standardmäßig eine kleine Auswahl an Filtern bzw. Vorgaben. Hier wurde das Preset »Antik« angewendet.

Danksagung

Für dieses Buch haben uns die Hersteller B+W, Lensinghouse und Rollei diverse Filter und Halter leihweise zur Verfügung gestellt. Dafür möchten wir uns herzlich bedanken. Ich habe die Filter in den verschiedensten Aufnahmesituationen eingesetzt und bin mit ihnen immer sehr zufrieden gewesen. Unter Outdoor-Bedingungen konnte ich keine Qualitätsunterschiede feststellen, und es sollte und kann in diesem Buch nicht um Filtertests unter Laborbedingungen gehen. Deutlich erfahrbar war aber auch im praktischen Einsatz ein qualitativer Unterschied dieser Markenfilter gegenüber No-Name-Produkten, von denen ich auch einige ausprobiert habe. Insofern möchte ich meine Empfehlung, beim Filterkauf auf die Produkte von Markenherstellern zurückzugreifen, an dieser Stelle noch einmal wiederholen.

Dank gebührt auch den beiden Gastautoren Corry DeLaan und Matt Aust, die mit kleinen Beiträgen dieses Buch bereichert haben. Ebenso möchte ich mich bei denjenigen bedanken, die für mich »Modell gestanden« haben. Und schließlich geht ein herzlicher Dank an meinen Lektor Rudolf Krahm, der auch dieses Buch in gewohnter Weise mit viel Geduld und konstruktiven Ideen begleitet hat!

B+W: *www.schneiderkreuznach.com*
Lensinghouse: *www.lensinghouse.de*
Rollei: *www.rollei.de*
Matt Aust: *www.star-trails.de*
Corry DeLaan: *www.corry-delaan.com*

Index